LE ROMAN

DE LA

DUCHESSE

HISTOIRE PARISIENNE

PAR

ARSÈNE HOUSSAYE

NEW YORK
CHARLES LASSALLE, ÉDITEUR
92 WALKER STREET

1866

A MADAME AMÉLIE DE SAINT-AMEY.

Madame,

Je vous dédie cette édition du Roman de la Duchesse. Ce drame intime à trois personnages : — un homme qui aime deux femmes jusqu'à en mourir ; — deux femmes qui meurent mille fois de cette passion indomptable ; — c'est la fatalité antique dans le monde moderne.

C'est par vos yeux, madame, que j'ai bien vu ce spectacle parisien. Les femmes ne voient jamais de loin ; mais elles voient de près ; l'homme est l'astrologue qui cherche au ciel ce qui se passe à ses pieds, — et qui se laisse tomber dans le puits de la vérité.

La femme ne regarde pas si haut. L'Anthologie ne nous apprend-elle pas que c'est une femme qui a découvert la violette ? Vous madame, qui avez plus lu la Bible que l'Anthologie, vous savez que pendant qu'Adam regardait dans les astres, Eve mangeait la pomme de la science.

La vérité, c'est l'âme et la lumière de l'art, mais la vérité sans l'art, c'est la nature sans Dieu, c'est la moisson sans soleil, c'est la femme sans amour.

J'ai étudié à vif, dans mes derniers romans, ce monde nouveau du Paris nouveau, qui sera une des curiosités du dix-neuvième siècle. Mais si je n'ai pas dit il y a vingt ans, « L'ART POUR L'ART » je n'ai pas dit, non plus LE RÉALISME POUR LE RÉALISME. Mais est-ce encore la peine de parler du réalisme ? Il a vécu, ou plutôt il n'a pas vécu. Faut-il donc voiler la Vérité pour la féconder ? Il faut l'aimer avec passion, il faut l'aimer en artiste sans vouloir que la brutalité soit le génie.

Et pourtant, dans Lucia Mariani, dans Mademoiselle Cléopâtre, et dans le Roman de la Duchesse, — vous le savez, madame, — je n'ai jamais mis la scène dans la coulisse ; le feu de la rampe ne m'a pas fait peur : j'ai représenté la passion contemporaine, cœur à nu, masque levé.

ARSÈNE HOUSSAYE.

LE ROMAN DE LA DUCHESSE.

I.

QU'IL Y A TOUT A ESPÉRER ET TOUT A CRAINDRE DES BLONDES.

Le château de Rouvré, bâti sous Louis XVI sur un coteau bourguignon, est habité six semaines chaque année, pour la vendange et pour la chasse, par des Parisiens qui emportent Paris en Bourgogne.

Un soir de l'automne 1862, dans une chambre bleue ouverte sur le parc, mademoiselle Jeanne de Riancour était mollement renversée, sans souci de sa fierté héraldique, sur un canapé recouvert d'une perse ancienne à fleurs rouges sur fond d'azur.

Une petite pendule de style égyptien marquait six heures et demie. Les vendangeurs revenaient des vignes en chantant *Adieu paniers!* car c'était le dernier jour des vendanges.

La cloche du château avait pour la seconde fois sonné le dîner, mais Jeanne semblait ne pas entendre. Dormait-elle ou rêvait-elle tout éveillée? Elle lisait un roman de George Sand. Elle était si loin du monde réel, elle était si loin d'elle-même, qu'elle oubliait que ses dents voulaient mordre.

Et pourtant il arrivait par sa fenêtre, dans l'arome des roses du parterre, je ne sais quel arome plus vif de salmis de perdreaux et de cailles rôties.

Après tout, ses belles dents de fille d'Ève n'avaient peut-être pas faim pour cette table-là.

On eût dit une héroïne de roman, en la voyant tout échevelée — une adorable chevelure blonde ondoyante et voluptueuse où l'on eût noyé ses mains et ses lèvres avec passion; — en la voyant souple et nonchalante, toute pleine de grâce, à son insu, dans une pose trouvée sans le vouloir; — en la voyant, profil aristocrate, yeux noyés et curieux, main de duchesse, avant la lettre, pied mutin, qui soulevait coquettement, avec d'exquises ondulations, sa robe blanche, un nuage de dentelle, ou plutôt une vague océanesque, frangée et mousseuse.

Quiconque l'eût regardée d'un œil profond eût jugé à sa physionomie accentuée sous la douceur, qu'il se révélerait dans cette belle fille une vraie femme, une femme qui ne s'arrêterait pas à mi-chemin quand son cœur serait en jeu.

Jeanne semblait-elle promettre par ses cheveux blonds en révolte, une de ces créatures inquiètes qui se donnent plus de mal pour acheter l'enfer qu'elles n'en auraient pour acheter le ciel?

Cependant madame de Rouvré, la tante

de Jeanne, une vraie Parisienne, qui tous les automnes faisait pénitence dans son château, entra brusquement.

Voyez-vous d'ici une femme de trente-cinq ans, vive, spirituelle, un peu folle, plus jolie que belle, plus gracieuse que jolie, qui met vaillamment au jeu de la vie ses dernières années de jeunesse?

Elle surprit Jeanne le livre à la main.

— Ah! ma chère, je vous y prends. En vérité vous seriez capable de dévorer toute la bibliothèque bleue. Êtes-vous assez romanesque?

Mademoiselle de Riancour avait jeté son pied sur le tapis et fermé son livre, tout effarée comme si elle eût commis un péché quasi mortel.

— Ma tante, je vous promets que c'est la dernière fois que j'ouvre un livre.

— Cela vous amuse donc bien?

— Non, ma tante, tout m'ennuie. Je me trompe, car il y a une chose qui m'amuse encore mieux que George Sand ou Victor Hugo, ce sont les contes que vous contez si bien.

— Ah! oui, moi je conte les romans que j'ai vus et non les romans que j'ai lus; ce sont là les vrais romans, ma belle amie.

— Vous m'en direz un ce soir, quand tout le monde sera couché, n'est-ce pas, ma tante?

— Non, c'est fini, je n'en sais plus.

— Oh! ma tante, que voulez-vous que je devienne? J'ai lu toute votre bibliothèque en commençant par les livres que vous m'aviez défendus. Si nous restons encore ici six semaines, je vais être forcée de lire les *Voyages du jeune Anacharsis en Grèce au milieu du IVe siècle avant l'ère commune.* Chaque fois que je cherche un livre amusant, celui-là me tombe sous la main.

— Voulez-vous, ma chère nièce, que je vous dise une vérité, à vous qui avez été élevée au Sacré-Cœur?

— Oui, ma tante. Mais ne me parlez pas comme à une pensionnaire. Il n'y a plus de pensionnaires qu'en province.

— Oui, vous avez raison : à Paris les demoiselles font leur entrée dans le monde avec leur nourrice. Écoutez bien ceci : dans six semaines, quand nous retournerons à Paris, vous ne lirez plus de romans; on aura beau vous les permettre, on aura beau vous les défendre; quand on les ouvrira sur votre table de nuit, vous les fermerez vous-même avec impatience.

— Pourquoi, ma tante?

— Parce que le vrai roman ne sera plus là, parce que le vrai roman sera dans votre cœur. Croyez-moi, les femmes qui lisent des romans sont celles qui n'en ont pas dans leur vie.

— Qui sait! dit Jeanne. C'est plutôt parce qu'on a un roman dans son cœur qu'on se passionne pour le roman qu'on lit.

— Oh! ma chère Jeanne, prenez garde à Lionel!

Et après un silence de Jeanne :

— Tu viens tout de suite, n'est-ce pas, mignonne!

— Oui, ma tante, donnez-moi le temps de renouer mes cheveux.

Disant ces mots, la tante baisa le front de sa nièce, et descendit l'escalier avec la majesté bruyante d'une femme qui ose traîner à sa jupe vingt mètres de moire antique.

La femme de chambre de mademoiselle Jeanne avait déjà pris dans ses mains l'opulente gerbe d'or qui ondoyait sur la mousseline transparente, voilant à peine les épaules de marbre rose de la jeune fille.

— Est-ce que vous avez entendu ce que me disait ma tante? demanda d'un air distrait Jeanne à sa femme de chambre.

— Oui et non, mademoiselle.

— Traduction libre: vous n'avez pas perdu un mot; avez-vous compris?

— Oui et non, mademoiselle.

— Eh bien, dites-moi pourquoi vous avez compris et pourquoi vous n'avez pas compris?

— Eh bien, j'ai compris qu'il y avait quelque mari à l'horizon....

— Un mari? voilà un mari qui me gâte Lionel. — Je commencerais comme tout monde, — par un mari! — Mais se mu... avant d'avoir eu le temps d'aimer et d'être aimée, ce n'est pas faire un roman, c'est l'Histoire universelle de Bossuet!

Mademoiselle de Riancour s'était dit cela à elle-même, — que ne se disent pas aujourd'hui les jeunes filles! — mais la femme de chambre, qui avait écouté, osa hasarder cette réflexion :

— Mais, mademoiselle, on peut commencer comme tout le monde et ne pas finir comme tout le monde.

— Cette fille n'est pas trop bête, pensa Jeanne.

Avant de descendre, elle baisa un bouquet rustique — marguerites, bleuets, coquelicots, églantines — qu'elle avait cueilli le matin avec son cousin Lionel dans la prairie du parc.

— Chères fleurs, dit-elle tristement, vous vivrez peut-être plus longtemps que l'amour qu'il a pour moi — depuis hier.

II.

PILE OU FACE.

Quand mademoiselle Jeanne de Riancour entra dans la salle à manger, trois jeunes gens qui depuis le matin avaient fait la chasse aux grives, le duc Lionel***, le comte Georges d'Ormancey et Gaston Vivien, allèrent au-devant d'elle et lui voulurent baiser plus ou moins amoureusement la main, car tous les trois étaient un peu, beaucoup, passionnément amoureux d'elle.

Quand ce fut le tour de son cousin Lionel, elle retira sa main et rougit.

Un philosophe de l'amour eût bien vite deviné que Lionel était le seul qu'elle aimât. Elle l'aimait trop pour lui donner une main toute chaude encore du baiser des autres.

— Eh bien, ma cousine, je ne comprends pas?

— Mon cousin, c'est précisément parce que vous ne comprenez pas.

On se mit à table. Jeanne s'assit en face de sa tante, Lionel se plaça à côté de Jeanne.

Lionel était tout naturellement un homme du club, du sport, du turf des coulisses.

La nature avait tout fait pour lui, il n'avait rien fait pour la nature. Il était beau et fier. Il portait haut son nom, sinon son cœur Il avait de l'esprit même quand son ami A — S — était là. On citait ses mots. Il ne les faisait pas payer. Il ne croyait à rien. Il riait des larmes des femmes, « larmes qu'elles ne donnent que contre des perles, » disait-il. Ce qui ne l'empêchait pas d'être aussi lâche que les autres devant le despotisme de sa maîtresse.

Le dîner commença très gaiement. Le comte d'Ormancey était plus spirituel que jamais en se moquant de ses amis et de lui-même. Lionel faisait galamment la roue devant sa cousine, ne doutant pas de son triomphe, quand un des domestiques vint lui apporter solennellement une dépêche télégraphique.

— Pour M. le duc de***.

La dépêche télégraphique n'est pas encore passée dans nos mœurs. C'est toujours le messager de la mauvaise nouvelle au cinquième acte de la tragédie. La gaieté a toutes les peines du monde à y prendre ses coudées franches. Aussi non-seulement le silence accueillit celle-ci, mais un certain air d'inquiétude et de tristesse se répandit sur tous les visages.

— Lisez donc vite, murmura Jeanne.

Lionel déchira l'enveloppe, déploya la dépêche et lut rapidement ces trois lignes :

« *Si tu ne reviens pas demain, ne reviens*
» *jamais. Je voudrais ne pas signer, mais*
» *qu'importe? puisque tu as oublié jusqu'à*
» *mon nom.*

» Léa. »

Mademoiselle de Riancour, tout en causant avec son voisin de gauche, avait lu la dépêche plus rapidement que Lionel lui-même.

Elle porta la main à son cœur comme pour en comprimer les battements.

— Eh bien, dit-elle à Lionel d'un air dégagé, c'est votre mère qui vous écrit?

— Oui, elle s'ennuie et me rappelle.

— Et vous partirez demain!

— Non, je partirai ce soir.

— Je n'en crois pas un mot, dit la tante.

— Ni moi non plus, dit Jeanne.

Et regardant son cousin avec ses beaux yeux attendris :

— Si vous voulez, Lionel, j'écrirai à votre mère que nous vous retenons de force. Si vous saviez comme j'ai l'art de dire des choses charmantes en vingt mots, pour quarante sous.

— Vous avez bien raison, Jeanne :

Qui ne sut se borner ne sut jamais écrire.

— Je suis la Sévigné du télégramme. Je vais répondre pour vous, n'est-ce pas?

— Non, je partirai ce soir, mais je vous réponds qu'après-demain, à cette même heure, je serai à cette même place.

— Oui, mais vous ne me trouverez plus.

Lionel regarda Jeanne avec une expression de surprise.

— Est-ce qu'elle aurait lu ma dépêche! se demanda-t-il avec inquiétude.

On finit de dîner tout en contant des histoires télégraphiques.

Quand on se leva de table, la tante de Jeanne vint à Lionel et lui demanda pourquoi il voulait partir.

— Je devine, lui dit-elle, c'est encore cette Léa....

— Je vous jure....

— Vous jurez, donc je ne me trompe pas. Tant pis pour vous. Je vous avertis, mon cher, que vous passez à côté du bonheur.

— Je ne comprends pas.

— Jeanne vous aime, vous la sacrifiez à votre maîtresse; je vous défends de songer à cette pauvre enfant; partez ce soir et ne revenez pas.

Tout en prenant son café et tout en regardant l'heure à sa montre, Lionel se demanda un conseil : Faut-il rester? faut-il partir?

Pendant que les yeux de son corps voyaient Jeanne, les yeux de son âme voyaient Léa; il voulait rester et partir tout à la fois.

Il lui vint la belle idée de jouer sa vie à pile ou face.

— Dis donc, George, dit-il à un de ses compagnons de chasse, je te dois les vingt francs que tu as donnés pour moi à cette pauvre femme qui fagotait dans la forêt; je n'ai qu'une pièce de quarante francs : Pile ou face! Si c'est face je ne te devrai rien, si c'est pile tu prendras la pièce de quarante francs.

— C'est dit, murmura le comte d'Ormancey.

La pièce en tombant montra l'effigie de Napoléon 1er.

— Le sort en est jeté, se dit Lionel : je m'étais promis de partir si je gagnais.

En ce moment Jeanne, qui s'était approchée, lui dit tout bas :

— J'ai compris, mon cousin, ce n'est pas quarante francs que vous avez joués, c'est moi et celle qui vous attend. A ce jeu-là, mon cousin, on perd toujours.

Jeanne avait deux larmes dans ses beaux yeux bleus.

— Elle est charmante, dit Lionel.

Et sous prétexte d'aller fumer avec ses amis, Lionel monta dans sa chambre, prit son sac de nuit et partit par le convoi de neuf heures.

— Elle est charmante, dit-il encore, en se couchant dans un coupé, mais le feu est à la maison et je vais jeter de l'eau sur le feu.

III.

POURQUOI, PARCE QUE.

Mademoiselle Léa était, l'an passé, une des étoiles errantes de l'Opéra.

Elle paraissait fort jolie en scène, sous le blanc et le rouge, sous le noir et le bleu, après un travail savant devant son miroir.

Dans un salon, elle était plus belle par sa pâleur et son expression. Chez elle la nature valait mieux que l'art.

En scène on l'adorait, descendue du théâtre on l'aimait.

Lionel l'aimait et l'adorait. C'était la passion et le sentiment, ce mal d'amour qui prend l'esprit et le cœur.

Elle aimait et adorait Lionel.

Pourquoi s'aimaient-ils? parce qu'ils n'avaient rien fait pour cela, parce que Dieu en créant l'homme et la femme leur a donné l'amour qui serait le ciel s'il n'était

Pour elle comme pour lui, c'était la première passion. Ils étaient enchaînés par ce mariage occulte de l'âme et des lèvres qui prend toute la vie et jette ses racines jusque dans le tombeau.

IV.

COMMENT LEA COMPTAIT LES HEURES.

Lionel arriva à la gare de Lyon à cinq heures du matin. Il avait dormi comme un chasseur, sans rêver qu'il poursuivait deux lièvres à la fois.

Il sauta dans le premier fiacre venu.

— Cocher, rue de Provence. Voilà dix francs : allez deux fois plus vite.

Arrivé au premier étage d'une des plus belles maisons de la rue de Provence, Lionel prit une petite clef ciselée comme un bijou et ouvrit la porte silencieusement.

Dix secondes après il réveillait tout doucement mademoiselle Léa, par le baiser le plus espéré et le moins attendu.

— Ah! c'est toi Lionel. Comme je suis heureuse de te voir....

Elle cacha ses larmes sur l'oreiller.

— Doutais-tu un seul instant que je fusse accouru?

Léa se souleva et rejeta en arrière sa brune chevelure tout ébouriffée qui lui voilait les yeux.

— C'est bien toi! Mais tu es donc venu par le télégraphe?

— Me voilà arrivé avant d'être parti.

— N'est-ce pas que j'ai appris l'art d'écrire par le télégraphe? Que voilà une belle invention, sans compter que par ce système-là il n'y a plus de fautes d'orthographe.

— Mais, ma chère, c'est renouvelé des Grecs. Aspasie écrivait à Alcibiade sur l'aile des pigeons voyageurs.

— Il est bien question d'histoire ancienne! Tu ne m'aimes plus, je suis désespérée, je pleure toutes mes larmes....

— Je ne t'aime plus! pourquoi donc suis-je là?

— C'est bien d'être venu; mais je ne me méprends pas. Tu dis : *C'est une bonne bête qui prend l'amour au sérieux; il faut la consoler et guérir tout doucement son cœur*, car tu ne m'aimes plus, mais tu n'es pas cruel. Ah! oui, mon cher Lionel, je suis une bonne bête. Combien d'autres, à ma place, qui eussent tyrannisé leur amant au lieu de se jeter à ses pieds lâchement comme une esclave. Voilà les misères de l'amour : je t'ai aimé, j'ai tout sacrifié à mon cœur, même ma dignité. Car on se moque de moi dans les coulisses; je crois en vérité que c'est la première fois qu'on voit une comédienne amoureuse jusqu'à la folie.

Lionel embrassa passionnément les cheveux de Léa.

— Oh! ma forêt vierge! Quel adorable parfum! murmura-t-il.

— Et amoureuse de qui? poursuivit-elle en regardant Lionel, amoureuse d'un homme qui me trouve belle et qui ne m'aime pas.

— Ma chère Léa, tu es folle, ce sont toujours celles qui sont aimées qui s'imaginent ne l'être pas. Quel est donc mon crime? Depuis deux ans je ne t'ai pas quittée quatre fois huit jours durant. Et pourquoi? pour aller voir mes chevaux à Chantilly, mes chiens à Rambouillet, mes vignes au temps des vendanges et ma tante au temps de la chasse.

— Adorable avocat des mauvaises causes! je commence à trouver que j'ai tort et que tu as raison; cependant ta tante m'inquiète. C'est une jeune tante fort renommée dans sa paroisse; elle est comme notre amie Aurore : elle va beaucoup aux sermons et aux courses.

— Es-tu assez bête dans ta jalousie! d'ailleurs je n'ai qu'un mot à dire.

— Parle?

— Eh bien, je t'aime!

Léa se jeta dans les bras de Lionel.

— Il fallait donc me dire cela tout de suite.

— Lionel avait si bien dit ce mot magique, que tous les torts de l'absence furent oubliés.

Six heures sonnèrent à la pendule.

— Six heures? dit Lionel.

— Chut! dit Léa, il ne faut compter les heures amoureuses que dans le souvenir.

Lionel, qui avait soulevé le rideau de la fenêtre, se dit en revenant à Léa :

— Cette pauvre Jeanne! Mais elle n'est pas encore réveillée.

V.

PORTRAITS A LA PLUME.

Il y eut pour Lionel et Léa une renaissance amoureuse pendant laquelle ils ne comptèrent pas les heures.

Léa était une créature étrange. On dit des comédiennes qu'elles ont le démon quand elles prennent le public. Léa avait le démon, mais elle avait aussi le Dieu. Elle était souverainement belle : n'est-ce pas la marque divine par excellence, puisque la beauté est une vertu primordiale qui domine toutes les autres? Qui dit la beauté du corps dit la beauté de l'âme. Qui dit la beauté visible dit la beauté invisible. L'âme peut faillir et tomber de chute en chute, elle qui est la lumière, jusque dans les profondeurs les plus nocturnes; elle peut hanter le vice, elle peut se souiller à tous les péchés, mais dans une heure d'amour ou de repentir, vous la verrez soudainement reprendre l'auréole des virginités. Dieu qui se complaît dans son œuvre, n'a pas voulu que la forme pétrie par sa main soit un masque trompeur. Dieu ne joue pas aux surprises; là où l'âme est belle, il l'a revêtue d'un corps divin.

Corps divin, âme divine, c'est à ce chef-d'œuvre surtout que l'esprit du mal s'est attaqué. Si la beauté succombe souvent, c'est qu'elle est toujours en combat, c'est qu'à toute heure elle est battue en brèche, c'est que tout le monde veut en avoir sa part et porter son drapeau. Lucrèce s'est affranchie par un coup de poignard. Hélène, Aspasie, Cléopâtre, Impéria, Diane de Poitiers, Ninon de Lenclos, Madame de Pompadour, — je ne montre que le dessous du panier, — ont subi la destinée fatale de la beauté. Mademoiselle de La Vallière, comme la Madeleine divinisée, à lavé dans les larmes le doux crime d'avoir aimé.

Mademoiselle Léa n'était ni Madeleine ni La Vallière, mais elle était de celles qui vivent et qui meurent par le cœur. Son vrai rôle dans la vie n'eût pas été de chanter sur un théâtre; mais c'est là le jeu du hasard, ce hasard aveugle et sourd qui brouille à l'infini le jeu de cartes de la terre. Telle naît servante d'auberge qui devrait avoir un manteau de cour, telle naît dans le palais du roi qui devrait garder les vaches. Je ne parle que des points extrêmes, mais combien qui cherchent toujours leur vraie place dont elles sont à peine séparées par quelques pas!

Léa n'était ni assez coquette, ni assez perverse, ni assez tapageuse pour réussir au théâtre et pour s'y trouver bien. Elle avait réussi pourtant, mais elle s'y trouvait mal; elle avait réussi par sa beauté rayonnante et par sa voix magique, mais elle était bien plus heureuse du sourire de Lionel que des applaudissements de tout le monde : quand on apportait dans sa loge une moisson de bouquets, elle prenait un camélia rouge ou un brin de lilas à la boutonnière de son amant, et c'était là sa vraie moisson.

Le lecteur le plus indiscret ne me demandera pas la confession de Léa. C'est dans cette nuit des temps qu'il ne faut pas allumer les torches de l'histoire. Quand une pécheresse apparaît, on l. prend pour ce qu'elle est et non pas pour été. L'homme d'esprit ne questionne ja mais; à quoi bon lire le livre du passé pour faire le livre de l'imprévu ?

Léa était née dans une arrière-boutique d'armurier. Une cousine au théâtre lui avait ouvert les portes du Conservatoire. Sa beauté fit le reste, même en attendant qu'on reconnût le charme et la force de sa voix. Quel fut son premier amant, quel fut le second, quel fut le troisième ? Je n'en sais rien, parce que je n'ai pas voulu le savoir. Lionel ne fut pas plus curieux que moi.

Quoique Léa aimât la vie intime, elle aimait trop le luxe des chevaux, des ameublements, des parures, pour ne pas jeter l'argent par les fenêtres. Il fallut d'abord toute une pléiade d'adorateurs pour sa liste civile. Quand Lionel monta ne, elle mit tout le monde à la p dée à rompre en visière avec les folies du luxe. Mais il était trop tard, le luxe est une maladie mortelle.

Qu'arriva-t-il ? C'est que Lionel ne fut pas assez riche pour nourrir les chevaux et les fantaisies de Léa. Elle fit des dettes; mais comme elle aimait Lionel, tout naturellement elle ne les paya pas. Cela eût été si simple! il ne fallait qu'ouvrir la porte à deux ou trois amoureux. L'amour ne sait pas les mathématiques, et de toute éternité il ne paye pas ses dettes.

Cependant il en coûtait cher à Léa d'aimer ainsi Lionel : elle avait vendu, sans lui rien dire, ses perles et ses diamants qu'elle avait remplacés par des perles et des diamants de théâtre. Lionel n'y voyait que du feu. Mais le créancier allait éclater comme une bombe.

Lionel, tout sérieux qu'il fût dans son amour, avait pris depuis son enfance l'habitude de vivre en riant. Il sacrifiait tout à l'esprit, hormis sa passion à Léa; il était comme ces chasseurs du désert qui se moquent du lion après l'avoir tué. Il avait toujours dit à son cœur: *Je n'ai pas peur de toi*. Mais un soir, couché aux pieds de Léa, il avait senti le lion par ses morsures et ses griffes.

Son malheur était d'avoir été trop heureux. Avec un grand nom, un titre de duc, une figure charmante, une âme chevaleresque, de l'esprit argent comptant, sinon de l'esprit médité et profond, il n'avait trouvé que des amis et surtout des amies. Recherché dans tous les mondes, depuis le meilleur jusqu'au plus mauvais; vainqueur à tous les steeple-chase sur le turf, comme au Café-Anglais, aux cotillons des duchesses comme aux cotillons de ces dames, — je parle de la danse, — il avait pris tous les cœurs en passant.

En un mot, il ne lui manquait guère pour être un homme parfait que d'être un homme, c'est-à-dire de montrer une de ces mâles vertus qui sont l'honneur de l'humanité.

Lionel avait pourtant ses heures graves. Quoiqu'il fût très paresseux, il se passionnait pour les choses de l'esprit: il sculptait avec quelque talent; il écrivait avec quelque éloquence. Il croyait, comme M. le prince de Broglie, que l'on n'est vraiment noble aujourd'hui que si l'on est un peu prince de l'intelligence.

Léa, avec sa figure grave, expressive et voilée, rappelait les belles vierges de l'école milanaise que Léonard de Vinci et ses disciples ont si suavement peintes à la Re- naissance. Il y avait dans la bouche et dans les yeux de Léa je ne sais quoi de doux et même de triste qui est comme une marque de la mort dans la vie. Il semble qu'un reflet du ciel les frappe déjà, ces prédestinées de la passion.

En attendant la mort dans la vie, Léa ne rêvait que la vie dans l'amour.

Mais mademoiselle Jeanne de Riancour était revenue à Paris.

VI.

MADAME AURORE D'ARCY.

J'ai traversé toutes les scènes de cette histoire d'hier qui sera oubliée demain. Je ne sais pas si c'est la peine de la raconter; si vous jugez qu'une page amoureuse de la vie parisienne vaut toujours la peine d'être lue, suivez-moi avec quelque abandon. Je vous peindrai les tableaux comme je les ai vus. Peut-être ne serai-je pas aussi rapide que les gazettes des tribunaux qui crient la vérité sans prendre le temps de la faire comprendre. Mais je vous promets d'être vrai.

Si vous n'avez pas peur des conversations parisiennes, des fémineries et des commérages qui, après tout, sont quelque peu l'argent comptant de l'esprit français, je vais vous présenter à Mme Aurore d'Arcy, une amie de Léa et de Lionel, qui a pris sa part dans le jeu de cette histoire.

Donc, franchissez le seuil de ce salon de la rue de l'Arcade. C'est le salon d'une femme à la mode — de quel mode? — Vous reconnaîtrez cela à ce luxe bruyant où les bronzes dorés, les incrustations de cuivre, les rehauts d'or et d'argent, les damas à fleurs riches, les tapis de Perse, les peintures de Chaplin, les camélias des jardinières, les miroirs à biseaux et à gravures, crient tout haut par-dessus les toits les belles façons de vivre de la maîtresse du logis.

Est-ce la folle au logis?

Je vous dis que c'est une femme du monde — et du meilleur, — une femme bien née, bien mariée, bien séparée.... Mais ce n'est pas son histoire que je vais conter.

Madame d'Arcy daignait causer çà et là

avec sa femme de chambre. On ne s'étonnera donc pas trop de ce dialogue :

— L'abbé Marvy n'est pas venu? Je ne suis pas en état de grâce. S'il vient, dites-lui que nos petits orphelins mourront millionnaires. J'ai là cinq cents francs pour eux.

— Madame est merveilleuse! Elle place tout son argent chez les pauvres.

— C'est encore la meilleure manière de faire l'usure.

— Et avec tous ces beaux sentiments, rien à la maison.

— Oui, il n'y a qu'à moi que je ne fasse pas de bien.

Madame d'Arcy souleva le store d'une des fenêtres.

— Quel temps fait-il?

— Un temps de Mathieu de la Drôme.

Un domestique, cravaté de haut comme un apprenti homme d'État, apporta un journal sur un plat d'argent.

Juliette déchira la bande et lut à haute voix :

" Mademoiselle Isabelle, la bouquetière du Jockey-Club, a tenté la fortune à Ems où elle a tout perdu. Elle a voulu jouer le coup du désespoir. Elle a jeté un bouquet en s'écriant Tout va au bouquet! Le bouquet couvrit le no 25, qui est sorti. C'est l'âge de la bouquetière. Son bouquet valait un louis. C'était donc trente-six louis qu'elle attendait des croupiers; ces messieurs ne comprennent rien au langage des fleurs; ils ont refusé de payer, mais le soir même le souverain d'Ems a envoyé 720 francs à la bouquetière. "

— C'est tout.
— Non, voici encore une nouvelle :

" Aux derniers steeple-chase de la Marche une demoiselle bien connue, — trop connue — a demandé à mademoiselle*** si le mot obstacle était français.
— Oui, mais il n'est pas français chez nous! s'est écriée celle-ci "

— Madame d'Arcy regarda à sa pendule, un bijou de sculpture :

— Midi! — Il me semble que l'aiguille n'est pas tournée du côté de l'amour aujourd'hui! — J'ai rêvé chien et chat, et je n'ai encore vu que des créanciers.

Aurore, qui était encore en robe de chambre, — un peignoir féerique tout illustré de dentelles, — passa dans son cabinet de toilette pour faire sa figure à loisir. Elle avait appris à peindre à l'atelier de Chaplin.

Elle continuait à se parler à elle-même.

— Comme je m'ennuierais si je n'étais pas avec moi! C'est peut-être une mauvaise compagnie, mais il n'y a que celles-là qui soient bonnes.

Elle s'interrompit :

— Suis-je bien avec moi? Il y a si longtemps que je me cherche et que je ne me trouve pas. — Quel beau livre à faire là-dessus : *Voyage à la recherche de soi-même!*

Cependant mademoiselle Juliette lisait toujours le journal.

— Il n'y a plus rien de curieux?

— Mademoiselle Léa chante ce soir.

— Léa chante ce soir? Eh bien, je n'irai pas à l'Opéra.

— Elle chante si bien, madame!

— Sans doute, — mais je n'aime pas entendre chanter mes amies. — Qu'est-ce qu'il y a encore de nouveau?

— On n'aime plus madame.

— C'est le journal qui dit cela?

— Non, c'est moi, et je suis bien informée; la preuve, c'est que madame m'a déjà donné deux avertissements.

— Je vous suspendrai.

— Madame n'osera pas. Cela ferait une révolution.

— Voyons. — On ne m'aime plus — Qui?

— M. le marquis d'Ordova. Il n'est encore venu que deux fois aujourd'hui.

Madame d'Arcy sembla chercher au plafond.

— Le marquis d'Ordova! Qui est-ce donc?

— Madame a oublié que c'est son amoureux?

— Le marquis est-il riche dans l'opinion de son valet de chambre?

— Madame a raison, depuis que tout le monde joue à la Bourse, l'opinion d'antichambre, c'est l'opinion publique.

— Je veux que le marquis m'épouse.

— Et votre mari?

— Je divorcerai! Je vous ai demandé si le marquis était ruiné?

— Ruiné! allons donc! — Il ne m'a encore rien donné.

— C'est là votre pierre de touche....
— J'ai toujours remarqué que les gens qui n'ont pas le sou sont ceux qui donnent toujours. — Ah! M. Lionel! en voilà un qui est toujours ruiné, et qui ouvre toujours les mains.
— Léa est bien heureuse : Lionel a du cœur comme s'il n'avait pas d'esprit.
— Du cœur! madame, c'est un embarras; mais M. Lionel dépense tant d'argent depuis qu'il n'en a plus! Et puis, comme il monte à cheval et comme il donne galamment un coup d'épée. J'aime fort les hommes qui, pour un oui ou pour un non, s'entretuent sans fumer un cigare de moins.

On entendit retentir le timbre. Juliette alla regarder à la fenêtre:
— Madame, c'est M. Lionel; je reconnais son coupé.
— Oh mon Dieu! s'écria madame d'Arcy, je suis toute fagotée et toute enfarinée: je cours m'habiller un peu — je me trompe — me déshabiller un peu.

VII.

DEUX AMIS FRAPPÉS AU VIN DE CHAMPAGNE.

Deux jeunes gens entrèrent en même temps. Le premier, qui était blond et grand, passa fièrement comme un homme préoccupé qui ne s'amuse pas aux bagatelles de la porte.

Le second arrivant était brun et petit. Sévillan, marquis d'Ordova, grand d'Espagne, commandeur d'Isabelle la Catholique, détaché d'ambassade, il portait tout cela de l'air du monde le plus dédaigneux des grandeurs.

Les Espagnols ne sont fiers que dans les Espagnes.

Le marquis d'Ordova chantait depuis quelques jours des sérénades sous le balcon de madame d'Arcy — vieux style. — Il était venu à Paris pour placer son cœur: il n'avait encore placé que son argent.

Lionel voulait bien être son ami, mais ami du soir et non du matin; ami, après le vin de Champagne. Le matin on rentre en soi-même — surtout quand on est rentré chez soi trop tard — et on reprend quelque peu sa dignité.

Le duc et le marquis, qui s'étaient salués dans l'escalier, se promenèrent d'abord silencieusement dans le salon de madame d'Arcy. M. d'Ordova ne pouvait contenir sa jalousie. A la fin le duc s'arrêta devant lui et partit d'un éclat de rire.
— Jaloux comme un Espagnol.
— Moi jaloux!
— Tu viens ici à propos, je t'attendais.
Le marquis ne put réprimer un mouvement d'impatience.
— Si matin! Je ne te croyais pas ici chez toi....
— Je suis chez toi, monsieur Don Juan, milord Rodrigue; — c'est connu de tout le monde. — Qui donc se permettrait d'ignorer que tu es proscrit de Madrid par les maris? que tu as pris autant de femmes que le Cid a gagné de batailles? enfin que tu règnes dans le cœur de madame d'Arcy?
— Oui, comme un roi sans royaume. — Dis-moi, Lionel, connais-tu bien madame d'Arcy? — Pour moi je l'aime trop pour la connaître.
— Je comprends... Mais tu sais comme moi que c'est une femme du monde qui va dans tous les mondes. — Fille de je ne sais qui, elle a épousé je ne sais quoi: son premier amant, M. d'Arcy, qui vit dans sa province après une séparation de corps, — les biens étant mangés. Je crois bien qu'il n'y a eu qu'un mariage religieux. Prends-y garde; elle est d'un désintéressement qui l'a ruinée en ruinant ton prédécesseur. Mais elle est si jolie! N'en disons pas de mal, j'ai un grand service à lui demander.
— Un service?
— En attendant, donne-moi un conseil.
— Il n'y a que les conseils de famille qui soient bons à quelque chose. Jure-moi de ne pas suivre le conseil que je te donnerai.
— Tu sais bien que je ne le suivrai pas. Si tu n'étais pas arrivé, j'appelais le premier venu pour lui parler de ma folie. — Ah! les confidents de tragédie! comme ils sont vrais!

Le marquis prit affectueusement la main du duc.
— Donne, que je te tâte le pouls. — Je reconnais ta maladie. — L'homme irait presque toujours droit devant lui, s'il ne rencontrait la femme à chaque pas. C'est

un charmant compagnon de voyage, mais qui ne sait pas son chemin et qui nous empêche de voir le nôtre.

— Tu as deviné; c'est ce compagnon-là qui m'arrête en chemin; je vais me marier.

— Toi! oh! la belle lune rousse que je vois poindre à l'horizon!

Le duc fit signe au marquis de s'asseoir.

— Aujourd'hui, toutes les lunes de miel commencent par la lune rousse; c'est inévitable; notre manière de vivre avec ces demoiselle nous supprime la lune de miel avec ces dames. — Le bonheur n'est plus qu'un mot, et encore on ne le trouve pas dans le dictionnaire de M. Littré. — L'amour dans le mariage, c'est un roman de M. Guizot. — Tu sais bien que c'est mon seul salut dans ma ruine. Ma famille me croit excommunié depuis que j'habite les coulisses de l'Opéra. Ils disent, dans leur langage orné, que Léa est une sirène. Et puis, le mariage est la terre promise des ambitieux.

— Ambitieux! Tu ne le seras jamais.

— J'en ai peur; mais vois-tu, mon cher, il vient un jour où il faut en finir avec toutes ces folies de la jeunesse.

— Où commence et où finit la jeunesse?

— Elle devrait commencer et finir dans le travail et non dans le désœuvrement. Aussi, après une jeunesse comme la nôtre, nous bâtissons sur le sable le monument de la vie. — Nous sommes ainsi quelques milliers d'enfants prodigues qui n'avons ni une idée dans la tête, ni une épée dans la main, excepté les jours de duel.

— Tu parles comme un raisonneur de comédie.

— Le raisonneur c'est ma conscience qui juge mes actions et qui me rappelle souvent au devoir sévère de la vie. Il y a toujours deux hommes en nous: celui qui va au combat de la vie, et celui qui juge les coups. C'est mon histoire. Je vais me marier... et voilà que j'aime Léa plus que jamais.

— Qui épouses-tu?

— Ma cousine. — Est-ce qu'on n'épouse pas toujours sa cousine, quand on est marié par sa famille?

— Quelle cousine? — Ta cousine Jeanne? Elle est très jolie! j'y avais songé.

Le duc regarda en face M. d'Ordova.

— Pour toi, ou pour moi?

— Pour toi.

Et M. d'Ordova se dit à lui-même:

— Pour moi.

— Elle est charmante, n'est-ce pas? reprit Lionel.

— Oui, et elle a beaucoup d'argent.

— Oui, elle a beaucoup d'argent, mais j'aime Léa, et une fois marié...

Lionel se leva:

— Une fois marié, j'ai peur d'aimer Léa.

— Pourquoi l'aimes-tu?

— Parce que je l'aime! — J'ai perdu sa vie comme la mienne. Sans moi, elle aurait épousé un Anglais fuyant le spleen, un millionnaire, un prince russe, que sais-je!

— Elle te l'a dit?

— Tu le sais bien. Toutes les cantatrices quittent l'Opéra par la porte du mariage. Ce n'est pas avec elle que je me suis ruiné. A tout prendre, c'est une loyale créature.

Le marquis connaissait trop les amoureux pour ne pas être plus roy... ... que le roi. Ce fut bientôt un concert
M. d'Ordova avoua qu'il ne ...
femme plus belle, de cœur plus sûr, de ...
plus charmeresse.

— Ah! s'écria Lionel, quand Léa entre en scène pour chanter son grand air, comme elle donne la gaieté dans son sourire, l'émotion dans son battement de cœur, la vie en mot! Comme la mauvaise poésie qu'elle chante se change dans sa bouche en or et en diamants!

— Je croyais que tu la voulais quitter?

— Oui, et je fais là son oraison funèbre.

Lionel regarda vers la chambre à coucher de madame d'Arcy.

— Puisqu'elle ne vient pas, écoute-moi: Léa et moi, nous nous étions rencontrés au bal de l'Opéra. Je croyais à une de ces aventures qui n'ont pas de lendemain; nous nous rencontrâmes aux Champs-Elysées, elle en calèche, moi à pied. Je vais à ...
— « Montez donc, » me dit-elle en m...
dant la main. — Il y avait une place d'elle. — « Êtes-vous chez vous? » lui demandai-je. — Elle rougit. — « Chez moi! non, » répondit-elle. — Et la voilà qui descend, qui prend mon bras, et qui dit au cocher: « Je ne veux plus de ces chevaux-là; retournez d'où vous venez, et dites à votre maître que vous m'avez perdue en route. »

— C'est la morale en action.

— Oui; tu me diras qu'on a refusé ces chevaux-là pour en avoir de plus beaux. Eh! mon Dieu, non! Elle avait trouvé une émotion, c'est tout ce qu'elle cherchait.

— C'est touchant. Il faudra encadrer cela. Eh bien! oui, c'est une brave fille qui a du cœur. — Après?

— Après ?

Lionel soupira.

— Après, je vais me marier.

— Voilà la moralité!

— Ce qui est singulier, mon cher, c'est que je sens que j'aime Jeanne aussi.

— Eh bien, remarqua avec un sourire railleur M. d'Ordova, tu seras deux fois heureux quand tu seras marié.

— Non, j'aurai le courage de briser; mais je vais souffrir mort et passion. Tu es heureux d'être tous les jours amoureux d'une nouvelle femme; c'est comme cela que l'amour n'est pas dangereux.

— Voilà pourtant un homme qu'on appelle le Machiavel de l'amour! — Je vais dire à madame d'Arcy que tu es là.... C'est tout le conseil que j'ai à te donner... Mais la voilà.

VIII.

LIONEL PREND UN AMBASSADEUR.

En effet, madame d'Arcy venait de faire bruyamment son entrée. Quand je dis bruyamment, je veux parler du frou frou retentissant de sa robe de soie qui caressait les meubles et le tapis.

— Messieurs, je suis charmée de vous voir. — Pas vous! M. le marquis.

Lionel baisa la main d'Aurore.

— Savez-vous pourquoi je viens?.... Je ne sais comment vous dire....

— Est-ce une déclaration? — M. le marquis, vous êtes indiscret.

— Vous avez raison.

M. d'Ordova passa dans la chambre à coucher.

— Voyons, est-ce une déclaration, Lionel?

— Au contraire.

— Alors, allez-vous-en.

— Tout à l'heure. — Vous ne serez donc jamais sérieuse?

— Est-ce que le soleil n'est pas sérieux parce qu'il rit pour tout le monde? — Ma gaieté, c'est ma force. On pardonne tout à une femme qui ne pleure jamais.

— Eh bien! donnez des leçons de gaieté à Léa, car je viens vous prier de lui dire que je ne l'aime plus. J'ai beau prendre mon courage à deux mains, mon cœur se révolte quand je veux dire ce mensonge à Léa.

— Expliquez-moi cette énigme.

— Je vais me marier.

— Eh bien! faites-en la folie avec Léa.

— Ah! si nous n'avions pas commencé par la fin.

— Vous dites tous qu'on ne doit pas épouser sa maîtresse. Est-ce parce qu'on l'a aimée? Et si on l'aime encore quand on en a épousé une autre! — Cette pauvre Léa! vous la laissez là pour quelque rosière couronnée de pavots.

— Vous direz à Léa que ma famille triomphe de mon cœur. — Vous savez que je n'ai plus le sou.

— Traduction libre: — Vous n'aimez plus Léa. — Quand on est amoureux, on ne compte pas.

— Je suis amoureux, mais je compte depuis que je n'ai plus rien.

— Eh bien! c'est dit; j'accepte l'ambassade. Pour le coup, Léa va débuter dans les fureurs d'Hermione! — Quand viendrez-vous savoir la réponse?

— Je viendrai dîner avec vous.

— C'est cela. — D'ailleurs un service en vaut bien un autre. Venez dîner ce soir, nous serons treize, et c'est mon seul salut pour ne pas dîner avec mon oncle, car lorsque nous sommes treize, je le renvoie.

— Eh bien! nous serons treize. — Dites-moi, je sais que Léa doit venir vous voir ce matin; dans une heure je repasserai pour savoir mon sort. — Après tout, je ne veux pas la faire mourir de chagrin.

— Le chagrin! on en vit, on n'en meurt pas! Mais partez vite, on sonne, c'est peut-être elle.

— Si je restais....

— Moyen infaillible pour ne pas vous quitter. Allez.

— Vous avez raison.

Lionel prit son chapeau, baisa les ongles roses d'Aurore et sortit en toute hâte.

Le marquis, qui attendait impatiemment ce qu'il appelait l'heure du duo, entra et baisa les mêmes ongles roses.

— Monsieur d'Ordova, voulez-vous vous jeter à mes pieds?

— Pourquoi Lionel ne m'a-t-il pas attendu?

— Parce qu'il voulait vous laisser en gage.

— Ce brave Lionel!

— Il ne sait plus ce qu'il fait; il y avait cinq minutes qu'il n'était plus là quand il est parti. — Vous savez qu'il brise avec Léa?

— Léa est dans son tort. — C'est toujours la faute de la femme.

— Il faut regarder son amant comme s'il devrait être un jour votre ennemi. Quand je pense que nous nous adorons et que nous ne pourrons bientôt plus nous regarder en face.

— Dites-moi, c'est sérieux; vous ne jouez pas la comédie?

— Avec vous? A quoi bon!

On annonça mademoiselle Léa. Le marquis donna au diable Lionel et sa maîtresse, car il n'était venu ce matin-là que pour Aurore, mais jusque-là il n'avait jamais pu voir Aurore toute seule.

— Marquis, allez donc lire pour moi mes journaux par là, car je n'ai pas le temps de les lire aujourd'hui.

— Je ne lis jamais les journaux.

— Vous vous vantez, car vous parlez comme un journal qui a paru la veille.

Le marquis n'était pas content, mais, dit la dame: « Mon amoureux n'est jamais plus heureux des hommes. »

IX.

QUE LES MAINS DÉLICATES SONT CELLES QUI FRAPPENT LE MIEUX.

Léa venait voir madame d'Arcy avec le cœur joyeux d'une femme qui aime et qui se croit aimée.

Aurore était pour elle une amie plus ou moins intime. Elle la savait railleuse et coquette. Elle la voyait surtout pour avoir une porte entr'ouverte dans le monde. De son côté, Aurore voyait Léa pour avoir toujours une stalle dans le demi-monde.

Elles s'embrassèrent comme des sœurs.

— Pourquoi n'es-tu pas venue hier? J'ai attendu Lionel.

— Comment va ta folie?

— Elle va mal. — Elle va à la sagesse. — Donne-moi donc des nouvelles de ton cœur?

— C'est la forêt de Bondy, ma chère; je ne m'y retouve pas au milieu des voleurs. Et toi, ton amour est toujours au beau fixe?

— Oui, j'ai du soleil plein le cœur.

— Tu aimes toujours Lionel?

— Nous nous adorons. Il m'a consolée de l'amour.

Madame d'Arcy regarda profondément Léa.

— Tu as bien raison d'être heureuse.

— Aimes-tu toujours M. d'Ordova?

— Je l'aime toujours — depuis hier. — Comment trouves-tu ma robe? — Je t'avertis qu'elle est doublée de factures à payer.

— Si le marquis ne paye pas, tu rétabliras les Pyrénées.

— Sais-tu pourquoi il payera?

— Non.

— C'est parce qu'il m'épousera.

— Quelle folie!

— Oui, je veux mourir marquise.

Cette fois, ce fut Léa qui regarda profondément Aurore.

— Je commence à croire que les femmes les moins sérieuses sont les plus machiavéliques. Elles rient toujours, on n'a pas peur d'elles, elles vous emprisonnent avec des branches de roses et le tour est joué.

— Ne parlons pas de moi, mais parlons de toi. Je vais te dire quelque chose qui va bien t'étonner.

Madame d'Arcy prit une expression mélancolique.

— Tu m'épouvantes!

— Ne rions pas: c'est triste.

— C'est triste? Pourvu qu'il ne soit pas question de Lionel, dis-moi tout ce que tu voudras.

— Je te dirai cela demain.

— Voyons, parle. Tu m'as donné un battement de cœur....

Léa avait pâli.
— Décidément, aimes-tu Lionel ?
— Si j'aime Lionel !
— Pourquoi l'aimes-tu ?
— Est-ce que je sais! Parce que je ne voulais pas l'aimer.
— Ce Lionel est un prodige: toutes les femmes en raffolent sans savoir pourquoi.... Il y a des hommes qui ont le charme.
— Oui, un charme étrange qui nous jette à leurs pieds même quand on a toutes les fiertés.
— Eh bien, ma pauvre Léa, relève-toi ?
— Je ne te comprends pas.
— Rien de plus simple. Lionel ne t'aime plus.
— Rien de plus simple!... Voyons, c'est un jeu....
Léa se leva toute grande.
— Non, ce n'est point un jeu, et tu me vois tout attristée. Je ne sais pourquoi je me suis faite la messagère d'une si mauvaise nouvelle.
Et madame d'Arcy se dit à elle-même :
— Si ce n'est à cause du plaisir qu'on a toujours à faire ces commissions-là.
— Qui t'a dit cela ?
— Lui.
— Lui !
— Est-ce que tu ne t'y attendais pas un peu? Une femme n'est jamais prise à l'improviste: quel que soit le jour où son amant la quitte, elle l'avait quitté la veille.
Léa se laissa retomber sur le canapé en murmurant :
— Ah! Lionel, vous m'avez tuée !
— Comme tu es pâle! veux-tu mon flacon ?
— Merci. Ce n'est rien.
— Que vais-je dire à Lionel ?
— D'abord, dis-moi comment il t'a dit cela, — mot à mot ?
— Il a mis les points sur les i. Il ne t'aime plus, ou plutôt il veut se marier.
— Se marier! Et avec qui ?
— Je ne sais.... avec une femme, sans doute, ce qui l'absout. Il dit qu'il est ruiné, que sa famille triomphe de son cœur, — et autres sentences consacrées. — Il a beaucoup de chevaux à nourrir, sans compter les tiens.

Léa se releva de l'air décidé d'une femme qui triomphe de son cœur.
— C'est bien; n'en parlons plus. Je ne veux plus le voir, ni même me souvenir que je l'ai vu.... J'arrache cette page du livre, et je la jette au feu.
— Oui, cela brûle encore.
— Non, c'est fini. Il fallait en venir là. — Que je suis heureuse d'être délivrée de cet amour tyrannique qui prenait tout mon temps !
— Moi, je ne suis pas si fâchée que mon temps soit pris par l'amour; pourvu qu'on me prenne mon temps, ma raison, mon cœur...
— Est-ce que tu t'imagines que je vais garder tout cela pour moi ?
— Tu as bien raison. C'est un bien qui ne t'appartient pas.
— Je vivrai pour l'imprévu.
— Eh bien! va à la découverte de l'Amérique: un nouvel amour, c'est un nouveau monde !
Léa cachait son émotion, mais elle ne pouvait la maîtriser.
— Oh! j'en mourrai! dit-elle tout bas.

X.

QUAND ON EST BLESSÉ AU CŒUR.

Léa serra la main d'Aurore et so...
pour ne pas éclater en sanglots devan...
railleuse amie.
— Pourquoi t'en vas-tu si vite? lui manda Aurore sur le seuil.
— Pourquoi? parce que Lionel vien...
et que je ne veux plus le rencontrer.
Où alla-t-elle? Elle remonta dans sa...
ture et dit à son cocher de passer rue...
Madeleine.
C'était rue de la Madeleine que de...
rait Lionel. Elle ne le vit ni dans le r...
sur son balcon.
Comme le cocher demandait des...
dres :
— Rentrez, dit elle.
Et dès qu'elle fut à sa porte :
— Lionel n'est pas venu ?
— Non, madame.
— Il n'y pas de lettres ?
— Non, madame.

Elle redescendit et donna l'ordre à son cocher d'aller au bois.

C'était l'heure des malades et des femmes veuves.

— Moi aussi, dit-elle, je suis malade et je suis veuve.

Elle voulait tout à la fois mourir et se venger.

Mais ses lèvres étaient encore trop près du divin breuvage.

— Non, dit-elle, je veux l'aimer.

XI.

UN HOMME D'ESPRIT ET UNE BÊTE FROTTÉE D'ESPRIT.

Cependant le jeu de la vie continuait chez Aurore. Un nouveau venu, le comte d'Ormancey — un ami d'Aurore, un ami de Jeanne et de Léa, un ami de tout le monde, — y inquiétait le marquis.

Georges d'Ormancey est une copie un peu effacée mais charmante du comte d'Orsay, — un peu moins de femmes et un peu moins de dettes.

Il a commencé par être beaucoup trahi, parce qu'il a beaucoup aimé. Il a fini par se venger beaucoup, paraphrasant ainsi le verset de l'Ecriture : « Il lui sera beaucoup pardonné, parce qu'il a beaucoup trompé. » Comme il a le cœur près des lèvres, il lui arrive pourtant encore çà et là de se laisser reprendre à ces chaînes d'épines toutes fleuries de roses, qui déchirent et qui enivrent. Mais il a la force de rompre la haine en soulevant le masque de la femme : « La femme ? dit-il, un point d'interrogation devant lequel tous les imbéciles mettent un point d'admiration. Mais moi, je réponds par un seul vers :

"La femme est une esclave et ne doit qu'obéir."

Le comte d'Ormancey a peut-être raison: en amour, il n'y a que les tyrans qui restent sur le trône. Les monarques débonnaires laissent tomber leur sceptre en quenouille. Comme a dit Ninon de Lenclos : « L'amour, comme l'argent, est un bon serviteur et un mauvais maître. »

Georges a démasqué aussi les hommes de sa génération : « J'ai soulevé vos masques, leur dit-il ; vous faites semblant de danser une bacchanale dans le carnaval de la vie comme si vous dansiez sur un volcan, mais vous dansez sur un tombeau quelque ronde funèbre inventée par des croquemorts; vos chevaux de race ne sont que des chevaux de corbillard; chaque fois que vous croyez aller à un festin, vous allez à un enterrement. Vous ne savez dépenser ni votre cœur ni votre argent. Vous mourrez riches, mais vous avez vécu pauvres. »

Ainsi parle d'Ormancey avec mépris. Lui, du moins, il lâche la bride à ses passions sans s'inquiéter des ravins et des précipices. Il peut redire ce mot d'un Athénien à un Spartiate : « Respectez mes vices, car ils sont plus grands que vos vertus. » Il prend en pitié les gens du siècle Ruolz qui croient imiter les marquis du siècle d'or.

Madame d'Arcy avait peur d'aimer le comte d'Ormancey. C'était une bien mauvaise affaire pour une femme qui n'avait pas le sou et qui voulait faire une fin.

Georges entra sans se faire annoncer. Aurore fit semblant de ne pas le voir venir.

Il frappa trois coups du bout de sa canne sur le piano.

— Madame d'Arcy? dit-il.

— Je n'y suis pas, répondit-elle.

— Où êtes-vous ?

— Est-ce que je sais !

— Ni moi non plus.

Elle se leva et fit gravement le tour du comte.

— Voyons la mode aujourd'hui, car la mode se lève avec vous. Il faut que je fasse le tour d'un homme bien habillé.

— La mode! Je sors d'une séance de l'Académie. C'était esbrouffant!

— Esbrouffant ! Ah! oui, vous travaillez au dictionnaire. — Avez-vous encore inventé quelque mot nouveau ?

— Il faut être de son temps. L'hôtel Rambouillet, aujourd'hui, tient ses assises au Château des Fleurs ou dans les coulisses. Nos précieuses ridicules ont tout encarnavalisé; la langue française a maintenant sa descente de la Courtille. Il n'y a plus que la canaille qui parle bien.

Le comte regardait Aurore :
— Quel savant maquillage ! Ah ! vous avez un joli coup de pinceau ! Et ces cheveux en broussaille ? Comme cela griffonne bien sur le front !
— Apprenez-moi d'où vient ce joli mot de maquillage ?
— Pardieu, de maquignonner, des maquignons qui font la toilette à leurs chevaux.
— Voilà deux siècles que je ne vous ai vu !
— Les absents ont tort.... de revenir ; — voilà pourquoi je ne reviens jamais. D'ailleurs, ici, on a toujours peur d'être encharibotté.
— Encharibotté me plaît ; n'est-ce pas, M. d'Ordova ?
— Oui, madame. Il n'y a que la langue française.
Georges s'emerveillait du luxe du salon.
— C'est vous, madame, qui êtes toujours à la mode. Quel luxe ! tout cela vous arrache l'œil, comme aux Invalides où il y a tant de drapeaux pris à l'ennemi !
Madame d'Arcy cacha sa fureur.
— Il y manque les vôtres.
— Il n'y a plus de place.
Madame d'Arcy se mordit les lèvres jusqu'au sang :
— Léa vous a vu ce matin dans votre panier à salade avec une ingénue des Bouffes. Vous connaissez tout le monde.
— Non, je connais tous ceux qui sont bons à connaître : c'est bientôt fait.... Cette ingénue me ravit : j'aime la vertu parce que je ne la connais pas.... J'ai traversé toutes les zones de l'amour facile et difficile, et j'ai toujours trouvé que l'amour difficile était le plus facile. Je n'ai jamais rien rencontré de plus suave que cette ingénue : ь du Corrège pur.
— ¨st-ce que Lovelace va devenir Werьer ?
— Tout le monde est à la fois Lovelace et Werther, — cela dépend des femmes qu'on rencontre. — Vous savez qu'il fait un vent à décorner votre mari ?
Madame d'Arcy répondit tout simplement à cette impatience par un mot du même dictionnaire :

— Avez-vous fini de jouer du piano ! — Vous voyez que je sais votre langue ?
— Vous les savez toutes. — Dites-moi, j'ai rencontré Léa en entrant ; comme elle est pâle ! — Elle a donc reçu un coup de vent ?
— Chagrins d'amour !
— Léa ? — Mais Lionel avait promis de finir avec elle comme Philémon avec Baucis.
— Il leur a manqué une chaumière ; — on n'en fait plus. — Que sont devenus vos chevaux ?
— On me les a vendus au Tattersall ; mais je vais me venger : — Aux courses de Chantilly, je ferai courir des ânes ; — j'en viens d'acheter cent-cinquante.
— Les ânes vont devenir à la mode.
— Oh ! il y a longtemps que les ânes sont à la mode. Je n'y suis pour rien.
— Est-ce que vous êtes amoureux ?
— D'abord, vous ne me permettriez pas d'être amoureux de vous.
— Il ne faut jamais dire : « Aurore, je ne veux pas voir ta lumière ? » Après cela vous êtes marié.
— Croyez-vous ? C'est du plus loin qu'il m'en souvienne. — A peu près comme vous. Pourquoi m'apprenez-vous mon histoire ? Il n'est que trop vrai que j'ai été marié un jour ; mais le soir j'ai pris la poste, car je hais les lauriers après la victoire.
— Ç'a été une aventure sans lendemain, comme toutes les autres.
On annonça M. de Sarmattes.
— C'est la bêtise qui va entrer, je m'en vais, dit d'Ormancey.
— Oh ! non ! vous n'avez pas encore été assez impertinent.
— Que votre volonté soit faite.
On croyait voir entrer M. de Sarmattes, mes ce fut Lionel qui parut à la porte, impatient de savoir si Léa était venue. Il annonça ainsi M. de Sarmattes :
— J'ai dit à M. de Sarmattes que c'était aujourd'hui le jour des gens d'esprit, et il s'en est allé.
— C'est dommage ! nous aurions ri : rappelez-le.
Lionel voulut bien rappeler M. de Sarmattes.
M. de Sarmattes était un gentilhomme

abâtardi qui dépensait tous les jours cinq cents francs pour être à la mode; mais ce n'était que le huron de la mode avec son nez rubicond, son sourire perpétuel, son front engazonné, sa manière trop française de s'habiller à l'anglaise. C'était une bête frottée d'esprit qui disait plus de mots spirituels dans ses bêtises que tant d'hommes d'esprits patentés qui ne disent que des sottises ornées. Et M. de Sarmattes donnait plus de prix encore à ses malices naïves en demandant toujours s'il n'avait pas dit une bêtise.

— Savez-vous, dit Aurore à Georges, qu'il a mille francs à manger par jour? Mille francs! c'est un trait d'esprit. Et d'ailleurs sa bêtise est bien près d'être spirituelle, comme tant de gens d'esprit sont bien près d'être bêtes. On dirait un Champenois brouillé avec un Marseillais.

Lionel reparut avec M. de Sarmattes qui vint solennellement vers madame d'Arcy armé de deux bouquets gigantesques.

— Madame, lui dit-il, c'est aujourd'hui ma fête, et je vous apporte des bouquets.

— Où voulez-vous que je les mette? lui demanda Aurore : à mon corsage, ou sur ma tête?.... Vous faites mal les choses, mon cher.... Allez tout de suite à la Porte Chinoise, et rapportez-moi deux potiches pour mettre vos bouquets, ou deux Chinois pour les porter.

— Je n'y avais pas songé.... on ne saurait songer à tout.... Je crois que j'ai dit une bêtise.

— Non, c'est un proverbe, dit le marquis d'Ordova.

— Mon cher d'Ormancey, que dis-tu des événements? demanda Lionel.

— Chut! je ne suis pas assez riche pour avoir une opinion politique.

— Et moi, dit M. de Sarmattes, je ne suis pas assez pauvre.... Je crois que j'ai dit une bêtise.

— Il a décidément de l'esprit sans le savoir, dit Aurore. Ce n'est pas comme vous, comte. — Par exemple, que feriez-vous si vous aviez, comme M. de Sarmattes, trois cent soixante-cinq mille francs de rente?

— Ce que je ferais? — Je ferais des dettes.

— En attendant, que fais-tu? demanda Lionel.

— Je perds mon temps. Ah! je n'en suis plus aux beaux jours où je me croyais riche par mes créanciers.

— Tout Paris soupait chez toi. On entrait par le petit escalier, parce que le grand escalier était réservé à tes créanciers.

— Jamais ministre n'a eu plus d'huissiers à sa porte pour recevoir son monde.

Et madame d'Arcy éclata de rire selon son habitude pour bien souligner son mot.

— Il faut le dire tout haut, dit Lionel :— Tu n'as jamais refusé d'argent à personne, excepté à tes créanciers. Tu étais l'ami des princes; chacun de tes habits a fait une révolution. Tu as effacé Brummel : — il avait l'impertinence d'un parvenu, tu avais la politesse d'un grand seigneur.

M. de Sarmattes hasarda un mot :

— C'est peut-être la vraie impertinence. — Je crois que j'ai dit une bêtise.

— C'est Sarmattes qui souligne bien ses mots, dit Georges! Adieu, mes bons amis.

— Tu t'en vas déjà? Où vas-tu?

— Je suis très occupé à réhabiliter Joseph fuyant Putiphar. — J'ai découvert dans les textes sacrés, corrigés par Ernest Renan, que Joseph n'avait laissé son manteau que pour avoir occasion de revenir le lendemain.

— Est-ce que tu te présentes à l'Académie des inscriptions?

— Je fais mes visites. — Madame d'Arcy m'a donné sa voix, je cours en chercher d'autres.

Et le comte d'Ormancey dit à mi-voix comme pour n'être entendu que de lui-même :

— Clichy, n'est-ce pas l'institut des gens qui savent vivre?

— C'est comme moi, dit M. de Sarmattes, j'ai fait une découverte.

— Une découverte! laquelle? lui demanda Aurore.

— C'est que l'épée de Damoclès, cette fameuse épée de Damoclès....

— Eh bien! vous m'effrayez!

— Eh bien! elle n'est jamais tombée. — Aussi je n'ai plus peur de rien. — Par exemple, si je vous aime et si vous me parlez de votre vertu, je vous parlerai de l'épée de Damoclès.

— Je crois que vous avez dit une bêtise, murmura Aurore avec quelque dépit.

— Pas si bête ! dit M. d'Ordova.

M. de Sarmattes jugea à propos de ne pas hasarder un autre mot. Il suivit de près le comte d'Ormancey, et fut suivi de près par M. d'Ordova qui jugea que son heure n'était pas encore venue dans ce flux d'amoureux de tous les ordres et de tous les styles.

— Ces vertus apocryphes, dit-il avec colère, sont plus difficiles à battre en brèche que les vertus orthodoxes, car elles ne songent qu'à se défendre, tandis que les autres sont si sûres d'elles-mêmes qu'elles sont déjà vaincues avant d'avoir compris le péril. Et puis tant de soldats les assiégent à la fois qu'il n'y a plus de place pour les héros.

— Le marquis avait raison; la coquetterie a une volupté de résistance plus forte souvent que la vertu elle-même. La coquette est la plus accusée parmi les femmes légères; mais le plus souvent si on la surprend sous le ciel de son lit, on ne trouve sur son oreiller que son éventail. Combien de femmes qui ne rient jamais, mais qui tireraient le rideau si elles étaient surprises !

XII.

OÙ LA PASSION RENTRE EN SCÈNE.

On trouvera sans doute que je me complais à peindre les personnages du second et du troisième plan? C'est pour l'harmonie du tableau et les droits de la vérité. Les figures principales ne perdent pas leur relief parce que les fonds sont sérieusement étudiés.

— Nous voilà seuls, dit Lionel à Aurore. Racontez-moi bien vite comment Léa....

Aurore interrompit Lionel.

— Vous ne vous doutez pas, mon cher, de ce qui s'est passé ?

— Les fureurs d'Hermione ?

— Vous n'y êtes pas.

— Des larmes ?

— Rien de tout cela. Elle a pris gaiement la nouvelle.

Lionel fut remué profondément.

— Vous vous moquez....

— Je vous dis qu'elle a été parfaite de point en point.

Lionel sentit seulement à ce mot combien il aimait Léa. Il la voulait désespérée, il ne la voulait pas consolée. C'est l'histoire éternelle du cœur — cet égoïste cruel.

— Elle a été parfaite! dit-il, en contenant encore sa fureur.

Aurore se mit à rire et continuait de l'air du monde le plus ingénu :

— Je crois, entre nous, que vous êtes tous deux au même diapason. Vous ne vous aimez plus !

— Elle ne m'aime plus !

— Je vous trouve plaisant. Est-ce que vous avez la prétention de la planter là comme une fontaine pour qu'elle vous pleure ?

— Non, mais on y met plus de dignité. Quoi ! une passion qui a émerveillé tout Paris !

— Vanité des vanités! Vous voulez encore être aimé quand vous n'aimez plus !

— Enfin, que vous a-t-elle dit ?

— Rien que de très sensé. Vous ne l'aimez plus; elle ne vous aime plus.... la coupe est vidée.... Vouliez-vous donc qu'elle la remplît de larmes ?

— Celle-là qui n'aime plus n'a jamais aimé.... Elle n'a eu que le masque de l'amour.... Eh bien, tant pis, j'aimerai ma femme.

— Vous croyez donc qu'on a la liberté d'aimer comme cela ? — On aime quand il plaît à Dieu.

Lionel ouvrait la porte pour s'en aller.

— Où allez-vous donc ?

— Où je vais? Mais est-ce que je le sais ?

— Vous oubliez votre chapeau! c'est logique, vous avez perdu la tête. Mais vous n'irez pas loin, car j'entends la voix de Léa.

C'était Léa, en effet. La porte s'ouvrit.

— Je te croyais seule! dit-elle à madame d'Arcy sans vouloir regarder Lionel.

Aurore lui prit la main, la mena à Lionel et leur dit solennellement ce vers :

Et maintenant, seigneurs, expliquez-vous tous deux !

Après quoi elle sortit comme la confidente dans la tragédie.

XIII.

QUE L'AMOUR N'EST JAMAIS PLUS BEAU QU'A SA DERNIÈRE HEURE.

Léa était allée jusqu'au lac. Elle était descendue au bord de l'eau ; mais, après avoir soulevé la poussière avec la queue ondoyante de sa robe de velours, elle était revenue chez madame d'Arcy, pour la questionner encore ; — peut-être dans l'espérance d'y rencontrer Lionel.

Quand ils furent face à face, ils ne trouvèrent d'abord rien à se dire tant l'expression leur manquait. La langue française n'a pas d'énergie dans les heures pathétiques. Il faudrait s'injurier pour exprimer les colères de la passion. On aime mieux cacher son cœur sous la raillerie.

Ce fut Lionel qui rompit le silence :

— Eh bien ! madame, vous devez me savoir gré d'avoir osé vous dire ce que vous pensiez ?

— Est-ce bien utile de nous dire cela ? demanda Léa en jouant le calme. Après tout, les bons comptes font les bons amis.

— Vous vous imaginez peut-être que je resterai votre ami ? Non, madame ; — j'ai eu trop d'amour pour descendre jusqu'à l'amitié.

— Eh bien ! restez en chemin. Bonsoir, puisque aussi bien nous ne faisons plus route ensemble.

— Avant de nous quitter, soyez de bonne foi ! avouez que vous ne m'avez jamais aimé.

— Croyez-vous ?

— Vous avez joué la comédie de l'amour.

— Eh bien ! vous devez au moins me savoir gré d'avoir été une excellente comédienne ! Où en serais-je, grands dieux ! si je m'étais endormie sur vos serments ! — Vous deviez m'aimer dans ce monde et dans l'autre.

— Si vous m'aviez aimé....

— Vous n'avez été de bonne foi qu'en me transmettant par ambassadeur les dernières volontés de votre amour défunt.

— Ma famille est furieuse de me voir perpétuer ce qu'elle appelle mon carnaval.

— Eh bien ! monsieur le duc, couvrez-vous le front de cendres.

Léa, pour cacher son émotion, se mit au piano.

— Qu'allez-vous faire !

— Je vais chanter, ne vous déplaise.

— Vous aurez le cœur de chanter ?

— Non, je vais dire la chanson de ceux qui n'aiment plus.

Léa aimait tant à chanter que ses sanglots éclataient parfois en chansons. Elle joua la Sérénade de Schubert et chanta avec toute son âme :

Qui l'a donc sitôt fauchée,
   La fleur des moissons ?
Qui l'a donc effarouchée,
   La Muse aux chansons ?

Je n'aime plus ! Qu'on m'enterre,
   Le ciel s'est fermé.
Je tombe sur la terre,
   Le cœur abîmé.

Te souviens-tu, ma maîtresse :
   Mon cœur s'en souvient !
Des aubes de notre ivresse ?
   Déjà la nuit vient.

Faut-il que je te rappelle
   Les doux alhambras
Que nous bâtissions, ma belle,
   En ouvrant nos bras ?

Ta bouche fraîche, ô ma mie !
   Ne m'enivre plus.
Déjà la vague endormie
   Est à son reflux.

Quoi ! plus d'Eve qui m'enchante !
   Plus de paradis !
Faut-il donc que mon cœur chante
   Son *De Profundis* ?

Elle est ouverte ma tombe
   Et va se fermer.
Oui, j'en mourrai, ma colombe,
   Du doux mal d'aimer.

Ou plutôt pour cénotaphe
Je prendrai Martha
Qui mettra pour épitaphe :
Il RESSUSCITA.

Lionel se pencha au-dessus de Léa et lui baisa les cheveux.

— Léa, Léa, je t'aime !

Il prit les mains de sa maîtresse et les couvrit de baisers.

— Il est trop tard ! Allez vous marier ! lui dit Léa.

Emporté par son cœur, le duc n'écoutait plus sa raison. Sa passion à peine amortie jetait feu et flammes sous la raillerie de Léa.

— Me marier ! Ah ! Léa, j'en deviendrai fou ! je t'aime à en mourir. Me marier ! Cela me sera impossible, si ce n'est avec toi. — Eh bien ! oui, avec toi !

— Ah ! je te remercie de m'avoir dit cela.

Léa embrassa Lionel en pleurant.

— Tu m'aimes donc toujours ? lui demanda Lionel de la voix la plus tendre.

— Toujours ! Tu n'as donc pas vu ma pâleur ? Ah ! Lionel, tu as été deux fois cruel en me portant ce coup par la main d'Aurore. Pourquoi n'es-tu pas venu bravement me demander ce sacrifice ?

— Tu sais bien que tu m'as toujours pris par tes larmes. Te rappelles-tu ce soir où j'avais juré de ne plus revenir ?

— Oui, déjà la folie du mariage te montait à la tête.

Le duc sembla inspiré par une idée soudaine.

— Eh bien ! folie pour folie, je veux que ma folie s'appelle Léa. Après tout, c'est peut-être la sagesse.

Léa regarda son amant et lui prit les mains à son tour :

— Ah ! Lionel, comme ils sont heureux on sont au commencement de leur Pour nous autres, pauvres filles, trop curieuses, il n'y a que des commencements. Nous ne savons pas finir.

— Ne pleurez pas, Léa ?

— Je pleure parce que l'heure est venue.

— Que voulez-vous dire ? vous devenez folle ?

— Je deviens sage et je vous dis adieu ; car, tout à l'heure, tu as été adorable et absurde de m'offrir ta main sérieusement. Je te remercie de tant d'amour : je suis presque heureuse de refuser.

Lionel regarda Léa avec surprise.

— Je ne comprends pas.

— Tu me comprendras un jour, quand tu seras père de famille et que tu passeras dans le monde avec ta femme au bras. Nous avons vécu ensemble à la table des enfants prodigues ; mais c'en est fait, le jour est venu, l'enfant prodigue devient un homme ; la maîtresse est toujours la maîtresse, même quand elle devient la femme. Vous me comprenez, n'est-ce pas ?

— Léa, je t'aime !

— Et moi aussi, je t'aime ! Mais combien qui souriraient s'ils nous voyaient passer ensemble, mari et femme !

— On vous a toujours respectée à mon bras !

— Croyez-vous que je subirais cette honte de voir mon mari se battre pour défendre l'honneur de son nom que je ne porterais pas assez fièrement ? Non, non ; j'ai mangé mon blé en herbe ; je suis comme ces arbres qui donnent des fleurs doubles, mais qui ne donnent pas de fruits. Et que diriez-vous à vos enfants, si on leur disait la vérité ?

— Nous irons vivre loin du monde !

— Voilà des phrases de roman : on ne vit plus loin du monde ; le monde est partout aujourd'hui. Où serais-je sûre de ne pas rencontrer quelque souvenir railleur de ma jeunesse.

Lionel jeta ses mains dans ses cheveux, de l'air d'un homme qui ne sait plus à quelle femme se vouer.

— Léa ! Léa !

— Oui, je connais tes délicatesses à travers tes folies ; mais au point où nous en sommes, pourquoi ne pas tout dire ? Croyez-moi, Lionel, il faut des mains plus pures que les miennes pour pétrir le pain béni du mariage. Adieu, Lionel !

Léa sourit tristement.

— Ne me dis pas ce mot terrible, Léa.

— Adieu ! Lionel. Ne regrettons rien : nous nous sommes aimés deux années — deux siècles — deux jours !

— Mais je t'aime toujours !
— Oui, mais vous ne diriez pas la même chose après la cérémonie. Monsieur le duc, je vous enverrai vos lettres, et vous brûlerez les miennes.

Léa se reprit :

— Non, non, j'aime mieux les brûler moi-même.

— Tu es une brave créature, Léa !

Lionel pressa Léa sur son cœur.

— A toi le dernier battement de cœur de ma jeunesse.

— Monsieur le duc, vous m'enverrez une lettre de faire part quand vous vous marierez.

— Elle sera encadrée de noir.

Léa essaya de sourire.

— Allons donc ! ce sera le plus beau jour de ta vie !

— Adieu ! puisque c'est toi qui l'as dit.

Lionel respira. La grande crise était passée. Il triomphait deux fois : Léa l'adorait et lui donnait la liberté. O égoïsme du cœur ! La douleur de Léa le consolait presque.

Il s'éloigna de deux pas.

— Non, non, je ne pourrai jamais m'arracher d'ici.

Il revint embrasser Léa.

— Adieu ! Je te verrai ce soir, je te verrai toujours. Adieu, Léa ! A ce soir.

Cette fois Lionel sortit vivement sans bien savoir encore s'il reverrait Léa.

— C'est fini ! dit-elle, effrayée pour la première fois de se sentir seule. S'imagine-t-il qu'il va *me faire un sort*, comme font ces messieurs aux maîtresses de la veille ! S'il revient ce soir, je lui fermerai ma porte. Il faut que je garde tout mon courage pour le laisser se marier.

Elle tomba presque évanouie sur le canapé de madame d'Arcy.

XIV.

OU AURORE DÉFINIT LE CŒUR.

Madame d'Arcy s'était approchée sur la pointe de ses bottines et regardait Léa avec admiration.

— J'ai compris, parce que j'ai écouté aux portes, lui dit-elle. Refuser une pareille fortune et un pareil gentilhomme ! Partons !

Aurore avait son chapeau et son ombrelle.

— Où allons-nous?
— Au ministère de l'intérieur.
— Que vas-tu faire là?
— Demander la croix pour ta belle action.
— Après tout, j'ai raison. Les fêtes de l'amour sont comme les fêtes du monde: il faut s'en aller avant que les bougies s'éteignent. Mais je vais bien souffrir.

Léa porta la main à son cœur. Madame d'Arcy embrassa Léa.

— Ma pauvre Léa, quel enfer pendant huit jours ! Mais Lionel souffrira plus que toi. Fuir une femme qu'on aime pour une femme qu'on n'aime pas: quelle lune de miel !

— C'est égal, la lune rousse sera pour moi.

— Reverras-tu Lionel?
— Jamais!
— Jamais ! voilà un mot qui n'est pas de mon dictionnaire.
— Que tu es heureuse de rire de tout !
— Sais-tu pourquoi, ma chère Léa?
— C'est que tu as trop d'esprit pour avoir du cœur.
— Merci ! Mais je ne m'en fâche pas: le cœur est si bête !

XV.

QUE LA JALOUSIE PEUT CONDUIRE JUSQU'AU MARIAGE.

Le soir, Lionel voulut retourner chez Léa. Il ne fut pas peu surpris, quand il prit sa petite clef pour ouvrir la porte, de voir que la serrure était changée. Son cœur battait violemment.

— Déjà ! dit-il avec une vraie douleur.

Il sonna.

Quand le valet de chambre vint ouvrir, Lionel entra sans dire un mot, mais le valet de chambre l'arrêta au passage.

— Madame n'y est pas, monsieur.
— Mais elle ne chante pas ce soir?
— Madame n'y est pas, monsieur?

Lionel allait passer outre, quand la vue

d'un manteau jeté sur une chaise de l'antichambre lui fit rebrousser chemin.

— Je comprends, dit-il en redescendant l'escalier.

Il ne comprenait pas.

Léa avait tout prévu. Ce manteau était un manteau de femme qui, grâce à la mode contemporaine, ressemblait à un manteau d'homme.

Lionel, blessé au vif, alluma un cigare et se promena non loin de la maison, sans s'avouer qu'il était jaloux.

— Ah! murmura-t-il, je ne croyais pas tant l'aimer.

Une demi-heure après, il entrait à l'orchestre des Variétés, où il ne resta que quelques minutes. Quand il se retrouva sur le boulevard, il sembla chercher son chemin. Allait-il retourner rue de Provence? allait-il rentrer chez lui?

— Non, dit-il, comme saisi d'une idée nouvelle.

Il sauta dans un coupé de remise et se fit conduire rue de Lille, où demeurait ma tante.

Quand il entra dans le salon, on servait le thé.

— C'est vous, Lionel, quelle bonne fortune!

Tout en saluant sa tante et sa cousine, son premier mot fut pour le marquis d'Ordova.

— Ah! tu es ici?

Lionel avait peur que son ami ne fût chez Léa, car le marquis, c'était là son caractère, était l'homme de l'extrême-onction de l'amour, selon le mot impie d'Aurore; l'homme des femmes abandonnées, l'homme des consolations inattendues. Mais il ne les consolait pas.

— Mon cousin, dit Jeanne à Lionel; savez-vous que je suis là?

— Non, ma cousine, dit Lionel, en essayant de répondre sur le même ton.

— Mon cousin, voulez-vous beaucoup de sucre?

Un peu de citron, ma cousine.

Jeanne apporta gracieusement une tranche de citron.

— Lionel, reprit-elle d'une voix émue, savez-vous que je vous attendais? vous m'aviez pourtant dit que vous ne viendriez pas.

— L'homme propose, le cœur dispose.

Je n'ai pas noté toutes les mélodies de ce charmant duo; je dirai seulement qu'une heure après, il n'y avait plus dans le salon que madame de Rouvré, Lionel et Jeanne.

— Lionel, dit la tante, Monseigneur est venu me voir à quatre heures, les dispenses sont arrivées, vous pouvez épouser votre cousine dans onze jours.

Lionel pensa à Léa.

— Onze jours! dit-il en étouffant un soupir, onze jours et je serai le plus heureux des hommes, comme on dit dans toutes les comédies.

— Et ce ne sera pas une comédie, n'est-ce pas? lui demanda Jeanne, dans son inquiétude amoureuse.

— Non, répondit-il en baisant la main de Jeanne.

Et il se dit à lui-même:— Dieu veuille que ce ne soit pas un drame.

XVI.

LE TOMBEAU DE LA JEUNESSE.

Quand Lionel rentra chez lui, il trouva sur sa table de nuit une grande enveloppe cachetée de noir. Quand on va changer de route dans la vie tout semble une marque de la destinée: la parole la plus vague, le nuage qui voile le soleil, le feu qui se rallume la nuit, la rencontre d'un ami qu'on ne voyait plus depuis longtemps, le sel qu'on répand sur la table, un treizième convive, un fâcheux qui a le mauvais œil, un miroir qui se brise, enfin mille autres expressions de la vie extérieure qui frappent l'âme et la troublent.

Dès que Lionel vit le cachet noir il eut des palpitations; il avait reconnu le cachet de Léa; pas un mot n'était écrit sur l'enveloppe.

— Qu'est-ce que cela? se demanda-t-il, mes lettres sans doute; je ne croyais pas avoir tant écrit.

Il déchira l'enveloppe, ne doutant pas qu'il ne dût trouver une lettre de Léa parmi les siennes. Mais vainement il les reprit à deux fois une à une.

— C'est impossible! dit-il avec colère. Et il feuilleta encore ses lettres.

Léa n'avait pas écrit un mot, elle avait choisi cette éloquence terrible: le Silence.

— Et moi aussi je lui renverrai ses lettres.

Lionel alla ouvrir une petite armoire en ébène et y prit une cinquantaine de billets qui étaient toute l'histoire, toute la vie de son cœur depuis deux ans. Quoiqu'il fût violemment irrité, il ne put s'empêcher de les porter à ses lèvres, et de les respirer comme un doux parfum des temps évanouis.

— Quand je pense, dit-il, que les meilleures choses n'ont qu'un temps, et que demain, peut-être, Léa ne relira les lettres qu'elle a écrites pour moi que pour y retrouver des phrases toutes faites pour un autre.

Il n'y a pas de plus grand calomniateur que l'amour: les femmes qui ont aimé ont la pudeur du souvenir. Léa ne devait pas profaner les reliques du passé.

Le feu n'étant pas éteint, Lionel se jeta sur sa fumeuse et lut et relut quelques lettres de Léa.

— Eh bien! murmura-t-il, on a beau railler, les femmes, quand elles aiment, trouvent des accents de vérité que les romanciers les plus éloquents ne trouvent pas.

Et il lisait encore, et il relisait, et il lisait toujours.

— Pauvre Léa! elle m'aimait bien. Qui sait si Jeanne, qui n'a aimé que moi, s'élèvera à ce degré de passion? C'est triste à dire, mais il y a peut-être des stages en amour.

L'âme de Lionel parcourait toute la gamme des mélancolies amoureuses; il lui sembla qu'il s'égarait dans une de ces adorables symphonies de Beethoven, qui nous détachent de nous-mêmes pour nous emporter à travers les voies douloureuses des existences passées ou des existences futures.

— C'est singulier, dit-il, en appuyant sa tête dans ses mains, je ne croyais pas retomber dans ces sentimentalités écolières. Voyons, soyons un homme!

Il releva la tête, prit ses lettres et les jeta au feu; le mouvement avait été rapide comme la pensée.

— Et elle, brûlera-t-elle les siennes? se demanda-t-il.

Une flamme vive répandit tout à coup une grande lumière dans la chambre.

— Ces pauvres lettres! j'aurais dû les relire aussi.

Il en ramassa une qui était à peine mordue par le feu.

— Voyons si je me reconnaîtrai, cela doit être absurde.

Il lut à haute voix:

« Ma Léa, tu ne sais pas comme je t'aime; quand tu ne m'aimeras plus, tu en riras bien. Figure-toi que maintenant j'ai la double vue: tout à l'heure j'étais au club et je jouais un jeu d'enfer, ce qui ne m'a pas empêché de te voir entrer en scène. Comme tu étais belle!

« J'ai entendu les applaudissements. J'étais si distrait que je ne voyais plus mes cartes, aussi Léopold m'a rappelé à la raison en me disant que j'avais perdu. Perdu! qu'est-ce que cela me fait! je n'aurai perdu au jeu de la vie que le jour où je t'aurai perdue toi-même. Ce n'est pas tout, je t'ai vue aussi quand on t'a rappelée. N'est-ce pas que tu as été rappelée? Au troisième acte, si j'ai bien compté, on t'a jeté quatre bouquets: j'en ai payé deux; mais de qui sont les deux autres, madame? Prenez garde à la jalousie d'un homme qui a la double vue.

« Je t'embrasse et je te réembrasse avec toute ma douceur et toute ma robustesse, pour finir par un mot qui n'est pas encore de l'Académie — impériale de musique. »

— C'est la lettre d'un amant heureux, dit Lionel.

Il en prit une autre à moitié brûlée.

« Léa, c'est de la cruauté, je meurs de chagrin si tu ne veux pas me revoir; je te jure que je n'étais dans le coupé de Cora que pour lui dire des injures. »

— Ah! diable, dit Lionel, celle-ci est d'un amant malheureux; je me rappelle toutes mes lâchetés pour reconquérir ce cœur farouche.

Et après un moment de silence.

— Pauvre Léa! comme c'était bon de l'aimer!

Il reprit les lettres de Léa, les embrassa avec passion et les mit dans une enveloppe.

— Voyons, dit-il, mettons-y un cachet noir.

Et quand l'enveloppe fut cachetée à ses armes, il lui sembla qu'il venait de refermer le tombeau de sa jeunesse.

Don Juan tourna au Werther: il voulut comprimer ses larmes, mais il éclata en sanglots.

XVII.

QUE DON JUAN FINIT TOUJOURS PAR ÊTRE VAINCU.

Cette histoire d'un homme pris fatalement entre deux femmes, c'est l'histoire des allégresses et des déchirements du cœur humain; on s'engage gaiement sans pressentir que sur ce champ de bataille on sera blessé à vif, quelquefois à mort; on ... ment, car tout commence ici ...médie; mais combien de fois ...eux jaillissent des gouttes de ...ng. La comédie finit lamentablement par une scène de tragédie. Au point de départ, on croit dominer sa destinée parce qu'on joue avec elle, mais la destinée relève tout à coup la tête et nous effraye par son air grave et triste. Elle semble nous dire : «Et toi aussi tu payeras ta dette à la douleur, car elle a sur toi ses grandes échéances.»

Lionel s'imaginait volontiers que la jeunesse n'est qu'un jeu qui s'évanouit en un jour de raison ou de volonté. Il ne voulait pas comprendre que c'est la jeunesse qui plante l'arbre de la vie; or, s'il y a beaucoup d'arbres qui portent des fruits, combien qui ne portent que des fleurs! beaucoup qui vivent cent ans, combien qui sont ... ragés dans la saison des ora...

...uan est souverainement gai dans ... allègres amours; mais Don Juan est destiné à mourir jeune. Pour lui cette fête amoureuse n'aura pas de lendemain; il rit des larmes et des battements de cœur, il est athée et déloyal, il dit comme Montaigne que l'amour est une piperie, il prend toutes les femmes, mais il ne se laisse pas piper lui-même, jusqu'au jour où la statue du Commandeur triomphe de toute sa vaine philosophie. Pour le Don Juan moderne, qu'est-ce que la statue du Commandeur, sinon quelque femme qu'il croyait ne pas aimer, qu'il a tuée de sa raillerie ou de sa trahison, qu'il a ensevelie dans le froid linceul de l'oubli et qui lui apparaît dans sa blancheur de morte!

La statue du Commandeur n'est pas toujours l'apparition d'une morte ; c'est aussi quelquefois la passion dans son despotisme qui se retourne contre vous; c'est une vivante que vous avez blessée et qui prend sa revanche, toute saignante encore; qui tue le doute dans votre cœur par les armes mêmes dont vous vous serviez contre elle.

Lionel, qui ne croyait pas encore que les actions les plus simples de la vie pussent amener des catastrophes, allait se marier, convaincu que le lendemain de son mariage il ouvrirait dans sa vie un nouveau chapitre tout aussi gai que le premier. Il ne pressentait pas que Léa, cette blessée de la veille, serait là le lendemain, plus forte encore contre lui par sa pâleur que par son sourire.

Mais qui n'eût comme lui détourné un peu les yeux pour regarder avec admiration, sinon déjà avec amour cette adorable figure de Jeanne dans l'auréole de ses vingt ans divins et de ses virginales beautés?

XVIII.

ESSAI SUR LE BONHEUR.

Le mariage du duc Lionel*** et de mademoiselle Jeanne de Riancour fut célébré à Sainte-Clotilde. Ce fut l'archevêque de Paris qui bénit les époux. Les amis de Lionel disaient qu'il était bien heureux; mais les amies de Jeanne se disaient : «La voilà duchesse; mais fera-t-elle oublier la comédienne?»

Lionel et Jeanne partirent après la messe des épousailles sans dire où ils allaient. Une chaise de poste à quatre chevaux les emporta presque aussi rapidement qu'une locomotive. On eût dit qu'ils étaient des courses de la Marche.

Deux heures après, les promeneurs qui vont encore dans le parc de Versailles évoquer les ombres du Roi-soleil et de Mlle de La Vallière, auraient pu rencontrer les mariés dans les bosquets de Diane ou dans le Labyrinthe.

Versailles, n'est-ce pas le bout du monde? Si j'avais un bonheur à cacher, j'irais à Versailles. Cette solitude grandiose est pour moi le vrai pays des amoureux — des amoureux qui s'aiment. — Malheureusement, Lionel, tout en appuyant avec joie sur son cœur les bras de Jeanne, jetait çà et là un regard inquiet dans les massifs, comme s'il devait voir apparaître Léa.

Les peintres et les statuaires ont pu faire une image vivante de la Douleur; mais qui donc a pu songer à peindre et à sculpter ce rayon, ce coin d'azur, ce regard noyé, cette fleur cueillie, cette étoile au ciel, cette larme sur la terre, qui s'appelle le Bonheur? Ce qu'il y a de plus triste dans le bonheur, — puisque le mot existe, — c'est qu'on ne l'a pas plus tôt saisi qu'on est impatient de le blesser et de le rejeter dans l'infini, comme les enfants qui dénichent des grives, qui les martyrisent et qui les étouffent dans une cage.

Lionel fut heureux d'un bonheur nouveau et imprévu. Il n'avait pas espéré ces adorables ivresses que donne une jeune fille qui vient dans toute sa pureté répandre sur vous la douce et blanche lumière de son amour. Lionel en face de Jeanne retrouvait son cœur de vingt ans.

Aussi en quelques jours Jeanne fut-elle plus heureuse de son amour et de l'amour de Lionel que la plupart des femmes ne le sont dans toute leur vie.

Et pourtant après deux quartiers de lune ce fut Lionel qui le premier proposa de retourner à Paris. Il ne s'avouait pas qu'il espérait rencontrer Léa. Il parlait d'un attelage à la Daumont qui devait révolutionner le monde du sport.

— Je veux montrer mon bonheur, dit-il à sa femme.

— Orgueilleux! c'est que tu n'es pas heureux : le bonheur se cache.

Mais après tout le bonheur n'est bien logé que chez soi : la jeune duchesse pensa qu'il lui serait bien plus doux d'être dans son hôtel avec Lionel que de rester plus longtemps à l'auberge. Elle comptait sans son hôte!

XIX.

LE BONHEUR CHEZ SOI.

Et maintenant — madame — si vous êtes toujours curieuse, nous irons voir un pâle rayon de la lune de miel à l'hôtel de la jeune duchesse. Je vous ai fait grâce de la cérémonie nuptiale, un chapitre ennuyeux, où l'on n'a rien laissé pour l'imprévu. N'y a-t-il pas un livre d'une grande dame sur les us et coutumes du jour des noces, sans compter la nuit? on y apprend comment une jeune fille bien née doit se conduire dans le monde le premier jour et la première nuit de son bonheur.

C'est un vieil hôtel de la rue de Grenelle qui semble une page oubliée de Louis XV. Passons le seuil.

Un valet et une femme de chambre, comme dans toutes les comédies, font dans le salon la gazette de l'hôtel. Le valet vient d'apporter deux admirables camélias blancs et toute une gerbe de violettes de Parme. Il hasarde cette remarque judicieuse que si madame la duchesse aime les camélias, ce n'est pas étonnant, puisque le duc aima les dames aux camélias — vieux style devenu le style de l'antichambre. —

Et la femme de chambre ajoute qu'elle ne vient pas du quai aux fleurs, mais de la boutique à robes. « Je n'ai jamais compris, dit-elle, qu'il fallût tant de robes pour s'habiller si peu. » Et elle fait cette réflexion profonde, que la lune de miel se compose d'une boutique de bijoux, d'une boutique de robes et d'une boutique de fleurs.

Ici le valet veut embrasser la femme de chambre.

— Es-tu bête! lui dit-il; la lune de miel, cela se fait avec de l'amour.

Heureusement la duchesse qui survient sauve la vertu en péril de sa femme de chambre — toujours comme dans la comédie ancienne et moderne, depuis Marivaux jusqu'à Barrière.

Jeanne arrive lentement, dans la plus adorable robe à queue qui ait submergé un tapis de Perse.

— Oh! les beaux camélias! oh! les belles violettes!

— N'est-ce pas, madame la duchesse, dit le valet de chambre. Il n'y avait que cela à Paris. Aussi on a envoyé une dépêche à Karr.

— A qui dites-vous?

— A Karr.

— Pourquoi dites-vous Karr?

— Mon Dieu, madame, parceque c'est un homme célèbre et que je lis ses romans à mes moments perdus.

— Oh! si vous — le connaissez — c'est bien.

La duchesse ne put s'empêcher de rire de cette démocratie de l'intelligence.

— Où est mon mari?

— M. le duc est sorti.

— Sorti?

— M. le duc a dit qu'il allait au club.

— Est-ce qu'il allait au club avant d'être marié? se demanda la duchesse.

adame.... M. le duc allait 'Opéra, poursuivit tout bas bre.

Laissez-moi; je ne vous demande rien.

— Si on apporte les robes, madame? demanda la femme de chambre.

— Les robes! Allez! allez!

Voilà Jeanne seule qui se promène rapidement comme pour fuir une pensée jalouse.

— Lionel est allé au club! Est-ce qu'il s'ennuie? O mon Dieu! qu'ai-je donc fait pour cela? — On m'a toujours dit que c'était la faute de la femme quand le mari s'ennuyait. — Et moi qui ne songeais qu'à son bonheur! car son bonheur c'est le mien. — Ah, Lionel, vous seriez bien cruel si vous n'étiez pas heureux!

On   e M. le comte d'Ormancey et tes. Le comte est habillé par a mode du lendemain. — M. est habillé comme son ami il semble la caricature, car il faut les grands airs de Georges d'Ormancey pour oser créer la mode.

Le comte salue la duchesse, et lui dit que son mari n'étant plus visible que chez lui, il se hasarde à troubler leur bonheur.

— Certes, dit M. de Sarmattes, nous sommes bien sûrs de ne pas le rencontrer cette nuit au bal de mademoiselle Léonie.

— Vous allez vous perdre par là, monsieur de Sarnattes? dit la jeune femme.

— J'ai beau faire, duchesse, je me retrouve toujours le lendemain quand on m'apporte mon chocolat. — Je crois que j'ai dit une bêtise.

— Au contraire, c'est fort spirituel. Est-ce chez mademoiselle Léonie que vous prenez vos grades en diplomatie?

— Le moyen de réussir, c'est de mettre l'argent et les femmes de côté.

— Vieille politique, dit Georges. Il faut mettre les femmes de son côté. La meilleure échelle, c'est l'échelle des femmes.

— Il me semble que c'est une échelle qui ne vous a pas conduit bien haut? dit la duchesse qui n'était pas une bégueule.

— Parce que j'ai mieux aimé rester en route, risqua d'Ormancey.

— Expliquez-moi, mon cher comte, pourquoi je vous ai vu hier dans le panier à salade d'une demoiselle, vous qui ne vous montrez jamais qu'à quatre chevaux?

— Un anachronisme, répondit d'Ormancey. C'était la nouvelle lune. J'ai fait une cour assidue à cette demoiselle pendant cinq minutes et elle m'a accordé une faveur.

— Laquelle?

— La plus grande! Elle m'a mis à la porte. Elle n'avait encore fait cela pour personne.

— Tant de succès! s'écrie la duchesse.

— Adieu, madame; — vous direz à Lionel que ses chevaux arrivent ce soir de Londres.

— Ses chevaux! il en a déjà dix-huit!

— Le comte d'Ormancey et M. de Sarmattes s'en vont comme ils sont venus, dans le même cérémonial, — l'astre et le satellite. — La duchesse ne peut s'empêcher de rire.

Mais elle se demande tristement où va Lionel, puisque ses amis ne le rencontrent plus.

La femme de chambre entre et prend

encore la parole pour les robes de madame qui attendent depuis une demi-heure.

— Après tout, murmura Jeanne, ma beauté c'est son orgueil, à ce qu'il m'a dit.

— Faites entrer les robes.

— Oh! madame, que celle-ci est jolie! — D'où vient que madame serait si belle dans cette robe-là, quand moi j'aurais l'air d'une caricature?

La duchesse soulève tristement une robe rose à broderies blanches. Lionel survient.

— Ah! Jeanne, je vous y prends. C'est donc votre jour de réception que voilà une demi-douzaine de robes qui se promènent dans votre salon?

Et Lionel embrassa sa femme.

— C'est un baiser au cigare, mais c'est égal.

— Je vous demande pardon; c'est encore une mauvaise habitude, mais je la laisserai dans l'antichambre comme toutes les autres.

— Expliquez-moi, monsieur, pourquoi vous allez au club. C'est un crime. Je devrais vous signaler au juge d'instruction. On s'ennuie donc ici?

— Enfant! c'est au club qu'on s'ennuie, quand on ne joue pas. Mais voyons vos robes, cela m'amuse les yeux.

— Est-ce que vous vous figurez que cela m'amuse le cœur? Eh bien! choisissez vous-même!

— Celle-ci.

— Je ne veux pas voir les autres, car c'est pour vous qu'on s'habille, monsieur.

— Où allons-nous ce soir?

— Où nous allons? — où tu voudras.

— Mais encore?

— Je te dis que cela m'est égal. Quand tu es là, je ne cherche pas à aller ailleurs. Je voyage avec ton esprit.

— C'est un mauvais compagnon de voyage.

— Je ne te permets pas de te calomnier, car tu m'appartiens. N'est-ce pas qu'on m'a apporté de beaux camélias et de belles violettes? Quand l'hôtel est plein de fleurs, il me semble que notre amour se porte mieux. Et puis, avez-vous oublié qu'à mon retour à Paris, vous m'avez apporté un bouquet de violettes encadré de camélias? Depuis ce beau jour, mon cher Lionel, mon bonheur sent la violette.

— Vous avez raison; le bonheur, c'est toujours un souvenir imprégné d'un parfum.

Jeanne avait pris sa tapisserie:

— Voyez, mon ami, je veux mettre des violettes jusque dans ce tapis que je fais pour vous. Et puis, un jour, méchant, vous foulerez votre bonheur aux pieds.

— Pouvez-vous dire cela, ma chère Jeanne!

— Croiriez-vous qu'en travaillant à cette tapisserie, j'ai été plus d'une fois saisie d'un triste pressentiment; c'est que je ne la finirais pas.

— Ce sera la toile de Pénélope.

— Oui, monsieur; je déferai la nuit, en vous attendant, ce que j'aurai fait le jour.

— Dites-moi, ma belle, est-ce que je serai obligé de tuer tous les prétendants de Pénélope?

— Ne rions pas de ces choses-là. Me voilà tout attristée.

— Eh bien! allons à l'Opéra.

— Je vous ai dit que je n'étais heureuse que chez moi. Chez moi, je suis avec vous, même quand vous n'êtes pas là. A l'Opéra ou dans le monde vous n'êtes jamais avec moi, même quand vous êtes là, et je sens que mon bonheur s'en va.

— Allons! murmura Lionel, voilà encore Jeanne qui tourne à la mélancolie. Voilà encore des nuages sur la lune de miel!

Il allume un autre cigare.

— Eh bien! qu'est-ce que vous faites là?

— C'est vrai! j'oubliais que l'amour ne fume pas.

Il jette son cigare.

— Ce cigare était si bon! Le marquis d'Ordova m'a dit qu'il viendrait vous demander à dîner demain.

— Eh bien! je lui dirai que je ne tiens pas une auberge.

Et la duchesse se dit tout bas: « Je hais; il a osé me dire que la femme la plus vertueuse avait une main droite et une main gauche. »

— Ne faites pas cela. Le marquis est-il donc si ennuyeux?

— Est-il donc si amusant? Il ne parle jamais que des chanteuses et des danseuses. Qu'est-ce que cela me fait! Et puis je n'entends pas sa langue.
— Où est donc le journal?
— Je l'ai déchiré pour jeter cent sous à un joueur d'orgue.

Lionel ouvre *Marianna.*
— Est-ce que tu lis des romans?
— Des romans! Il n'y a que mon roman qui m'intéresse!
— Elle est charmante, pensa Lionel. Comment! je n'aurai pas la force d'arracher l'autre de mon cœur!

Lionel n'avait pas revu Léa. Mais il avait beau vouloir fermer les yeux sur son souvenir : elle était là toujours qui lui rouvrait les poétiques perspectives du passé. C'est en vain qu'il voulait oublier : l'image de Léa était implacable. Il essayait de la rejeter dans l'ombre, mais, comme l'hydre de Lerne, elle se montrait plus victorieuse à chaque tentative de mort.

— Voulez-vous que je vous joue quelque *rénade* de Schubert, que vous

se se met au piano.
— ..., .s cela.
— Pourquoi? serait-ce un souvenir!
— Je n'aime pas Schubet.
— C'est si joli!

Lionel écoute d'un air distrait, mais l'émotion le prend malgré lui : « Ah! comme Léa chantait cela! » pense-t-il en soupirant.
— Vous ne m'écoutez pas?
— De tout mon cœur, car cette musique-là c'est le cœur qui l'entend.
— Et il continue à se parler à lui-même: « Quel est donc le philosophe qui a dit qu'il fallait commander à ses passions? Celui-là n'avait jamais aimé. »
— Je vous réponds que vous ne m'écoutez   it.
         .oute si bien que je sais que
     ..ssé un fa dièze.
..onel sonne et demande un journal du soir.
— Je n'ai rien passé du tout. Dites-moi, Lionel, si vous avez peur de vous ennuyer ce soir, j'écrirai un mot à ma tante, qui viendra jouer aux dominos avec vous.

— Oh! non, elle nous parlerait de mille huit cent cinquante.
— Eh bien! nous jouerons aux dominos tous les deux... à qui perd gagne.. Vous m'embrasserez si vous perdez.
— J'aime mieux vous embrasser et ne pas jouer aux dominos. Est-ce que vous n'attendez personne ce soir?
— Décidément, vous vous ennuyez. Oh! que je suis malheureuse!
— Ma chère, vous êtes trop romanesque.
— Cela veut dire que je vous aime trop. Prenez garde, Lionel; peut-être que le jour où je ne vous aimerai plus trop, je ne vous aimerai plus assez. Tout ou rien!
— Vous avez raison. Tout ou rien.
— Lionel, je suis jalouse.
— Jalouse! et de quoi, mon Dieu!
— Je suis jalouse du passé, je suis jalouse de vos amis. je suis jalouse des femmes que vous regardez. Si j'osais vous parler à cœur ouvert, je vous dirais que je suis jalouse des maîtresses que vous avez eues, que vous avez peut-être encore!
— Cette fois-ci, je ne vous répondrai plus. C'est de la folie.
— Songez donc, Lionel, que j'ai du soleil espagnol dans les veines. Vous êtes un Parisien, vous. Vous vous moquez de tout, même des larmes de votre femme. Mais moi, souvenez-vous que je suis née à Madrid, quand mon père était ambassadeur. Je vous le dis encore: prenez-y garde, car le coup de soleil que j'ai reçu là-bas me donne quelquefois le vertige.
— Vous êtes charmante. Voulez-vous me permettre d'aller acheter un poignard pour armer votre jarretière?
— J'en ai un.

Et la duchesse va dans sa chambre prendre un petit poignard de Tolède.
— N'est-ce pas, Lionel, qu'il est bien travaillé? dit-elle en tournant la lame vers son cœur. Il ne faudrait pas appuyer bien fort pour ne plus vous aimer.

A cet instant, le valet de chambre apporte un journal. A peine Lionel y a-t-il jeté les yeux que le nom de Léa l'éblouit comme un rayon. Il lit rapidement ces trois lignes:

« On se donne tous les luxes à Bade Mademoiselle Léa*** et M Faure sont engagés pour chanter les plus beaux duos de nos grands Opéras. »

— Eh bien! que lisez-vous de si curieux?
— Dites-moi, Jeanne, si nous allions à Bade la semaine prochaine?
— Quelle idée! M'aimerez-vous mieux là-bas, sur les bords du Rhin?
— Avec fureur, mais sans lame de Tolède.
— Non, vous m'aimerez avec amour. A cette condition, je vais au bout du monde avec vous.

Lionel embrasse sa femme plus doucement — le sacrilége! — qu'il n'a fait depuis le retour de Versailles.

La pauvre duchesse ne se doute pas que Léa a sa part de ce baiser.

XX.

LA LUNE DE MIEL A BADE.

Quelques jours après, le duc et la duchesse aventuraient leur bonheur sur les rives du Rhin. Ils avaient pris le chemin des écoliers pour aller à Bade. A Bade, ils trouvèrent beaucoup d'amis. Le comte d'Ormancey et le marquis d'Ordova y étaient arrivés avec madame Aurore d'Arcy, qui tous les ans s'expatrie pour faire la conquête du Rhin.

Le marquis d'Ordova était toujours à ses pieds, mais quelque peu décidé à secouer le joug, tant il était agacé des hauts caprices de cette femme fantasque, qui jouait encore avec lui la comédie du mariage. Le comte d'Ormancey ne pensait qu'à jouer au trente et quarante; il avait à grand'peine réuni quatre cents louis pour faire sauter la banque et tout le grand-duché; il avait retrouvé là ses petites amies, celles qu'on appelle les Parisiennes de Bade; il ne désespérait pas d'ouvrir un emprunt parmi ces dames, s'il lui survenait une catastrophe.

Léa s'était décidée à ce voyage bien plutôt pour y retrouver des souvenirs amoureux que pour les mille francs qu'on lui donnait par soirée. Elle avait passé déjà une saison à Bade avec Lionel, — la meilleure saison de sa vie, — et elle espérait y revivre un peu des heures qu'elle avait vécues trop vite. Pour que le souvenir ait toute sa force et réveille comme par miracle le passé dans son tombeau, il faut revoir le pays où l'on s'est aimé: il y a pour les yeux je ne sais quoi d'oublié, une nappe de verdure, une fontaine, un bouquet d'arbres, une cascade, une fenêtre, une boutique, la chose la plus prosaïque souvent, qui vous rappelle comme par magie un rêve commencé un an plus tôt, un sentiment coupé dans sa fleur, une émotion dont on n'a pas savouré tout le miel ou dont on n'a pas épuisé toute l'amertume. Le souvenir a cela de divin, qu'il donne sa douceur même aux choses les plus tristes.

Un matin, le comte d'Ormancey se promenait devant le salon de conversation. Il fouillait dans ses poches et murmurait entre ses dents:

— Quand je pense que je suis arrivé au jeu une minute trop tard!

Et il jeta un regard furieux à un de ses amis qui l'avait arrêté pour lui demander un cigare.

— Et encore, dit-il en s'indignant, s'il ne l'eût pas allumé j'arrivais pour la série des rouges.

A cet instant il aperçut Lionel qui se promenait avec sa femme du côté du Kursaal.

— Mais, si je ne me trompe, c'est Lionel. Est-il changé! On dirait un Anglais. Comme le mariage vous achève un homme! Cette femme est adorablement jolie. Lionel comprend-il tout son bonheur?

La duchesse s'appuyait amoureusement au bras de son mari:

— N'est-ce pas, Lionel, que la vie est belle à deux?

— Oui, Jeanne, la vie est belle à deux.

— J'ai failli dire à trois, se dit Lionel.

Depuis son mariage le duc avait des distractions terribles.

— Comme nous avons bien fait de venir à Bade! En vérité, à Paris on n'a pas le temps de s'aimer.

— Quand on n'a pas le temps de s'aimer, ce n'est pas le temps qui manque, c'est l'amour.

— Est-ce que c'est l'amour qui manque chez vous, Lionel?

— Non; j'ai voulu parler pour vous, tant j'ai peur de n'être pas aimé.

— Si tu veux que je t'aime toujours, ne me laisse jamais seule.

— Est-ce que tu as peur de toi?

— Ne raillons pas; je veux seulement constater que l'amour aime les voyages. A Paris, quoi qu'on fasse, on appartient un peu à tout le monde, même à sa femme de chambre. Quand on voyage, on est tout à soi, c'est-à-dire tout à son mari.

La duchesse regarda autour d'elle.

— Oh! que je voudrais vous embrasser.

— Chut! ma chère. Si on nous voyait!

— Eh bien! on dirait que je suis votre maîtresse.

— Ma maîtresse! Je ne veux pas que ma femme passe pour être ma maîtresse.

— Eh bien! moi, c'est ma seule ambition d'avoir un amant dans mon mari.

Le comte d'Ormancey se jeta comme un tourbillon dans ce gracieux tête-à-tête.

— Vous ne savez pas ce qui m'arrive? Je viens, tel que vous me voyez, de recevoir une dépêche télégraphique des plus graves.

— Qu'est-ce donc?

— Vous connaissez M. de Sarmattes?

— Oui.

— Non, car je ne le connais pas moi-même.

— Il est quelquefois spirituel à force d'être bête. Les extrêmes se touchent.

— Voici sa dépêche: « *Cher, précipite-toi, quand trois heures sonneront, vers le tapis vert; fends la foule; que rien ne s'oppose à ma fortune; jette cent francs sur le n° 27. Indiana a vingt-sept ans.* »

— Eh bien! il est trois heures.

— Je le sais bien; mais j'ai trop joué pour mon compte pour avoir de quoi jouer sur les vingt-sept ans de la dame en question. Tu vas me donner cent francs.

— Tiens, voilà cinq cents francs, car il faudra bien prendre sa revanche; la fortune ne se donne pas toujours du premier coup.

— Je me précipite et je fends la foule, termes de la dépêche.

— Mais avec toi. Viens-tu, Jeanne?

— Non, je vais m'asseoir sous ces arbres.

Quand la duchesse fut seule, elle soupira.

— Ah! dit-elle, comme Lionel s'ennuie en tête-à-tête! Ah! ma pauvre lune de miel, j'en suis revenue comme après un feu d'artifice. Comme il fait nuit autour de moi!

Le marquis d'Ordova vint s'asseoir devant la duchesse.

— Seule! madame?

— Mais non, je suis avec Lionel.

— Alors je ne veux pas troubler votre tête-à-tête.

— Asseyez-vous un instant. Lionel regarde jouer.

— La comédie?

— Vous êtes fou!

— Pas si fou. Ne savez-vous pas que ces dames répètent au théâtre?

— Lionel ne m'avait pas dit cela.

— Est-ce qu'il vous dit tout?

— Qu'a-t-il donc à me cacher?

— Voilà la lionne de Bade, madame Aurore d'Arcy. N'allez pas vous effaroucher, car elle vient droit à nous.

— Vous la connaissez donc?

— Oui, comme tout le monde.

— Vous l'aimez peut-être?

— Un peu comme tout le monde.

Madame d'Arcy vint sans façon s'asseoir auprès de M. d'Ordova.

— Si j'étais chez moi, dit le marquis avec une pointe d'impertinence, je vous offrirais une chaise.

— Je vous remercie, faites comme chez vous. Je vous avertis, mon cher marquis, que ces dames ne répéteront pas sans vous, car il leur faut quelqu'un au parterre.

— J'irai siffler!

La duchesse se mit à lire une lettre de sa tante. Madame d'Arcy engagea avec le marquis une conversation toute parisienne.

— N'avez-vous pas trouvé le comte d'Ormancey? Je l'ai perdu.

— Vous êtes heureuse. Est-ce que vous l'avez joué au trente et quarante?

— Ne me parlez point du trente et quarante; j'y ai tout perdu.

— Hors l'honneur?

— Je l'avais laissé à Paris.

Comme la duchesse n'écoutait pas, M. d'Ordova demanda sans façon:

— Chez qui?

— Je ne sais pas.

Madame d'Arcy ramassa l'éventail de la duchesse.

— Prenez garde, vous massacrez cet éventail.

Elle présenta l'éventail à Jeanne.

— Merci, madame, dit la duchesse avec ce grand air qui tient à distance la familiarité la plus risquée.

Madame d'Arcy s'arrêta court dans sa tentative de créer la conversation à trois: elle se retourna vers le marquis.

— Et votre amie mademoiselle Courbevoie, a-t-elle tout perdu?

— Tout perdu et tout gagné. Voici comment elle a fait son compte: Elle a emporté trente mille francs, elle en a perdu soixante mille et elle en emporte quatre-vingt mille. Elle débutera dans le *Jeu de l'amour et du hasard*.

— Qui est-ce qui passe là-bas?

— C'est mademoiselle Garcigny. Disons un peu de mal de notre prochain, mais mettons des robes à nos phrases.

— A propos, on dit qu'elle a des millions. Pourquoi est-elle si riche?

— Elle est si riche, parce qu'elle n'a que deux tasses pour prendre le thé et qu'elle le fait prendre tous les soirs. Du Vieux Sèvres, cinq cents francs la tasse!

— Pâte tendre.... C'est cher, pourtant.

Lionel et Georges revinrent alors du salon de conversation.

— Qu'est-ce que cela? dit le duc à d'Ormancey, ma femme et Aurore en communication!

— Tu vois bien, dit Georges, que la duchesse ne lui parle pas.

— Eh bien! le numéro 27, demanda la duchesse.

— Écoutez cette histoire, c'est une tragédie en cinq billets de banque. J'arrive, je m'empare du numéro 27 par un billet de cent francs; c'est le numéro 31 qui sort. Je m'enhardis, je remets cent francs, le numéro 31 sort pour la deuxième fois. Je veux avoir raison, je mets cent francs. Le croiriez-vous? le numéro 31 sort pour la troisième fois. Tout le monde me regarde en riant. Je jette avec fureur ce qui me reste dans les mains, voulant vaincre ou mourir. Je n'ai pas vaincu, donc je suis mort.

— C'est lamentable! dit Aurore.

— Je cours au télégraphe, car sa dépêche en vaut une autre. Je vais lui répondre ceci, écoutez bien:

« *Cher, très cher, j'ai mis cinq cents francs sur le numéro 27, c'est le numéro* 31 *qui est sorti. Indiana n'a pas* 27 *ans; elle en a* 31. »

— Je ris sans savoir pourquoi, s'écria Aurore. Après cela j'ai de si belles dents! Le marchand du journal de Bade vint offrir ses carrés de papier.

— Voilà le journal! qui veut le journal?

— Quoi! même à Bade, il faut subir le journal? dit la duchesse.

— Rassurez vous, dit Lionel, c'est le journal des voyageurs. Écoutez: *Le major Koff*. — Dans quelle armée est ce major-là? — *La marquise de Bellemine*. — Dans quel blason est cette marquise-là? — *Monsieur et madame Prudhomme*. Oh! pour ceux-là, je ne leur contesterai pas leur titre! Mademoiselle....

Lionel rougit subitement.

— Eh bien! mademoiselle qui? demanda la duchesse.

— Mademoiselle Cunégonde....

— Ce n'est pas ce nom-là.

— Non, c'est le nom de madame d'Arcy.

Lionel passa le journal à Aurore en portant le doigt sur ses lèvres.

Mais Aurore, blessée du haut dédain de la duchesse, ne manqua pas de souffler sur le feu.

— Je ne vois pas du tout mon nom; je vois *Mademoiselle Léa, hôtel Victoria*.

— Mademoiselle Léa!

La duchesse prit le bras de son mari et l'entraîna à vingt pas du groupe:

— Je pars pour Paris.

— Pourquoi faire? dit Lionel en essayant de rire.

— Est-ce pour cette demoiselle ou pour moi que vous êtes venu à Bade?

— Vous êtes insensée!

La duchesse retira son bras et marcha rapidement vers l'hôtel de France.

— Est-ce pour la femme de Lionel ou pour moi que vous êtes venu à Bade? demanda Aurore à M. d'Ordova.

— Vous ne savez pas ce que vous dites, ma chère.

Lionel suivait sa femme. Tout à coup il vit Léa du côté des boutiques. Il revint sur ses pas et dit à M. d'Ordova:

— Ma femme est folle. Reconduis-la à l'hôtel, car je veux éviter une scène de jalousie: je vais jouer.

— Ne trouvez-vous pas, dit madame d'Arcy au comte d'Ormancey, que Lionel enferme le loup dans la bergerie?

— Je trouve, dit Georges, que j'ai tout perdu aujourd'hui.

Lionel avait déjà atteint Léa devant le bazar des Verres de Bohême.

XXI.

LA CHAINE BRISÉE.

Je ne sais pas si mademoiselle Léa avait tenté une autre aventure depuis le mariage de son amant; ce qui est hors de doute, c'est qu'elle ne l'avait jamais tant aimé. Tous les matins elle courait chez Aurore, qui en sa qualité de — femme du monde — pouvait lui donner des nouvelles du duc et de la duchesse. Madame d'Arcy avait beau se moquer: Léa pleurait en se moquant elle-même de ses larmes!

Quand le duc fut devant Léa, il lui prit la main:

— Chère Léa, il me fallait donc venir à Bade pour vous voir?

— Y teniez-vous tant que cela à me voir?

— Tu le sais bien. Mais avec qui es-tu venue à Bade?

— Avec mon chagrin. Et pourtant je suis venue pour chanter, à ce que disent les journaux. Je crois que les journaux se trompent.

— C'est mon histoire. Je suis venu à Bade cette année, parce que nous y sommes venus ensemble l'an passé.

— Adieu, car nous ne sommes pas venus ensemble cette année; adieu, car nous ne nous aimons plus.

— Toujours!

— Jamais!

— Avec ces deux mots-là, on peut faire beaucoup de chemin, ma chère Léa.

— Pas avec moi. Adieu.

— Non! car je ne veux plus vivre sans toi! Je te suivrai plutôt au bout du monde!

— Chut! je t'aime! mais je n'ose pas me le dire à moi-même. Et la duchesse?

— Ma femme est la plus heureuse femme du monde! Que lui manque-t-il? Elle a un hôtel, une loge aux Italiens, des chevaux anglais, la meilleure couturière et des diamants à illuminer un ciel d'Espagne! Que lui manque-t-il?

— Rien, moins que rien: — son mari!

— Un mari, ce n'est pas un amant.

— Adieu, Lionel.

— Pourquoi n'as-tu pas voulu me voir à Paris?

— Pouvez-vous me le demander! parce que je vous aime.

— C'est plutôt parce que tu ne m'aimes plus.

— Eh bien! non, je ne vous aime plus.

— Qui aimez-vous, madame?

— Tout le monde, excepté vous.

— Ah! Léa, comme je souffrais loin de toi! j'ai fait tout ce que j'ai pu pour m'arracher du cœur ce fatal et divin amour.

— C'est comme les mauvaises herbes: plus on les arrache et plus elles repoussent.

— Ne riez pas de mon malheur. Il m'a fallu mettre entre nous deux l'abîme du mariage, mais c'est la duchesse qui est restée de l'autre côté.

— Eh bien! allez de l'autre côté.

— Tu railles, tu ne m'aimes plus. C'est pour toi que le marquis est ici.

— Pas plus pour moi que pour Aurore. Peut-être pour toutes les deux.

Lionel, oubliant sa femme, supplia Léa de le recevoir chez elle.

— Ah! Léa! Léa! je voudrais me briser la tête sur mon cœur. Je t'aime! je t'aime! je t'aime! J'ai tenté de devenir un homme sérieux; mais toute ma force est dans ton amour. Loin de toi, je dis à toute chose, au travail comme au devoir: *A quoi bon!* De grâce, rouvre-moi ton cœur.

— Mon cœur, peut-être, mais ma porte, jamais.

— Parce que tu as donné ta clef à un autre.

— A un autre! Malheureusement pour moi — et peut-être pour toi — c'est au-dessus des forces de mon cœur.

— Comme c'est bon de t'entendre parler!

— Adieu, Lionel. On nous regarde.

Quoique très inquiet, Lionel retint Léa:

— Je ne te quitte maintenant que si tu me promets de me recevoir tout à l'heure.

— Eh bien! va-t-en.

— Oui, je te quitte pour te retrouver à l'hôtel Victoria.

— Oui... je t'aime....

Léa s'envola sur ce mot, comme s'il lui eût brûlé les lèvres.

— Hélas! pensa-t-elle, je ne suis pas une sainte du calendrier. — C'est égal, je n'ai pas de cœur, ou plutôt j'en ai trop. — Qui m'eût jamais dit que j'aimerais Lionel jusqu'à en devenir folle?

Arrivée chez elle, Léa ouvrit un livre et regarda une petite photographie du duc.

— Ah! reprit-elle, je vais m'embarquer sur une mer bien sombre. Tant pis, tant mieux, si c'est mon dernier naufrage.

XXII.

JEANNE ET LÉA.

Quand Lionel eut quitté Léa, ou plutôt quand Léa se fut enfuie, heureuse d'avoir retrouvé son amant, mais plus malheureuse peut-être d'avoir retrouvé son enfer, le duc regarda fixement sous ses yeux comme s'il voyait s'ouvrir un abîme. Lui aussi était heureux et effrayé. Quoique aveuglé par les magies de la passion, il voyait tous les escarpements et tous les casse-cou du chemin qu'il venait de prendre. Il s'affermit dans ses mauvaises pensées, il se donna du courage pour les périls futurs en se disant qu'après tout les maris de sa connaissance avaient des maîtresses, ce qui n'empêchait pas leurs femmes de courir les fêtes du monde avec un sourire sur les lèvres. Mais Lionel n'avait pas mis la main sur le cœur de ces pauvres abandonnées qui cachent héroïquement leurs blessures.

Le duc rentra à l'hôtel de France pour voir si la duchesse était apaisée; il la trouva violente, exaltée, cachant ses larmes. Elle lui reprocha de n'être pas venu pour elle à Bade. L'expression de sa douleur était si vraie que Lionel, qui commença par railler, s'attendrit et trouva les paroles les plus amoureuses. Les femmes se laissent toujours vaincre quand c'est l'amour qui parle. La duchesse s'obstina un instant à voir dans Léa une rivale toujours sur la brèche. Mais quand le duc lui eut prouvé, avec une argumentation toute ponctuée de baisers, qu'elle était plus belle, plus jeune, plus spirituelle que toutes les femmes, elle se jeta sur le sein de son mari, pleura à toutes larmes et finit cette première scène de jalousie par ce beau mot qui console de tout: JE T'AIME.

Une heure après on les vit se promener plus amoureusement que le matin sous les arbres centenaires.

Il est vrai qu'une heure plus tard, pendant que la duchesse s'habillait pour le dîner, Lionel qui lui avait dit : *Je vais jouer dix louis*, se cachait à l'hôtel Victoria dans l'appartement de son ancienne maîtresse. Il était entré tout confit de bonnes intentions; il s'imaginait qu'il ne trahirait pas sa femme en revoyant Léa. Ce serait une amie qui lui rappellerait le passé; il irait chez elle babiller un peu les jours de pluie: simple commerce d'amitié où l'esprit se colore doucement des teintes du souvenir, comme les paysages aux derniers feux du soleil couchant. Mais dès que Lionel eut approché ses lèvres des cheveux de Léa, dès qu'il respira le parfum pénétrant de cette gerbe opulente qu'il appelait sa forêt vierge, il fut pris au charme vain dans sa résolution, il re... aux pieds de sa maîtresse.

Léa avait tant souffert... Lionel qu'elle croyait avoir racheté ses péchés futurs par les larmes qu'elle avait répandues. Et puis son confesseur n'était pas là. Elle avait ses quarts d'heure de dévotion quand elle avait une heure d'ennui, mais en face de Lionel elle ne voyait que Lionel. Aussi s'abandonna-t-elle éperdument à toute sa passion.

— Ah! vois-tu, s'écria-t-elle, si tu n'étais pas venu, mon cœur eût éclaté ou plutôt mon cœur m'eût étouffée.

XXIII.

UN HOMME DEUX FOIS HEUREUX.

Le duc alla dîner avec... croyait n'avoir pas assez...

— Je te pardonne enc... tort, ou plutôt parce que c'est toi qui as tort, dit-elle à Lionel avec son adorable esprit.

Il fut plus charmant que jamais. Pourquoi n'eût-il pas voulu être heureux en partie double?

— Comme Lionel est gai, dit Jeanne au marquis d'Ordova et à d'Ormancey qui dînaient avec eux.

— Le beau mérite, s'écria le marquis, il est deux fois heureux.

Lionel furieux jeta ces mots à l'indiscret, tout en essayant de sourire :

— Deux fois heureux! tu te trompes, mon cher, car j'ai perdu cent louis au trente et quarante.

— Mais, dit d'Ormancey qui croyait voir l'inquiétude jalouse de Jeanne, tu es quatre fois heureux, car tu connais le proverbe : *Malheureux au jeu....*

On resta quelques jours à Bade. Lionel s'arrangea si bien, que sous prétexte d'une passion irrésistible pour le trente et quarante, il passait tous les matins deux heures avec Léa. La duchesse n'y voyait que du jeu. Ces deux heures de trahison elle les passait à sa toilette, ne songeant qu'à être plus belle pour être plus aimée.

Dans les après-midi on allait faire les promenades traditionnelles en gaie compagnie. En vain Jeanne disait-elle à Lionel qu'elle n'... que lui seul pour compagnon, il ... esque toujours d'Ormancey et ...

Le marquis se réveilla un jour éperdument amoureux de la duchesse.

XXIV.

SCÈNE D'INTÉRIEUR.

A peine la duchesse était-elle revenue à Paris, qu'un jour, à l'heure des visites, on lui annonça madame d'Arcy.

Aurore avait aussi ses heures de jalousie. Elle avait vu bien vite que M. d'Ordova était amoureux de la jeune mariée ; elle eut l'impertinence de le poursuivre jusque chez la duchesse.

Jeanne ne voulait pas recevoir Aurore, mais à peine était-elle annoncée qu'elle franchit le seuil du salon.

— Madame, je suis désolée de venir vous ennuyer. Ce n'est pas ma faute. J'ai une cuisinière qui m'a pris mes diamants et qui est à votre service depuis hier. Dites-moi, madame, est-ce qu'elle vous a servi mes diamants à la croque au sel? Cette fille est un cordon bleu de premier ordre, mais elle m'a fait avaler bien des couleuvres.

La duchesse prit gaiement son parti de la visite inattendue.

— Eh bien, madame, elle ne m'a pas servi vos diamants. — Asseyez-vous donc, madame.

— Vous m'avez écrit, madame, pour me demander mon opinion sur ma cuisinière. Je vous ai dit que c'était une sainte du calendrier des gourmands : — je me rétracte depuis que je cherche mes diamants. A propos, nous quêtons ensemble à Sainte-Clotilde.

— Je suis enchantée....

On annonça le marquis d'Ordova.

— C'est cela, j'ai trouvé le chemin, murmura Aurore.

M. d'Ordova, qui avait un bouquet à la main, vint l'offrir à la duchesse.

— Des violettes! ce sont des amis que je ne reçois plus.

Le marquis avait reconnu Aurore. Il déposa son bouquet sur la table avec un double dépit.

— Vous! madame!

— Je ne croyais pas, monsieur le marquis, vous rencontrer dans le faubourg Saint-Germain.

— Le marquis est fidèle à ses amitiés, dit la duchesse.

— Quand on a beaucoup d'amis, on n'en a pas un seul, remarqua madame d'Arcy. Pour moi je ne crois plus à rien.

— Excepté à vous-même, dit le marquis.

— Non, car je me suis trahie si souvent.

— On n'a pas d'amis, mais on a toujours un ennemi, dit la duchesse.

— Oui, je comprends, dit M. d'Ordova : — cet ennemi, c'est soi-même.

— Il me semble, madame la duchesse, reprit madame d'Arcy avec un sourire à Jeanne, que je vous ai vue hier à l'Opéra. Quelle soirée! Vous savez qu'après le spectacle, mademoiselle Léa a été emportée à moitié morte.

— Mademoiselle Léa! Cette demoiselle est-elle bien malade?

— Des peines de cœur! Hier on lui a jeté sur la scène une couronne d'immortelles.

Le marquis regarda Aurore avec admiration :

— Comme elle travaille bien à mon œuvre, pensa-t-il.

Mais il craignit que selon son habitude elle ne gâtât tout à force de parler.

— Voulez-vous, lui dit-il avec une grâce parfaite, que je vous reconduise à votre voiture?

— Monsieur le marquis, je suis venue à pied. Je ne vous retiens pas.

Madame d'Arcy se tourna vers la duchesse.

— Madame, hier au bois vous aviez un chapeau qui faisait tourner toutes les têtes.

— Excepté la tête de mon mari, car il était à cheval et ne m'a pas vue.

— Dites plutôt excepté la vôtre, car vous passiez au milieu de toutes les admirations avec la plus belle indifférence.

— Je ne croyais pas que mon chapeau eût tant de succès. Ce triomphe-là ne m'a coûté que quatre-vingts francs. *Madame Ode fecit.*

— Oh! oui, c'était signé. Mais quand un tableau est un chef-d'œuvre, s'inquiète-t-on du nom de l'encadreur!

— C'est vrai, la beauté est toujours bien habillée et bien coiffée, quelles que soient la mode et la modiste, remarqua M. d'Ordova.

Aurore se leva.

— Adieu, madame.

— Déjà! dit la duchesse qui eût voulu renouer sa conversation sur Léa.

— Je vais voir mon confesseur, avant de repartir pour Bade.

— Comment, madame, vous faites votre salut?

— On fait ce qu'on peut.

— Au revoir, madame, à bientôt, car je ne désespère pas de vous donner des nouvelles de vos diamants.

Madame d'Arcy salua profondément la duchesse et sortit sans regarder le marquis.

Jeanne se mit à rire des grands airs d'Aurore.

— Monsieur d'Ordova, vous savez que je ne connais pas cette dame, que j'ai entrevue à Bade.

— Ni moi non plus. C'est, dit-on, une femme du monde qui tient un bureau d'esprit et de charité. Elle donne tout ce qu'elle a. Il est vrai qu'elle n'a rien.

— Ses amis sont riches.

— Sans doute.

— Dites-moi, quand mademoiselle Léa n'est plus en scène, est-ce qu'elle est aussi belle.

— Beaucoup plus belle.

— Vous la voyez souvent?

— Comme tous les autres. C'est encore une singulière fille. Tantôt très légère, tantôt très sérieuse. Quand elle n'aime personne, c'est une Aspasie; quand elle aime quelqu'un, c'est une Lucrèce.

— C'est étrange, Lionel ne m'a jamais parlé d'elle.

— C'est qu'il ne la connaît pas.

— Si seulement il ne la connaissait plus!

— Comme vous avez bien arrangé votre hôtel, madame, c'est le paradis retrouvé. Des fleurs dans la cour, des fleurs dans le jardin, des fleurs dans l'escalier, des fleurs partout! Voilà le vrai luxe, comme je l'aime, car c'est le luxe vivant. Ah! que je me plairais ici! Lionel ne doit jamais sortir?

— Vous voyez bien qu'il n'est pas là.

— Duchesse, permettez-moi un conseil sur la diplomatie du mariage, car j'ai fait ma philosophie à l'université de M. de Balzac. Retenez ceci : « Qui aime trop n'aime pas bien. » Vous vous jetez dans votre amour la tête la première. Prenez garde à l'abîme. Celui qui est trop aimé reste toujours en chemin. — Le duc est charmant, mais il est de ceux qui ne pensent à leur fortune que quand ils sont sur le point de la perdre.

— Vous savez que je ne comprends pas et que je ne veux pas vous comprendre. Je ne vous demande qu'une chose : — Lionel a-t-il bien aimé mademoiselle Léa?

— Je n'en sais rien; je demanderai cela cette nuit au bal de mademoiselle Jacincha. Adieu, madame, je vais tenter de retrouver Lionel.

— Où?

— On ne sait pas.

— Ne vous en allez pas encore.

— Madame, je vous ai toujours dit que je ne pouvais rester que cinq minutes avec vous.

M. d'Ordova regarda à sa montre et poursuivit :

— La sixième minute, je ne sais plus ce que je dis.

— Eh bien, allez-vous-en, puisque vous êtes fou. N'oubliez pas que vous venez ce soir prendre le thé.

— Non, madame.

— Et j'espère que vous ne regarderez plus à votre montre?

— Je l'arrêterai à la cinquième minute.

La duchesse, toute à la pensée de Lionel et de Léa, le laissa dire sans trop s'impatienter. Quand elle fut seule, elle se promena avec agitation.

— Ah! dit-elle, le bonheur est une œuvre difficile. C'est bien la peine d'avoir arrangé ma maison pour le loger.

Elle prit sans y regarder le bouquet de violettes du marquis.

— Et pourtant ces pauvres violettes sentent si bon!

— Ah! mon Dieu!...

Elle jeta le bouquet dans la cheminée.

— Ce ne sont pas les violettes de Lionel! — Est-ce que le marquis se serait permis de m'apporter un bouquet?... Mais oui, je l'avais oublié....

Elle prit un autre bouquet de violettes et l'embrassa avec passion.

— Ah! mon cher Lionel, ces fleurs qui me viennent de vous sont déjà fanées, mais comme elles sont douces à mon cœur!

XXV.

UN VERS DE M. VOLTAIRE

Ce jour-là, quand le duc entra dans la chambre de sa femme, il la surprit tout en larmes. Il avait quitté Léa pareillement éplorée.

— Allons, me voilà entre deux femmes qui pleurent.

Il avait passé une heure à prouver à sa maîtresse qu'elle pleurait pour rien. Il allait continuer une heure durant ses variations sur ce thème connu.

— Décidément, continua Lionel, il faut aimer la femme et non pas être aimé d'elle.

— Vous vous parlez à vous-même, dit Jeanne, c'est que vous vous moquez de moi, Lionel.

— Non, ma chère Jeanne, je me disais un vers de M. Voltaire.

— M. de Voltaire?

— Oui, M. de Voltaire. N'est-ce pas lui qui a écrit ce beau vers :

C'est moi qui te dois tout, puisque c'est moi qui t'aime!

— Je ne comprends pas.

— Cela veut dire en simple prose que ce qu'il y a de bon dans l'amour c'est d'aimer; vous comprendrez un jour.

— Et que ce qu'il y a de mauvais c'est d'être aimé. J'ai compris, Lionel.

La duchesse raillait amèrement :

— Il vous a fallu trois heures d'absence pour trouver cela. Je croyais que vous ne reviendriez plus?

— J'ai rencontré un ami.

— Un ami! Je ne vous en connais qu'un : c'est votre femme. — A moins que ce ne soit M. d'Ordova; mais il était ici. Et il m'a vue pleurer.

Lionel reprit son chapeau.

— Ma chère enfant, je ne comprends rien à tous ces reproches. Vous me faites la vie impossible. Vous avez supprimé mes camarades, vous ne voulez pas que je monte à cheval sans vous, et vous n'êtes jamais disposée à monter à cheval. J'avais un chien que j'aimais beaucoup : sous prétexte que mon pauvre Dear aboyait et qu'il vous chiffonnait, il m'a fallu l'envoyer je ne sais où. Je suis obligé de faire le wisth avec votre grand'mère et de jouer passionnément aux dominos avec votre tante. Que sais-je? Votre amour est un esclavage doré, mais c'est l'amour le plus tyrannique du monde — et sans cigares! — Je vous aime, Jeanne, mais ma patience est à bout; il faut pourtant que vous consentiez à être heureuse sans être despote. Je brise mes fers et je cours vous abonner à un journal de modes.

Comme les avocats d'une mauvaise cause, le duc se payait de mauvaises raisons.

Aussi la duchesse se contenta-t-elle de répliquer par ces simples paroles :

— Lionel, vous me faites mourir de chagrin.

Le duc était sorti.

— Il est parti! — Un journal de modes!

— Est-ce que je rêve! Un journal de modes! — Peut-on me faire une pareille injure! — Il est donc fou? — C'est vrai, j'ai eu tort d'exiler son chien. — Pauvre Lionel, il a peut-être raison. Mais l'amour sans despotisme, ce n'est pas l'amour. — C'est égal, je ne veux plus qu'il m'accuse; je rappellerai Dear, je monterai à cheval, je lui permettrai de fumer, j'apprendrai à fumer!

XXVI.

LE SACRIFICE A DIEU.

On parla beaucoup alors d'une vente de tableaux qui fit courir tous les artistes, tous les amateurs et tous les désœuvrés.

Jeanne y fut entraînée par madame de Rouvray, qui ne manquait pas une occasion de couper son regain en public. Comme elle était de celles qui ne se refusent rien, elle se paya l'*Innocence* de Greuze, — je veux dire un Greuze peint par Albrier, qui valait bien 1,000 francs, et qu'elle eut l'inestimable bonne fortune de ne payer que 25,000 francs. — Prise d'un beau feu à cet exemple, la duchesse hasarda une enchère sur une cavalcade de John Brouwn, où tous les chevaux à la mode étaient pourtraiturés, — je ne parle pas des jockeys qui représentaient vaguement les lions et les gandins du sport. — Ce tableau fut adjugé 3,000 francs à Jeanne, ce qui était fort bon marché, même en comptant pour rien le sourire du commissaire-priseur.

La duchesse était ravie. Lionel lui faisait tous les jours des surprises, surtout depuis qu'il la trahissait; elle allait enfin lui faire une vraie surprise, car elle jugeait que pour son mari une cavalcade avait plus de prix que la Transfiguration de Raphaël, le Jugement dernier de Michel-Ange ou la Cène de Léonard de Vinci. Elle rentra chez elle en toute hâte, après avoir donné l'ordre que le tableau lui fût envoyé à sept heures et demie. Elle voulait que la surprise eût lieu pendant le dîner.

Or, ce jour-là Lionel ne vint pas dîner. Il lui écrivit un mot pour lui dire qu'il partait pour Chantilly où il avait deux chevaux malades. Et afin qu'elle n'en doutât pas, il ajoutait en post-scriptum que s'il ne rentrait pas le soir, elle pouvait, le cas échéant, lui envoyer une dépêche.

Ce billet n'inquiéta pas d'abord la duchesse. Elle-même aimait les chevaux et comprenait toute la sollicitude de Lionel.

— C'est égal, dit-elle en se mettant à table, la pauvre cavalcade va faire une triste figure.

Peu à peu, elle se laissa prendre à la mélancolie, la solitude répandit sur elle sa trame noire et glaciale.

— Nous aurions été si heureux ce soir! dit-elle en s'accoudant sur cette table surchargée où elle ne touchait à rien.

Elle se leva brusquement pour échapper à sa tristesse; elle passa dans sa chambre et regarda son chapeau comme pour se demander si elle devait sortir. Mais où aller? Sa tante dînait en ville; elle se jeta sur sa chaise longue.

— J'attendrai Lionel, dit-elle.

Et après un instant de silence :

— S'il ne revenait pas ce soir?

Quelques instants après, elle se fit cette autre question :

— Et s'il n'était pas à Chantilly ?

Mais comme elle était encore simple de cœur, quoique l'esprit l'eût envahie avec toutes ses lumières, elle dit ingénument :

— Puisqu'il m'a dit de lui envoyer une dépêche, c'est qu'il est à Chantilly.

Elle réfléchit bientôt que peut-être il n'y était pas allé seul.

— Oh! cette Léa!

Et la duchesse, sans oser se le dire tout haut, pensa qu'il lui serait doux de foudroyer sa rivale.

Combien de crimes l'âme commet ainsi, — l'âme, cette parcelle de Dieu! — Heureusement que nos mains n'en sont pas teintes de sang. Le plus souvent, ce n'est pas l'âme, c'est la bête qui nous sauve dans nos passions.

La duchesse ne resta pas longtemps couchée sur sa chaise longue : la jalousie brisait son cœur, la fièvre brûlait son sang.

— Je suis sûre, dit-elle tout exaltée, que cette fille est allée avec lui à Chantilly, car aujourd'hui il n'y a pas opéra.

Elle sonna et donna l'ordre d'atteler Diable-à-Quatre au coupé.

La jalousie est un grand inquisiteur. Elle est terrible dans son action. Elle brûlerait Paris pour y voir plus clair. Jeanne courut dans la chambre de son mari et promena partout ses yeux inquiets. Tout y était dans l'ordre accoutumé. C'était une chambre de grand seigneur où chaque chose est à sa place. Sur des tentures de damas grenat, on voyait suspendus deux beaux portraits de famille, de Porbus, graves ancêtres qui avaient accompli religieusement les devoirs de la vie; deux aquarelles détestables représentant des chasses à courre; une panoplie du plus rare travail dont le seul spectacle eût ravivé les âmes les plus amollies; une petite bibliothèque où se coudoyaient sans dignité quelques livres précieux et beaucoup de livres à la mode.

Tout à coup la duchesse aperçut sur la cheminée une petite clef, — cette clef ciselée avec tant d'art, qui ouvrait la porte de Léa, — Jeanne saisit cette clef, et par ces miracles de révélation qui éclairent toutes les femmes amoureuses, elle s'écria : *J'ai*... Elle pensa que la petite clef était ... partout pour aller chez sa rivale.

— Eh bien! j'irai, dit-elle en s'abandonnant à sa colère, j'irai et je la poignarderai.

Mais on vint l'avertir que le coupé l'attendait : elle pensa que Lionel pouvait rentrer, elle aima mieux rester chez elle au milieu de ses angoisses. Elle dit qu'elle ne sortirait pas.

Elle essaya de lire pour tuer les minutes, elle essaya d'écrire, elle essaya de jouer du piano. Quand vint sa femme de chambre pour la déshabiller, elle la congédia en lui disant qu'elle se déshabillerait bien toute seule. Elle ne se déshabilla pas, elle attendit, elle attendit encore, elle attendit toujours.

Elle s'était jetée dans son fauteuil et avait dormi un peu, mais de ce sommeil traversé par les mauvais songes, qui est comme un souvenir de l'enfer. A son réveil, le jour s'annonçait.

— O mon Dieu! dit-elle en s'apercevant qu'elle avait passé la nuit devant trois bougies.

Elle en éteignit une et retomba sur son fauteuil en cherchant à saisir la vérité à travers les images des songes. La vérité brutale, c'était la clef qui lui brûlait la main. Toutes les révoltes de la femme trahie agitaient son âme, elle tentait vainement d'apaiser ses colères par une pensée généreuse : jeter cette clef, tomber aux pieds de son mari, lui montrer ses larmes, le supplier de revenir à elle. Mais elle était trop fière et Lionel était trop railleur.

— Non, dit-elle tout à coup en se levant, non, je ne jetterai pas cette clef; j'irai les surprendre, car je sens que Lionel est chez Léa.

La pauvre femme avait la fièvre, elle n'était plus maîtresse d'elle-même, elle obéissait au démon de la jalousie. Elle se regarda dans son armoire à glace, et fut effrayée de sa pâleur.

— Oh! je ne me reconnais plus, dit-elle. Six mois encore de ces tortures et je serai affreuse; je ne veux pas que cette femme me prenne mon mari et ma beauté : je la tuerai!

Elle ouvrit l'armoire et prit son poignard.

— Cher petit poignard, dit-elle, toute égarée et toute furieuse; toi seul es mon ami; car si je ne tue pas cette femme je me tuerai moi-même.

Jeanne se regarda encore dans la glace; l'expression avait changé, sa beauté prenait un grand caractère, parce que ce moment énergique avait ramené la vie.

La duchesse mit son chapeau, s'enveloppa dans son châle, et, sans réveiller qui que ce fût dans l'hôtel, car elle passa par la petite porte du jardin, elle se trouva dans la rue un beau jour d'été à six heures du matin.

Du faubourg Saint-Germain à la rue de Provence, c'est tout un monde à traverser. La duchesse prit par la place de la Concorde. C'eût été un curieux spectacle de la voir ainsi, armée et voilée comme une Espagnole. Elle ne rencontra guère que des chiffonniers et des balayeurs dans cet horrible Paris du matin que les paresseux ont le bon goût de ne pas connaître. Quand elle arriva devant l'église de la Madeleine, elle fit une halte comme pour respirer. Jusque-là, son courage ne s'était pas attiédi, mais elle n'avait pas songé qu'elle trouverait sur son chemin la maison de Dieu avant la maison de Léa.

Les portes de la Madeleine venaient de s'ouvrir, la duchesse y fut entraînée malgré elle. Elle obéissait à ce mouvement du pardon qui, la nuit passée, l'avait déjà ployée et attendrie. On disait la première messe à l'autel de la Vierge; la duchesse s'agenouilla et pria. Peu à peu, elle sentit combien sa douleur devait s'effacer devant cette figure de la Mère des Douleurs; combien ses passions étaient petites devant le souvenir des stations de la croix! Elle se perdait dans l'infini. L'église a cela de bon et de beau, qu'elle rejette à ses portes ce qu'il y a de trop humain en nous, tandis qu'elle ravive toutes les forces de notre âme. La duchesse éprouva donc bientôt toute l'action de Dieu sur un cœur blessé; elle jugea de ses souffrances comme si elle en était déjà éloignée, comme si Dieu se fût mis entre elle et Lionel ou plutôt entre elle et Léa.

Il lui arriva même une de ces effusions qui font les larmes douces comme la pluie après une journée orageuse. Tout en essuyant ses larmes, elle s'approcha de l'autel et déposa son poignard sur la première marche, en s'écriant :

— Oh mon Dieu! pardonnez-moi ces mauvaises pensées; je m'humilie à vos pieds en vous offrant ce poignard.

XXVII.

DU DANGER DE DÉCACHETER LES LETTRES.

Lionel revint le soir de Chantilly. Jeanne ne le questionna point. Elle l'embrassa tendrement et lui parla de ses chevaux. Elle était décidée à tout attendre de Dieu.

Mais le même jour le duc venait de sortir quand le valet de chambre apporta une lettre pour lui.

— Je croyais que M. le duc était rentré?
— Donnez-moi cette lettre.
Le valet de chambre sembla hésiter.
— Eh bien!
— C'est que M. le duc m'avait dit qu'il ne voulait pas des lettres de madame la duchesse.

— Eh bien! donnez-moi les lettres de monsieur le duc.

Jeanne regarda la lettre avec des yeux de lynx.

— C'est une écriture de femme; cela m'explique tout.

Elle jeta la lettre sur la table.

— Mais je suis folle! est-ce qu'une femme oserait lui écrire ici? Cela ne se serait jamais vu!

Elle reprit la lettre.

— C'est pourtant une écriture de femme.

Elle s'approcha de la fenêtre et passa la lettre devant le grand jour, comme pour lire à travers l'enveloppe.

— Oh! mon cœur bat! c'est étrange! il me semble que cette lettre renferme ma destinée tant elle me brûle les mains. Mais j'aurai le courage de ne pas l'ouvrir.

Elle jeta la lettre une seconde fois sur la table, mais elle la reprit aussitôt et lut la suscription.

« *Monsieur le duc Lionel***.* »

— Pas un mot de plus. Cette lettre a été apportée par quelqu'un qui a l'habitude de venir ici. — Qui est-ce qui se permet d'appeler mon mari Lionel? Pour tout le monde, c'est le duc***. Ce nom de Lionel m'appartient à moi toute seule. Oh! cette lettre me fait mourir de jalousie! Il n'y a pas à en douter, c'est une écriture de femme; cela a été écrit par une main tremblante. C'est cela, l'amour tremble toujours.

Elle brisa le cachet.

— C'est mal, ce que je fais là. Mais si Lionel n'est pas coupable, il me pardonnera; s'il est coupable, tout est perdu!

Elle lut :

« *Lionel,* » — Lionel tout court! « *Lionel, n'oublie pas mon souper, tu comprends que si tu n'étais pas de cette fête improvisée, il n'y aurait pas de fête pour moi.* » — Point de signature! Je suis trahie, mais par qui? — Quelle est cette femme qui dit Lionel? cette femme qui n'a pas besoin de signer pour dire son nom!

— Je suis sûre que c'est Léa.

La duchesse en était là de son monologue quand on annonça le marquis d'Ordova, qui venait chercher Lionel. Jeanne alla à sa rencontre et lui dit à brûle-pourpoint :

— Monsieur le marquis, dites-moi oui ou non, mais dites-moi la vérité : Lionel revoit-il mademoiselle Léa?

M. d'Ordova répondit après un silence qui altérait un peu la franchise du mot qu'il allait dire.

— Non, madame.

Le marquis aperçut alors dans la cheminée un nouveau bouquet de violettes de Parme qu'il avait envoyé le matin à la duchesse.

— Eh bien! duchesse, voilà ce que vous faites de mes violettes?

— Mettez une signature à cette lettre, et je prendrai votre bouquet.

— Qui sait? pensa le marquis, la vengeance est sœur de la bonne fortune.

— Vous ne connaissez pas cette écriture!

— Non, madame.

— Je vous en supplie, donnez-moi votre porte-cigare : j'y ai déjà vu des lettres de femme.

— Il n'y a rien. Un billet de femme c'est un billet à ordre et je n'ai pas d'échéances.

M. d'Ordova ouvrit son porte-cigare et le montra à Jeanne qui lui passa une seconde fois la lettre anonyme.

— Dites-moi le nom qui manque à ce billet. Si vous ne parlez pas, c'est que vous ne savez pas.

— Je sais, mais je meurs avec mon secret.

La duchesse qui avait pris le porte-cigare saisit une lettre de Léa.

— Voyez! n'est-ce pas la même écriture?

— Ne lisez pas cette lettre, ou je vais vous dire que je vous aime.

— Jamais!

— *Jamais!* est le premier mot de toutes les femmes comme *toujours* est le dernier.

— Dites-moi le nom de celle qui a écrit cette lettre?

Jeanne s'approcha de la cheminée et se pencha vers le bouquet de violettes sacrifié.

— Je ne le sais pas.

— Je vais vous le dire.

Et elle lut :

— « *Monsieur le marquis....* » — Ah! vous n'avez pas les mêmes priviléges que Lionel, on vous appelle monsieur. — « *Monsieur le marquis, je n'irai pas avec vous, comme je vous l'avais promis, aux courses de Chantilly. J'ai le cœur trop triste pour montrer ma figure au public quand je ne suis pas en scène. Venez me voir pour me parler de lui.* » Lui, cela veut dire Lionel. — Je savais bien que c'était Léa!

— Oh! je me vengerai!

Le marquis prit sa montre et en brisa le ressort.

— Que faites-vous là? lui demanda Jeanne.

— Duchesse, je brise le ressort de ma montre.

— Pourquoi?

— Parce que la sixième minute a commencé!

XXVIII.

LA SIXIÈME MINUTE.

Or, que se passa-t-il à la sixième minute?

M. d'Ordova, fat comme Don Juan à Paris, s'imaginait qu'il allait triompher de la duchesse plus facilement que de madame d'Arcy. Il voyait là une femme romanesque, jalouse, exaltée, une femme qui, dans ses colères et ses indignations, pouvait avoir un quart d'heure de folie, une femme qui cherchait un confesseur de l'ordre profane. Aussi son premier mot fut-il celui-ci :

— Duchesse, ouvrez-moi votre cœur : le mien est silencieux comme la tombe.

Et il ajouta :

— Je vous aime, madame, depuis le premier jour où je vous ai vue. Je ne vous l'ai pas dit à vous, je ne l'ai pas dit à moi-même, tant je comprends que l'amour est un mystère entre Dieu et l'homme. Il serait plus facile d'arracher le secret de l'étoile que le secret de mon cœur.

Jeanne n'avait pas écouté. Elle était toute à sa jalousie.

— Oh! Lionel! Lionel! murmura-t-elle entre ses dents.

Jusque-là elle avait douté; mais c'en était fait. Elle se voyait trahie. Le château de son bonheur n'était plus qu'une ruine où elle aurait voulu s'ensevelir.

— Mais expliquez-moi, dit-elle tout à coup

au marquis, pourquoi cette demoiselle vous écrit à peu près dans le même style qu'à Lionel.

— Le style, c'est la femme, a dit M. de Buffon.

— Elle vous aime donc aussi?

— Eh! mon Dieu, madame, César était le mari de toutes les femmes : Léa, comme César, étend ses conquêtes dans les deux mondes.

La duchesse regarda profondément M. d'Ordova.

— Est-ce que vous vous rencontrez avec Lionel chez cette femme?

— Vous voulez le secret de l'étoile?

Et comme le marquis fut effrayé par la pâleur de la duchesse, il ajouta d'un air dégagé :

— Lionel ne m'y rencontre pas, et je n'y rencontre pas Lionel, par une bonne raison, c'est que nous n'y allons ni l'un ni l'autre.

— Que voilà un beau mensonge! dit Jeanne en frappant du pied comme une lionne impatiente.

En effet la duchesse aurait voulu d'un bond se précipiter chez Léa.

M. d'Ordova, qui ne comptait que sur la jalousie, attisa cette belle femme tout en feignant de vouloir l'apaiser.

— Voyons, duchesse, il faut que jeunesse se passe. Lionel est un enfant aveugle; s'il vous eût bien regardée, ne fût-il pas toujours resté à vos pieds; car Léa est fort belle, je l'avoue, mais qu'est-ce que sa beauté en face de la vôtre?

— Elle est donc vraiment belle, cette femme?

— Oui, quand vous n'êtes pas là.

— Eh bien! je serai là et je triompherai!

Et la duchesse ajouta, se parlant à elle-même dans l'exaltation de sa douleur :

— Pourquoi ne l'ai-je pas tuée!

— J'ai bien peur, se disait M. d'Ordova de son côté, que la sixième minute ne soit pour Lionel. C'est égal, la jalousie a perdu plus de femmes que l'amour même.

Et le marquis se rappela le proverbe espagnol : *Il ne faut s'embarquer avec les femmes que pendant la tempête.*

XXIX.

LE PREMIER ET LE SECOND MOUVEMENT.

Lionel rentra. Pour la première fois, il remarqua je ne sais quoi de trouble et d'étrange dans la figure de M. d'Ordova.

— Est-ce que tu m'attendais? lui demanda-t-il.

— Oui et non, répondit le marquis.

Et pour se payer d'audace, M. d'Ordova ajouta :

— Quand la duchesse est là, j'oublie que je viens pour toi.

— On n'est pas plus gracieux, dit la duchesse en essayant de railler.

Et comme elle voulait piquer Lionel au jeu, elle ajouta :

— Et moi, monsieur mon mari, quand M. d'Ordova est ici, j'oublie presque que je vous attends.

Mais pour atténuer un peu ce qu'elle venait de dire, elle s'empressa d'ajouter :

— Vous savez que je suis un peu Espagnole; quand le marquis me parle de Cordoue et de Séville, je crois que je fais un voyage en Espagne.

— C'est bien, se dit Lionel, il n'y a pas grand mal. C'est égal, je ne la laisserai pas trop voyager par là, surtout pendant que j'irai chez Léa.

Et se tournant vers d'Ordova :

— Dînes-tu avec nous? demanda-t-il.

— Non, dit le marquis qui croyait bien jouer ses cartes, je dîne au café Anglais.

— En mauvaise compagnie, sans doute, dit Jeanne.

— Oui, madame; que voulez-vous qu'un homme comme moi fasse en bonne compagnie ?

Lionel et sa femme dînèrent seuls presque silencieusement; la duchesse contenait son cœur, Lionel ne se doutait pas que l'orage fût déjà chez lui.

Au dessert, il essaya de conter une chose gaie.

— C'est fort joli, dit Jeanne avec une dignité glaciale.

— En vérité, ma chère, je suis désespéré de n'avoir pas tout l'esprit de M. d'Ordova pour vous distraire; voulez-vous que j'aille le chercher ?

— Vous le rencontrez donc dans les coulisses de l'Opéra ? dit Jeanne sur le point d'éclater et de lui jeter la lettre de sa maîtresse devant les yeux.

— Encore! en vérité, vous êtes folle; c'est vous qui m'y feriez penser.

— Oui, vous avez raison, je suis folle. — Lionel vous ne me quittez pas ce soir?

— Ce soir?

Lionel sembla quelque peu contrarié : il était allé chez Léa où il avait appris par la femme de chambre qu'elle l'attendait le soir avec deux amies.

— Oui, ce soir, reprit Jeanne, je vais chez la comtesse : je veux m'y montrer avec vous, car on dit déjà que je joue le rôle de veuve; en effet, voilà trois ou quatre fois que je vais seule dans le monde.

— C'est bien juste! il n'y a que les bourgeoises qui soient toujours pendues aux bras de leurs maris.

— Eh bien! je veux être une bourgeoise ce soir, dit Jeanne avec emportement.

— Ma chère Jeanne, il n'y a pas d'article dans le contrat de mariage qui m'oblige à aller m'ennuyer chez la comtesse, même avec vous.

Et Lionel quitta la table brusquement et alla ouvrir la fenêtre.

Jeanne, sentant qu'elle n'était plus maîtresse d'elle-même, courut s'enfermer dans sa chambre. Elle ne voulait pas une explication avant d'avoir encore questionné le marquis pour être mieux armée contre Lionel.

Quand Lionel se vit seul, son premier mouvement l'emporta vers sa femme, mais son second mouvement fut pour Léa.

— J'irai souper, puisque l'orage est sur ma tête. Qu'est-ce qu'un coup de tonnerre, une ondée de plus ou de moins!

Jeanne espérait voir entrer son mari dans sa chambre; au bout d'un quart d'heure, elle sonna et demanda si le duc était encore dans la salle à manger : elle apprit, non sans quelque surprise, que Lionel venait de partir.

— Je ne veux pas, dit-elle, qu'il soupe chez mademoiselle Léa.

Elle écrivit ces deux lignes à M. d'Ordova :

« *Lionel soupera ce soir chez mademoi-*
« *selle Léa, je vous attends; consacrez-moi*
« *cinq minutes, je n'aurai même pas peur*
« *de la sixième, je vous attends jusqu'à mi-*
« *nuit.*

La duchesse écrivit cette lettre en toute hâte, sans bien s'inquiéter beaucoup des mots qui tombaient de sa plume, elle savait qu'en parlant de la sixième minute, le marquis ne manquerait pas de venir : or, elle espérait que le marquis seul pouvait empêcher Lionel de dîner chez Léa.

M. d'Ordova n'empêcha rien du tout; la lettre le trouva au café Anglais où il dînait en mauvaise compagnie, puisqu'il dînait avec lui-même; il courut chez la duchesse avec du miel sur les lèvres, mais comme il la blessa dès les premiers mots, il s'aperçut qu'il n'était qu'un confident. La duchesse adorait son mari, elle voulait bien d'un confident, mais qui ne serait pas plus son amant que les confidents de tragédie ne sont des héros.

Aussi dans son dépit, après un grand nombre de sixièmes minutes qui l'avaient affirmé dans son rôle un peu ridicule, il s'éclipsa par cette belle sortie :

— Et moi aussi, duchesse, je vais souper chez Léa!

Le marquis était jaloux du double bonheur de Lionel sans bien voir les orages qui étaient au fond de ce bonheur. Il se jura que s'il n'avait pas la femme il aurait la maîtresse.

Ce galant Espagnol, qui passait pour continuer à Paris les traditions des Don Juan, échouait dans toutes ses aventures galantes. Je ne parle pas des demoiselles de seconde main que se passent tous ceux qui font Charlemagne au lansquenet de l'amour, je parle des vraies femmes qui sont encore des bonnes fortunes. Il avait échoué avec Aurore; il allait échouer avec Léa, il devait échouer avec la duchesse, quelle que fût sa folie jalouse, quelle que fût l'exaltation de sa vengeance.

Mais Don Juan ne s'avoue jamais vaincu. Il affiche les femmes dont il triomphe, il affiche surtout celles qui lui résistent. Aussi disait-on partout que M. d'Ordova avait été l'amant d'Aurore et qu'il était l'amant de Léa. On disait déjà qu'il était l'ami intime de Lionel. En amour, les verbes *être* et *paraître* ont leurs idolâtres : le marquis voulait surtout paraître, convaincu d'ailleurs que le plus sûr moyen d'avoir des femmes, c'est d'être renommé pour en avoir eu. Les brebis de Panurge se retrouvent partout: telle femme se donne à Lowelace, parce que Lowelace a déjà pris son amie. Plus Lowelace a de femmes sur les bras, plus les femmes le viennent surcharger.

— Quoi, disait madame A — à madame B, — vous vous êtes compromise avec M. C —

— Compromise, ma chère! Mais M. C — a été votre amant à toutes.

Or il en coûte quelquefois cher pour jouer l'homme à bonnes fortunes. Ces beaux mensonges qui se pavanent dans les salons, dans les cercles et dans les coulisses, finissent par s'éclipser devant la vérité en chevaliers de la triste figure.

XXX.

DONNEZ-MOI DEUX LIGNES DE VOTRE MAIN ET JE VOUS FERAI PENDRE.

Le lendemain, de bonne heure, Lionel, qui n'était pas attendu, entra chez Léa.

— Madame dort encore, lui dit la femme de chambre.

— Aussi ne viens-je pas pour la voir. Dites-moi : Combien M. d'Ordova vous donne-t-il pour vous empêcher de me dire qu'il vient ici?

— Je ne comprends pas.

— Ne perdons pas de temps.

Lionel prit cette fille par le bras et la secoua rudement.

— Il m'a donné vingt louis.

— Vingt louis! Eh bien! puisque je connais votre prix, voici vingt louis; vous m'avertirez dès que le marquis sera ici. Je vais au club. Depuis quand M. d'Ordova vient-il?

— Je n'ai pas compté les jours.

— Vous avez compté les louis. Il viendra ce matin. Envoyez-moi tout de suite un mot par n'importe qui.

Demeurée seule, la femme de chambre se dit en faisant sonner l'or de Lionel :

— Voilà vingt louis bien placés. Je n'avertirai pas M. le duc quand viendra M. le marquis. C'est égal, j'en ai rougi jusqu'aux oreilles.

Léa survint avec une de ses cousines. Elle aussi avait sa confidente. Écoutons :

— Comme tu es gaie aujourd'hui, Léa.

— Oui, gaie de ma tristesse. Ah! on ne devinera jamais tout ce que mon sourire cache de larmes! Depuis que Lionel est marié, le soleil ne se lève plus pour moi. Je n'ose plus porter la main à mon cœur. Il y a là une horloge détraquée qui commence à sonner l'heure de la mort.

— Eh bien! n'aime plus Lionel.

— Aimer Lionel, c'est toute ma vie. — Et pourtant c'est mon crime de l'aimer. — J'ai fait mon malheur, j'ai fait le malheur de Lionel, j'ai fait le malheur de sa femme.

— Je ne sais où me conduira mon désespoir. — Que penses-tu du marquis?

— Beaucoup de bien, puisque tu as beaucoup de créanciers.

— Tout cela m'est égal. — Je vais te dire un secret : tu t'imagines que M. d'Ordova sera mon amant?

— Oui, et je n'ai pas besoin d'imagination pour imaginer cela.

— Tu ne me connais pas encore. M. d'Ordova est amoureux de la femme de Lionel; — c'est tout simple; mais ce qui me désespère, c'est que peut-être la femme de Lionel est amoureuse du marquis. — En lui ouvrant ma porte, je le détourne du chemin de cette pauvre femme si vite égarée; et ce qui n'est pas moins bien, je lui rends son mari. J'accomplis donc deux sacrifices; car perdre Lionel et prendre le marquis, voilà deux désespoirs dont on me tiendra compte plus tard.

Et après un silence, Léa ajouta :

— Si j'en ai le courage.

Un domestique vint avertir que madame d'Arcy montait l'escalier.

— Oh! mon Dieu, ma chère, voilà madame d'Arcy, à coup sûr elle vient te demander compte de M. d'Ordova. Je m'enfuis.

Léa eût bien voulu ne pas recevoir Aurore. Mais elle était déjà entrée.

— Ne fais pas attention, ma chère Léa, dit-elle, ce n'est pas moi.

— Ce n'est pas toi?

— Non, je ne me connais pas. — Figure-toi que j'arrive de Hambourg, où j'ai failli être traduite en allemand — mais il est bien question de cela ! — Je suis furieuse !

— En vérité je ne t'ai jamais vue si agitée et si pâle.

— Tu ne sais donc pas que le marquis d'Ordova court les dames du faubourg Saint-Germain?

— Mais il fait plus de bruit que de mal.

— C'est cela, tu crois à la vertu de ces dames!

— Oui; — cartes sur table : — je crois à la vertu de la femme de Lionel.

— Parce que tu es redevenue la maîtresse de Lionel.

— Chut !... Je te dis....

— Je te dis que ce qui est écrit est écrit.

— Je ne te comprends pas.

Aurore prit dans son porte-monnaie un petit billet vingt fois chiffonné.

Tiens! j'ai copié ce joli billet doux dans la boîte à cigares du marquis; cela vaut bien un billet de banque :

« *Lionel soupera ce soir chez mademoiselle Léa, je vous attends; consacrez-moi cinq minutes, je n'aurai même pas peur de la sixième, je vous attends jusqu'à minuit.*

» JEANNE. »

— Eh bien ! que dis-tu de cela?

Léa lut la lettre à son tour :

— C'est vrai, mais c'est impossible.

— C'est impossible, mais c'est vrai.

— Mais cette lettre ne prouve rien.

— Avant la lettre, mais après ?

— Ah! ma chère Aurore, que je suis malheureuse!

— Et moi donc!

— Toi, tu retrouveras le marquis quand tu voudras, tandis que la femme de Lionel ne se retrouvera pas — si elle s'est perdue!

— Tu sais que je n'aime pas le marquis, voilà pourquoi il m'épousera.

— Il n'en prend pas le chemin.

— Tu verras.

— Eh bien, ma chère marquise, laisse-moi cette copie de lettre.

— Non, tu la montrerais à Lionel.

— Es-tu folle! D'ailleurs je ne le vois plus.

— Depuis quand ? Depuis ce matin. — Après tout, fais de ce secret ce que tu voudras, car c'est le secret de Polichinelle. M. de Sarmattes a vu la vraie lettre, la lettre autographe, la lettre vivante. — Aussi, moi, je n'écris plus jamais. J'ai une femme de chambre qui est chargée de ma correspondance. — J'aime mieux donner des gages à ma femme de chambre que de donner des gages à mes amoureux.

— Tu as de l'ordre dans ton désordre.

— Adieu, je vais rêver à ma vengeance : d'Ormancey pourrait me donner une consultation.

— Oui, car tu veux dire une consolation.

— Tu es triste. Est-ce que Lionel ne t'aimerait déjà plus? Il y a si peu de temps qu'il est marié!

— Il m'aime, je suis malheureuse, et j'aime mon malheur.

— Tu n'es pas dégoûtée! N'est pas malheureuse qui veut.

— Tu es bien heureuse de n'avoir pas de ces bonheurs-là! C'est que tu as plus d'esprit que de cœur, tandis que moi j'ai plus de cœur que d'esprit.

Les deux amies s'embrassèrent et se dirent adieu. Quand Aurore fut dans l'antichambre, Léa courut à elle.

— Ma chère amie, je te demande le secret absolu sur le billet de la duchesse.

— Pourquoi ?

— Parce que j'aime trop Lionel pour souffrir que sa femme soit soupçonnée.

Madame d'Arcy regarda Léa avec admiration.

— Sais-tu que tu es une femme antique !

XXXI.

LES TROIS ARTICLES DU CONTRAT.

Quand sortit Aurore, le marquis d'Ordova était dans l'escalier. Il se cacha derrière la statue à candélabre.

— Je l'ai échappé belle ! dit-il à Léa.

— Ah oui, vous avez rencontré Aurore. — Elle a bien voulu vous laisser vos yeux.

— Oui, je me suis jeté derrière la statue.

— Partons-nous toujours pour Dieppe par

l'express? — Mon coupé vous prendra à deux heures.

— Vous savez que je ne vous aime pas.

— Aussi, je n'irai à Dieppe que si vous signez d'avance le traité que je vais rédiger :

ARTICLE I. — *Vous n'irez plus chez Lionel.*

— Pourquoi ?

— Parce que chez Lionel, il y a la femme de Lionel. — Ne m'interrompez pas. Je veux bien que Lionel me trompe, mais je ne veux pas que sa femme le trompe. Donc, vous n'irez plus chez lui.

— C'est signé.

ARTICLE II. — *Vous allez me remettre une lettre de la duchesse que vous avez montrée à M. d'Ormancey et à M. de Sarmattes.*

— Je ne comprends pas.

— Vous comprenez très bien. Je veux cette lettre.

— Jamais !

— Eh bien, allez-vous-en.

Léa dit ces paroles avec une gravité qui attéra le marquis.

— Léa, je vous aime. — Je veux vivre et mourir avec vous, — mais je vous jure....

— Adieu !

Léa indiqua la porte à M. d'Ordova.

— Eh bien ! cette lettre, je vous la donnerai à Dieppe, et vous la brûlerez sous mes yeux.

— Non, je la mettrai sous enveloppe et je l'enverrai à la duchesse.

— Pourquoi ?

— Parce qu'elle n'aura plus jamais envie d'écrire des lettres quand elle relira celle-là.

ARTICLE III. — *Vous m'enlevez pour trois jours, après quoi vous direz à Lionel que vous êtes mon amant, mais vous ne le serez pas.*

— Je ne comprends pas.

— Peut-être dans la suite du temps....

— Mais vous me faites jouer un rôle de comparse.

— Il y a des comparses qui finissent par jouer les grands rôles. Si vous n'avez pas foi en vous, restez en chemin.

— Non, je pars avec vous.

Le marquis, à tout prendre, aimait mieux tenter les hasards du voyage. Il était d'ailleurs déjà heureux de pouvoir dire à son retour : — *J'arrive de Dieppe avec Léa,* — ou bien — *j'ai sauvé Léa à la nage.*

— Dites-moi, Léa, pourquoi me condamner à dire à Lionel que je vous aime ?

— Oui, vous avez des scrupules, depuis que vous voulez être l'amant de sa femme, mais je ne veux pas que la femme de Lionel.... Elle ne vous aime pas, j'espère ?

Le marquis répondit avec une impertinence de marquis de l'ancien régime :

— Elle n'a que cela à faire. Pour elle comme pour moi, c'était ou ce serait une revanche. Autrefois, Lionel a détourné plus d'une femme de mon chemin. Mais vous avez parlé, Lionel n'a plus rien à craindre. Expliquez-moi cette rage que vous avez toutes pour lui ?

— Est-ce que je sais ? — Le grand art, dans la jeunesse, c'est de donner toujours, quelle que soit la monnaie ; qu'elle vienne de la bourse, du cœur ou de l'esprit Je ne sais pas une femme qui ne se passionne pas pour un homme qui a toujours quelque chose à donner, quelque chose à faire quelque chose à dire.

— Lionel ne vous a rien donné.

— Deux années de bonheur — mes seules belles années. — Vous qui êtes si riche, je vous défie bien de m'en donner autant.— Vous avez signé et contre-signé mes trois articles ?

— Oui, oui, oui.

— Allez m'attendre au chemin de fer, — je n'ai plus qu'une heure pour m'habiller en voyageuse et ramasser mes bibelots.

— A propos de bibelots, j'oubliais de vous offrir ce bouquet. On vous a ensevelie sous les fleurs, mais en voici d'assez rares....

Le marquis montra des diamants enchâssés dans des fleurs naturelles. C'était la première fois depuis qu'elle aimait Lionel qu'on lui offrait des diamants à brûle-yeux.

Léa ne put réprimer un mouvement de révolte.

— Je ne comprends plus rien au langage des fleurs, dit-elle, en repoussant le bouquet. Reprenez cela, nous verrons à Dieppe.

— Je vous retrouverai à l'embarcadère. J'ai loué un compartiment.

— Ah ! que cela sera ennuyeux ! Que voulez-vous que nous fassions tout seuls jusqu'à Dieppe ?

On sonna.

Léa tendit l'oreille avec inquiétude.

— Allons, voilà qu'on sonne. Si c'était Lionel ! Je ne veux pas qu'il vous trouve ici avant que je lui dise mon secret.

— Avez-vous une chambre à cacher ?

— Non ; j'ai une chambre à coucher. — Puisque je n'y suis pas, allez-y. — C'est lui, dépêchez-vous, de grâce.

Le marquis entra en toute hâte dans la chambre de Léa.

Il avait pris son chapeau, mais il avait oublié son bouquet de diamants.

XXXII.

LE VOYAGE A DIEPPE.

Quand Lionel eut renoué avec Léa, il s'imagina ne plus l'aimer qu'à moitié. La quiétude du cœur empêche de croire aux orages de l'âme. Le duc était heureux de voir Léa, de savoir qu'elle l'aimait toujours, de croire au lendemain, mais il ne ressentait plus ces entraînements impérieux qui le jetaient hors de lui-même.

L'amour est ainsi : dès qu'il est heureux, il n'est plus l'amour.

Ou plutôt dès que l'amour est heureux, il n'est plus dans l'arc-en-ciel ; le poète devient prosateur, le romancier tourne au critique.

Lionel aimait Jeanne et Léa, il croyait souvent ne plus les aimer. Il en était déjà à ces airs de sultan qui jouent la nonchalance et la philosophie. Léa le voyait bien ; elle en souffrait en silence ; elle y puisait sa force pour tenter une autre aventure, pour se jeter — les yeux ouverts — dans les bras d'un autre ; pour rompre une dernière fois, quelque terrible que dût être sa douleur.

Ce jour-là, quoique le duc fût devenu tout à coup jaloux de M. d'Ordova, c'est-à-dire quoique revenu aux violences de sa passion, il entra chez Léa avec le calme des derniers jours. Il la salua d'un baiser fraternel, et d'un *bonjour Léa* tout à fait distrait.

Léa, qui s'était mise au piano, se leva rapidement et se jeta à son cou comme une femme qui songe à trahir son amant.

— Ah ! bonjour, Lionel ! Que je m'ennuyais donc de ne pas te voir ce matin. D'où viens-tu ?

— Je n'en sais rien ; on m'a si mal appris la géographie dans mon enfance que je ne sais jamais mon chemin, excepté quand je viens sans le savoir.

Léa se dit à elle-même :

— Je n'irai pas à Dieppe !

— Oui, je connais cela, dit-elle tout haut, quand vous venez me voir, vous prenez le chemin des écoliers.

— Quand on va à pied dans Paris, on n'est jamais sûr de ne pas être détourné de son chemin.

Et Léa se dit à elle-même :

— Il ne m'aime plus. J'irai à Dieppe.

Elle se rapprocha de Lionel.

— Voyons, Lionel, mon Lionel, donne-moi le coup de grâce ; dis-moi que tu ne m'aimes plus. Finissons-en. Pourquoi nous sommes-nous retrouvés à Bade ? Pourquoi m'as-tu dit que j'étais ta vraie femme, et que c'était moi que tu avais épousée à jamais ? — Des sacrilèges que mon pauvre cœur a trouvés charmants ! — C'est mal ce que nous avons fait. Quand je te rencontre avec ta femme, je sens que mon amour est un crime. Vendredi, tu es venu à l'Opéra avec elle, j'ai failli me trouver mal. Il y a trois mois encore, mon amour m'aveuglait ; aujourd'hui, je vois plus clair — et j'ai horreur de la lumière. Lionel, va-t'en, et ne reviens plus. — Tu m'empêches d'avoir du courage.

Lionel, tout à la jalousie, traduisait mot à mot pour le besoin de sa cause ces braves paroles de Léa ; et comme la plupart des traducteurs, il ne comprenait pas la pensée, l'âme du texte.

— Et moi aussi je vois clair, dit-il d'un air entendu, c'est toi qui n'aimes plus ; — tu veux mener la vie à quatre chevaux — et je n'ai que deux chevaux à ton service.

Léa, blessée par ces paroles dites avec calme, répliqua d'un ton ferme :

— Eh bien ! oui, la vie à quatre chevaux pour fuir le bonheur impossible ; mais jure-moi que de ton côté tu vivras chez toi, avec ta femme, et que tu ne prendras pas une maîtresse.

Elle avait cru entendre du bruit et elle regarda vers sa chambre.

— Qu'est-ce que tu as donc à toujours regarder par là ?

— Est-ce que je louche ?

— Non; seulement tu n'oses plus me regarder en face.

— Est-ce que tu t'imagines que je te regarde de travers ?

— C'est adroit !

— C'est adroit! mais avec toi je suis bête à faire peur. — Je t'aime! qu'est-ce que tu veux de plus ?

— Rien, si tu m'aimes. — Rien, si tu ne m'aimes plus !

Lionel avait parlé avec l'accent de la passion. Aussi Léa se dit encore :

— Je n'aurai pas la force d'aller à Dieppe.

— Je suis ennuyé, reprit Lionel; j'ai demain, chez moi, une matinée musico-dramatique, la pire des distractions. Les deux Brohan y viennent avec Molière. La duchesse m'avait parlé de toi, mais j'ai dit que tu ne chantais bien qu'à l'Opéra.

— Elle t'a parlé de moi ! — Mais elle sait notre histoire ?

— Mieux que nous-mêmes. Mais rien ne s'oublie vite comme l'histoire ancienne. Et puis j'ai donné à la duchesse l'amour des chiffons et des œuvres pieuses; je l'ai abonnée aux journaux de modes et au *Monde*.

— Prenez garde, Lionel; on m'a assuré que votre femme était romanesque. Pour moi, je suis sûre qu'elle est jalouse.

— C'est ce qui te prouve qu'elle m'aime.

— C'est incroyable. Tu es aussi mari que les autres. Mais une femme est une femme.

— Ma femme est ma femme.

— Elle est si belle que tu devrais trembler.

— Contre qui ? Es-tu folle !

— Contre qui ? Contre l'imprévu.

— A ce compte, il me faudrait trembler pour toi, car n'es-tu pas aussi belle ?

— Aussi belle? Tu sais que j'ai toujours ta femme sous les yeux, et que je ne l'ai jamais bien regardée. C'est à peine si je la reconnaîtrais. Plus d'une fois on a voulu me la montrer, j'ai toujours détourné la tête. Ainsi, à Bade, où je la rencontrais tous les jours, je ne l'ai pas vue.

Lionel semblait ne pas écouter. Il se promenait d'un air pensif.

— Pourquoi me rappeler toutes les lâchetés de mon cœur et de mon esprit? dit-il tristement. Tromper ma femme et ma maîtresse! Ne savoir vivre ni là ni ici! Ne pas m'élancer une fois pour toutes de cette fosse aux lions où je laisse dévorer mes plus belles années! J'ai honte de moi! Et quand je songe que Paris est peuplé de grands enfants qui sont pareillement enchaînés dans les mauvaises passions du désœuvrement! Oh mon père! vous qui êtes mort sur un champ de bataille, comment ne m'avez-vous pas légué votre beau courage pour combattre vaillamment dans la bataille de la vie !

Léa embrassa Lionel.

— J'aime ce cri de la conscience! lui dit-elle avec enthousiasme. Mon ami, ne laissez pas mourir votre jeunesse sans devenir un homme !

Lionel secoua tristement la tête.

— Un homme, avec un cœur d'enfant. J'ai beau faire, je t'aime! Il y a donc des hommes prédestinés à l'amour ?

— Oui, et malheur à celui qui est heureux en amour !

— Et puis, que faire? Etre soldat ou être savant? Je ne crois à rien: pourquoi serais-je soldat ? Une épée c'est aussi un drapeau. C'est Dieu, c'est le roi, c'est l'empereur. Je suis de l'opinion d'un ancien qui a dit : « Tout le monde a tort, et tout le monde a raison. » Pour ce qui est de la science, j'ai encore mon idée.

— Et cette belle idée ?

— C'est que l'esprit humain est comme la mer qui perd d'un côté ce qu'elle gagne de l'autre. Je ne sais pas lire les hiéroglyphes, mais je réponds que du temps des Ptolémées on avait déjà écrit le dernier mot de la sagesse.

— Et ce mot.

— Es-tu bête ? C'est l'amour.

Léa pencha la tête.

— Est-ce l'amour à trois ? demanda-t-elle tristement.

— Qui sait ! répondit Lionel en la regardant d'un œil profond, c'est peut-être l'amour à quatre ?

Léa ne voulut pas comprendre.

— Il y a, dit-elle, une chanson là-dessus.

— Ah ! oui, je me souviens: la chanson dit à peu près cela : « L'amour est si lourd à traîner à deux qu'on prend un troisième compagnon pour en soulever les chaînes. »

— C'est moi qui suis le troisième compagnon.

— C'est toi, c'est moi, c'est....

Pour ne pas éclater, le duc s'interrompit par cette question :

— Qu'est-ce que tu fais ce soir ?

— Tu sais bien que je chante la Juive.

— Après ?

— Je rentre tout droit ici; je regarde ton portrait et je m'endors.

Lionel ne put masquer une expression de dépit :

— Mon portrait ! C'est vrai, tu as encore mon portrait ? C'est ridicule ! Je veux bien venir ici, mais je ne veux pas y être en peinture.

Et comme il pensait au marquis d'Ordova, il ajouta avec quelque brutalité :

— J'en ai trop vu de ces portraits qui assistaient, la bouche en cœur, à tous les secrets qui leur eussent mis l'épée à la main.

Cette fois, Léa se dit :

— Oh ! j'ai compris ! — j'irai à Dieppe !

Ce fut alors que la femme de chambre annonça une dame.

XXXIII.

LES QUATRE AMOUREUX.

— Madame, c'est une dame.

— Dites que je suis à la répétition.

— Mais, madame, c'est une grande dame qui vient pour une œuvre de charité.

— Donnez-lui vingt francs pour ses pauvres.

— Recevez-la donc, dit Lionel, déjà las de ce quart d'heure d'explication amoureuse.

— Est-ce pour la voir ?

— Non, je passe dans la serre pour fumer.

Léa donna l'ordre de faire entrer la visiteuse. Elle reconnut tout de suite la femme de Lionel.

— Oh ! mon Dieu, dit-elle en jetant un regard rapide sur la serre, il a mal fermé la porte.

Et elle la ferma rapidement.

C'était bien la duchesse.

— Je croyais, pensa Jeanne, la trouver en tête à tête avec lui, car il est ici.

La duchesse n'était pas une de ces petites filles qui restent pensionnaires jusque dans le mariage, qui sont trompées sans le savoir ou qui se révoltent pas devant les trahisons. Elle avait trop de cœur et trop de tête pour ne pas lutter avec énergie, énergie de la passion, énergie de l'orgueil. Elle voulait vaincre, dût-elle en mourir.

Aussi faut-il avoir aimé et souffert pour la comprendre dans ses projets insensés. Mais ce n'est pas la sagesse qui est bonne conseillère à ces heures-là. Rien ne devait coûter à la duchesse, ni sa fortune, ni sa vie, rien, sinon sa dignité. Et la pauvre femme se fût même humiliée pour la victoire, tant l'amour peut dompter l'orgueil.

Après avoir fait à Dieu le sacrifice de sa vengeance, comme l'amour de Lionel était plus fort en elle que l'amour de Dieu, la duchesse sentit renaître toutes ses violences. Elle fut emportée malgré elle à toutes les aventures romanesques d'une femme à la conquête de son mari.

— Je la vois donc face à face cette femme, qui serait deux fois ma rivale, si j'aimais le marquis, murmurait Jeanne pendant que Léa fermait la porte de sa serre.

Et quand Léa revint à sa rencontre elle s'inclina et parla d'un air souriant pour masquer son émotion.

— Mademoiselle, je viens frapper à votre porte, conduite par la charité — une bonne œuvre — de pauvres orphelins — On m'a dit que vous étiez prête à tout pour les pauvres.

— Pourquoi cette comédie ? se demanda Léa. — Oui, madame, dit-elle avec sa grâce la plus touchante, je suis pauvre et je vis de temps perdu; mais dès qu'il y a quelqu'un qui me tend la main, je crois que je suis riche. La plupart des gens vivent pauvres pour mourir riches; il est bien plus simple et bien plus utile de vivre riche et de mourir pauvre. Permettez-moi de vous remettre cent francs pour vos orphelins.

— Non, je ne veux pas de vos cent francs. Je donne demain une matinée dans mon hôtel: voulez-vous y chanter votre grand air de *Robert* ?

Jeanne jetait partout ses regards à travers son voile.

Léa répondit avec un accent décidé :

— Non, cela me coûterait trop cher : — une toilette du matin et trois heures perdues, car je chante mal dans un salon. — Décidément, je ne suis pas assez riche pour une telle dépense. Combien donneront les plus généreuses ?

— Que sais-je ? Cinq louis, peut-être.

— Eh bien ! je vais vous donner dix louis, mais ne me condamnez pas à chanter.

— J'avais peur de ne pas vous trouver ; on m'a parlé d'un voyage....

— Un voyage !

Léa se demanda si le marquis avait déjà parlé.

— Un voyage ! — je chante ce soir.

— Eh bien ! chantez demain pour mes pauvres. On vous aime tant chez moi !

— Je croyais n'avoir pas l'honneur....

— J'ai beaucoup d'amis qui vous ont cent fois applaudie : M. d'Ormancey, M. de Sarmattes, M. d'Ordova....

— Le marquis !

— Oh ! pour celui-là c'est une passion. Il ne vient chez moi que pour me parler de vous. C'est lui qui m'a conseillé de venir vous voir. Quant à mon mari, il ne me parle jamais de vous.

— Votre mari !

— Pourquoi mettre des masques, mademoiselle ?

Les deux rivales se regardèrent plus profondément. Tout à coup un éclair du passion se trahit sur leur figure : il y eut entre elles une de ces reconnaissances si communes au théâtre et si rares dans la vie.

XXXIV.

LES OISEAUX VOYAGEURS.

Ce n'était donc pas la première fois que la duchesse et la cantatrice se voyaient de si près; elles s'étaient déjà vues ainsi face à face; mais alors elle n'étaient pas rivales et ne songeaient pas qu'elles le deviendraient.

Pendant les premières paroles qu'elles échangèrent, il semblait, quoiqu'elles fussent tout à leur passion, qu'un vague souvenir passât dans leur âme.

Tout à coup la duchesse dit en fixant Léa :

— Mais je ne me trompe pas, c'est vous que j'ai rencontrée sur *le Géant*, pendant cette fameuse traversée de Gênes à Livourne ?

Léa s'imagina sortir d'un songe.

— Oui, c'est moi, mais est-ce bien vous !

Cette reconnaissance, si simple dans la vie moderne, où les voyages confondent toutes les existences, quand elles ne sont déjà pas confondues par la vie des eaux, des bains de mer et de certaines aventures parisiennes, m'oblige à raconter en peu de mots cette petite histoire.

Trois années auparavant, deux femmes enchantaient tous les regards sur le bateau à vapeur *le Géant*, qui faisait une enjambée de Gênes à Livourne. Ces deux femmes étaient une cantatrice qui allait chanter à Florence, et une toute jeune fille qui accompagnait sa tante dans un voyage en Italie.

C'était Léa et Jeanne.

Au début de la traversée, Léa joua du piano et chanta, non pas ses grands airs, mais quelques romances de salon, pour se donner le genre précieux d'une femme du monde. Elle était d'ailleurs habillée si simplement, qu'avec son grand air de distinction, rien ne lui était plus facile. La tante s'approcha d'elle et la complimenta; la nièce, étourdie et enthousiaste comme un enfant, faillit se jeter à son cou.

En voyage les amitiés vont vite, ce sont les vraies amitiés peut-être, car là on ne se prend que par la figure.

Survint une tempête, on s'imagina qu'on allait mourir dans un naufrage. On pleura des mêmes larmes. Quand reparut le beau temps on se confondit dans les mêmes actions de grâces : cette fois on s'embrassa pour tout de bon.

Et puis on arriva à Livourne; on prit le même wagon pour aller à Florence; mais comme il arrive toujours en voyage, on promit de se revoir sans se demander ni son nom ni même son pays. Les voyageurs sont des oiseaux qui ne se réunissent que pour aller d'un point à un autre; une fois arrivés ils ne se connaissent plus. Il y a un proverbe persan qui dit : « Ferme ta porte aux amis du voyage, car ta maison serait trop petite. » Et on voyage si peu en Perse !

Léa et Jeanne ne s'étaient pas revues en Italie, mais elles s'étaient imprimé l'une à l'autre un souvenir ineffaçable.

Léa pensait souvent à cette belle enfant blonde, à peine née à la jeunesse, qui lui avait pris les yeux comme un mirage et le cœur comme quelque chose de divin; Jeanne, de son côté, éprouvait encore une douce émotion à se rappeler cette femme dont la beauté chantait comme la voix. Le charme de Léa avait longtemps captivé cette jeune âme.

XXXV.

L'ENNEMIE DANS L'AMIE.

Ce fut donc avec un singulier sentiment de surprise, de douceur et de regret, que Jeanne et Léa se reconnurent toutes les deux du même coup.

— Ah! dit Léa, si l'on m'eût prédit alors quelle serait notre seconde rencontre, je n'aurais pas cru à la prédiction !

— Ni moi non plus, dit la duchesse. — Et pourtant, ajouta-t-elle avec un air un peu railleur, il était tout naturel, puisque votre beauté m'avait séduite, que Lionel y fût pris lui-même, car Lionel et moi nous sommes de la même famille.

— Hélas ! dit Léa, pourquoi nous sommes-nous revues !

— Vous avez pris le numéro de la gloire au jeu de la vie; moi, je n'ai pris que le numéro de la fortune.

Et la jalousie étouffant cette bouffée d'amitié renaissante, la duchesse ajouta d'un air de duchesse :

— Donnez-moi donc des nouvelles de mon mari, madame ?

— Elle sait qu'il est ici ! pensa Léa.

— Elle cache bien son jeu et son amant, pensa Jeanne.

Léa, qui plus que jamais voulait sauver l'honneur et le bonheur de la duchesse, dit en lui prenant la main :

— Madame, c'est Dieu qui vous a envoyée ici.

Et elle allait faire sa confession, mais la duchesse retira sa main et glaça sa rivale par ces mots :

— Oui, c'est Dieu qui m'a envoyée ici, puisque je suis conduite par la charité.

Léa, furieuse de parler au cœur et de n'être pas comprise, reprit sur un autre ton :

— Soyons franches, si c'est possible ; dites par la jalousie, madame la duchesse.

— Jalouse, pourquoi ?

— Vous avez raison; ce n'est plus la peine d'être jalouse, car on ne m'aime plus.

Ce dernier mot alla au cœur de la duchesse.

— Puisque aussi bien nous parlons à front découvert, dites-moi la vérité, je n'abuserai pas de votre confiance.

— Que voulez-vous que je vous dise ?

— Le nom de votre amant.

— Je ne l'ai jamais su. C'est mon amant, voilà tout.

— Je sais bien que pour vous un amant c'est toujours le beau Léandre qui se ruine à vous acheter des rubans; mais enfin il a un autre nom.

— Oui, un nom qui ne m'appartient pas. Les hommes vous donnent leur nom à vous, mesdames les duchesses; — à nous, ils ne donnent que leur cœur.

— Ou leur argent.

Léa fut indignée.

— Madame !....

Mais Jeanne l'apaisa par la douceur de son regard et de sa voix.

— Il n'y a pas de quoi s'offenser. — Quels beaux appartements dans cette rue de Provence ! Comme vous êtes bien logée, madame ! Quel luxe de haut goût ! Cette visite va me coûter cher : je ne trouverai plus rien de beau dans mon hôtel.

La duchesse se promenait et regardait partout, sous prétexte d'admirer l'ameublement.

— Le joli dessus de porte !

Quand Léa vit que la duchesse s'approchait trop de la porte de la serre sous prétexte d'admirer le dessus de porte, elle lui dit vivement :

— Oh non, pas celui-là qui ressemble à un camaïeu, mais voyez celui-ci : n'est-ce pas, comme il est vif de tons ?

La duchesse fut bien forcée de tourner la tête vers la porte opposée.

— Oui, vous avez raison, celui-ci est bien plus coloré ; on dirait un Watteau. Comme ces Amours se font de jolies mines ! mais ce que j'admire le plus ici ce sont les roses. Vous avez une serre, madame ?

— Oui, mais c'est la chute des feuilles et je ne veux pas vous la montrer.

— Il me semble qu'il y a plus de soleil dans votre serre que dans mon jardin.

Jeanne retourna à la porte de la serre.

— Tout est perdu, pensa Léa.

Elle passa en avant.

— Non, madame la duchesse, je serais confuse de vous montrer aujourd'hui ma serre dans son déshabillé.

La duchesse secoua la tête d'un air incrédule.

— Vous allez me faire croire qu'il y a là quelqu'un qui se cache, vous allez me faire croire que mon mari est toujours votre amant.

— Vous aime-t-il ? demanda Léa qui voulait jouer l'insouciance.

— S'il m'aime ? pourquoi ?

— Parce que s'il vous aime il est tout à la fois votre mari et votre amant ; s'il ne vous aime pas, que vous importe ?

— Il m'importe, s'il ne m'aime pas, qu'il n'en aime pas une autre, mais je ne réponds pas à ces questions-là.

La duchesse qui s'était appuyée du bout du gant sur la table en ébène du salon, vit rayonner le bouquet de diamants du marquis.

— Oh le beau bouquet ! ce que c'est que d'être aimée ! On ne m'apporte que des fleurs qui ne vivent qu'un jour, tandis qu'à vous on donne des fleurs qui vivent toujours. On paye bien son loyer, pourquoi serait-on logé pour rien dans le cœur d'une femme ?

Léa, blessée au vif, oublia que Lionel pouvait entendre :

— Madame la duchesse, vous vous offensez de ces diamants : je les ai refusés à M. d'Ordova à qui vous ne refusez peut-être pas des bouquets de violettes.

— Moi !

Toute à sa jalousie, la duchesse ne comprit pas bien. Mais Lionel qui écoutait fut indigné des paroles incroyables de Léa.

— Dites-moi la vérité, continua Jeanne. — Un homme est dans cette serre ; je le sais, il vient tous les jours. — Voyez comme vous êtes émue ! Je vous croyais si grande comédienne !

Léa s'inclina et répondit avec impertinence :

— Après vous, madame la duchesse.

Et se reprenant :

— Nous autres, nous jouons mal la comédie, parce que nous n'étudions qu'au Conservatoire ; mais vous, mesdames les femmes du monde, vous étudiez partout et à toute heure. Votre théâtre n'a pas d'entr'actes. Vos mères, avant de vous mettre un corset, vous apprennent qu'il faut sans cesse masquer la nature. Votre entrée dans le monde, c'est votre début. Vous jouez d'abord les ingénues, mais vous pourriez déjà jouer les amoureuses et doubler les grandes coquettes. Rien n'est vrai chez vous, ni le regard, ni la voix, ni le geste ; — tout cela est un jeu, tout cela est une pose. — Vous n'êtes que le mensonge de la femme, — mensonge charmant pour les hommes.

La duchesse regarda Léa sans colère, et répondit à cette attaque par ces mots :

— A qui la faute ? Les Espagnoles ont un poignard dans leur jarretière ; mais nous, pour protéger notre faiblesse, nous n'avons qu'un masque. Jetez à travers le monde une bonne créature qui ne se défendra que par sa simplicité, à chaque pas elle trouvera l'abîme. — Où en serions-nous, mon Dieu ! si nous n'étions pas armées jusqu'aux dents ! Comédie ! Tout est comédie. Mais moi, mademoiselle, je ne joue pas la comédie, voilà pourquoi j'ai perdu mon bonheur.

Et tout en parlant ainsi Jeanne se disait :

— Il est derrière cette porte.

Léa présenta un fauteuil à la duchesse.

— Madame la duchesse, asseyez-vous

donc. L'amoureuse peut offrir un fauteuil à la grande coquette.

— La grande coquette ! J'ai le cœur trop près des lèvres pour, entendre des railleries. Je suis jalouse, je suis furieuse, je suis égarée ! Madame, vous m'avez pris....

Léa, regardant la serre avec effroi :

— Chut! ne me dites pas cela!

— Il y a ici un homme que vous cachez. Je vous ai déjà dit que je l'ai fait suivre. Il est ici!

— Qui ?

Léa ne savait encore si la duchesse était venue pour le duc ou pour le marquis.

— Qui ! ne le savez-vous pas ! Vous voulez que je prononce son nom.

— Madame, je vous prie, ne me dites pas son nom ; je vais vous le dire.

Et Léa hasarda le nom de M d'Ordova.

— M. d'Ordova ! s'écria la duchesse révoltée.

Quoique la porte de la serre fût fermée, comme c'était une porte à vitrail, Lionel avait assisté, très ému, à toute cette scène, sans bien comprendre. À ce mot d'Ordova, prononcé pour la seconde fois comme une injure à sa femme, il se fit en lui comme une révélation. Il était depuis quelques jours vaguement inquiet des visites du marquis à sa femme. Aveugle comme tous les jaloux, il ne douta pas que la duchesse ne fût venue pour le marquis.

Cependant la conversation était de plus en plus animée entre les deux rivales :

— N'est-ce pas qu'il est ici ! disait la duchesse, n'est-ce pas que ?...

— Oh ! madame, madame, interrompit Léa.

— Je vous dis qu'il est ici !

— Madame, de grâce... si on vous entendait !...

— Eh bien ! qu'il m'entende et qu'il vienne !

La porte de la serre s'ouvrit. Lionel parut sur le seuil, pâle et terrible.

— Madame, dit-il à sa femme, je vous ai entendue, et me voilà.

XXXVI

LE MARI

Léa, qui savait le duc violent dans ses colères, passa devant lui et lui dit à mi-voix :

Lionel, prenez garde à vous.

Jeanne fit un pas vers Lionel :

— Je savais bien, lui dit-elle sans trop s'émouvoir, que vous étiez ici.

Le duc s'était contenu ; il répondit avec une voix glaciale :

— Madame, ce n'est pas moi que vous êtes venue chercher jusqu'ici.

La Duchesse furieuse voulut railler Lionel :

— Vous vous moqueriez sans doute de moi si j'étais venue pour vous.

— Oh ! dit le duc avec un mouvement du cœur.

Jeanne toute éperdue éclata en sanglots:

— Lionel, tuez-moi ; vous m'avez fait la vie impossible ; tuez-moi.

— Non, madame, ce n'est pas vous que je tuerai ; mais je le tuerai, lui. Puisque vous l'avez fait suivre c'est qu'il est ici.

Léa ne put s'empêcher de dire à Lionel :

— Aimeriez-vous mieux qu'il fût chez vous ?

Lionel s'aprocha de Léa :

— Ici il est chez moi.

— Je vous dis que vous êtes fou, je vous dis que c'est vous que votre femme est venue chercher chez moi.

— Et que fait M. d'Ordova ici ? Je vous avais défendu de le voir.

Léa répondit à Lionel pour n'être pas entendue de la duchesse.

— Aussi ne le vois-je pas. Mais de grâce, jetez-vous dans les bras de votre femme et fuyez avec elle.

— Oui, parce qu'il s'ennuie d'attendre, n'est-ce pas ?

La duchesse se rapprocha de Lionel.

— Monsieur le duc, voulez-vous me conduire à mon coupé ?

— Madame, puisque vous êtes venue seule... puisque vous n'êtes pas venue ici pour moi...

— Je ne suis pas venue pour vous ! Adieu donc !

Et la duchesse s'avança jusqu'à la porte, mais Léa courut à elle.

— Non, madame la duchesse, vous ne serez pas venue ici sans retrouver votre mari. Il est tout à vous, je vous jure...

— Oui, dit Lionel, vous pouvez jurer que je ne reviendrai pas ici, mais je ne retournerai pas chez moi. Je partirai pour l'Ecosse quand j'aurai châtié M. d'Ordova.

Et il ajouta tout haut en ouvrant la porte de la chambre à coucher :

— Pourquoi donc se cache-t-il ? C'est qu'il a peur de moi.

Léa entra dans sa chambre et referma la porte.

XXXVII

LES COLÈRES MUETTES

Il y eut alors une scène silencieuse qui fit pâlir tout le monde.

Le marquis, malgré les prières de Léa, ouvrit la porte et apparut. Il voulait répondre qu'il n'avait pas peur ; mais comme il vit la duchesse, à bout de forces, tomber sur un fauteuil, il oublia l'injure et courut à elle.

Ou plutôt il comprit que c'était rendre injure pour injure.

Lionel éclata.

Il saisit le marquis par le bras et le jeta violemment vers la porte.

Léa se mit rapidement entre eux et supplia Lionel du regard, — un de ces regards qui contiennent toute une âme.

Mais Lionel ne voyait pas plus l'âme de Léa que l'âme de Jeanne.

M. d'Ordova venait de le blesser avec cette arme empoisonnée de la jalousie qui tue tout en nous, hormis l'amour.

XXXVIII

UN TOURBILLON.

En ce moment madame d'Arcy entra selon son habitude, sans se faire annoncer.

Ce fut elle qui rompit le silence. Comme elle savait que la duchesse donnait une soirée dramatique le lendemain, elle demanda si l'on répétait une comédie.

Elle ne s'y méprenait pas d'ailleurs : on ne joue pas ainsi la vérité.

A la question d'Aurore, Léa essaya de sourire et répondit :

— Oui, ce n'est qu'une comédie ; la comédie des méprises.

Le marquis avait fait un pas vers Lionel, mais au second pas il fut ressaisi et rejeté à la porte. Il se retourna furieux, les yeux étincelants :

— Est-ce que vous avez la prétention de donner des leçons de géographie ?

— Oui, monsieur, c'est pour la seconde fois que je vous remets sur votre chemin.

— Je pense que vous n'avez pas la prétention de ne pas sortir avec moi.

— Eh bien soit ! s'écria Lionel, finissons-en.

Et il sortit le premier.

Et quand la duchesse, Léa et Aurore furent seules :

— Et nous aussi, mesdames, nous sortirons ensemble, dit Aurore avec un rire forcé.

Et prenant une gravité de comédie :

— Rassurez-vous, mesdames, on ne se battra pas. Je réponds du marquis. De quoi est-il question ? D'une duchesse qui cherche son mari et qui le retrouvera ; d'une cantatrice qui perd son amant et qui aura un engagement de soixante mille francs à Londres.

— Oui, dit tristement Léa, moi je chanterai.

La duchesse, toute à sa douleur, n'écoutait pas les divagations d'Aurore.

— C'est ce fat de d'Ordova qui a brouillé les cartes. Je vous vengerai toutes, car il fera tant de bêtises qu'il finira par m'épouser.

Et sur ce beau mot, madame d'Arcy s'envola en tourbillonnant.

Dès que la duchesse la vit partir, elle demanda à Léa l'explication de la jalousie subite de son mari.

— C'est tout simple, dit Léa.

La duchesse bondit.

— Vous avez donc oublié une lettre dont on a colporté cette copie ? reprit Léa.

La duchesse lut, non sans quelque surprise, son billet à M. d'Ordova.

— Mais oui, dit-elle, je lui ai écrit ces quatre lignes. Où donc est le mal?

— Hélas, madame, vous ne vous rappelez donc pas le mot célèbre : « Donnez-moi deux mots de votre main... »

— Oui, oui, vous avez raison ; c'est ma candeur qui m'a fait écrire cela. Si vous saviez...

— Oh, madame la duchesse, je sais que M. d'Ordova est un fat qui met toute sa gloire à compromettre les femmes.

— Est-il possible qu'il ait montré ce billet?

— Vous le voyez bien! Ce qu'il y a de plus triste, c'est que ce n'est pas lui qui m'a donné cette copie.

— Quoi, tout Paris...

— Rassurez-vous. C'est peut-être une des femmes que le marquis poursuit ; c'est peut-être un de ses compagnons d'aventures, M. de Sarmattes ou M. d'Ormancey.

— M. d'Ormancey! il me connaît, celui-là! C'est un cœur loyal!

La duchesse se promena avec agitation.

— Mon Dieu! mon Dieu! Et s'ils se battent, on va dire que c'est pour moi! Je suis perdue!

— Madame la duchesse, la vérité finit toujours par triompher. Ah! si vous aviez voulu me comprendre, quand j'ai tenté de vous ouvrir mon cœur! Je vous jure que je n'étais déjà plus une rivale dangereuse. Que voulais-je faire! partir avec le marquis pour vous délivrer de lui et pour vous rendre votre mari. Maintenant c'est à Dieu à vous le rendre.

XXXIX

LE DUEL DE LA DUCHESSE

Le marquis d'Ordova habitait un petit hôtel à Beaujon où il avait donné quelques fêtes de jour dans un de ces beaux jardins dont il ne restera bientôt que le souvenir.

Le jardin a fait place au square ; la vie de famille, à la vie en commun, au bois, au sermon, au concert, aux courses. Si le duc était de ces fêtes, la duchesse n'en était pas, car M. d'Ordova ne voyait guère à Paris que le milieu des comédiennes et des filles galantes. Mais au retour de Bade, le duc avait un jour, en revenant du bois, amené la duchesse chez le marquis sous prétexte de cueillir des roses, sur la prière plusieurs fois renouvelée de M. d'Ordova qui croyait que c'était déjà une bonne fortune que de familiariser la duchesse aux fleurs de son jardin.

Jeanne, tout en admirant ce jour-là ce *buen-retiro*, cette solitude tout embaumée, cette fraîche oasis au milieu de Paris, n'avait pas voulu y revenir ; non pas qu'elle craignît de se laisser prendre aux œillades trop espagnoles du marquis : mais par un sentiment de réserve et de dignité, elle ne voulait pas effacer sous ses pieds l'empreinte des petites Aspasies du lac.

Mais après la scène chez Léa, voulant à tout prix que le duel n'eût pas lieu, voulant aussi que vivant ou mort M. d'Ordova ne gardât pas sa lettre, elle décida du premier coup qu'elle irait chez lui.

Aussi, dès qu'elle fut dans son coupé, elle donna ordre de la conduire à Beaujon, résolue à attendre M. d'Ordova s'il n'était pas encore rentré.

Le marquis était allé droit à son hôtel après la provocation de Lionel. Il ne lui restait que le temps d'écrire quelques lettres ; il n'était pas inquiet de ses témoins, il devait les trouver au cercle ou à l'Opéra. Il y avait un quart d'heure qu'il était rentré quand la duchesse sonna. Après avoir commencé une lettre à sa mère, ne voulant pas s'amollir dans un attendrissement filial, il avait pris sa boîte à pistolets et il était descendu dans le jardin, pour voir s'il tuerait encore son homme à vingt-cinq pas.

Le marquis avait défendu sa porte ; mais le domestique, reconnaissant la duchesse, pensa que l'ordre ne lui était pas donné pour elle.

— Monsieur le marquis est au jardin, je vais l'avertir que madame la duchesse est au salon.

— Non, non, dit Jeanne, je descends dans le jardin.

Elle était déjà sur le perron.

M. d'Ordova, tout occupé à charger un pistolet, ne la vit pas venir ; elle le surprit à cette action toute naturelle de se faire la main la veille d'un duel.

Il entendit un bruit de pas et se retourna,

au moment même où il touchait du doigt la détente.

— Je ne m'attendais pas, lui dit-elle, à vous voir déjà armé ; j'admire votre sollicitude pour frapper juste.

— Après vous, duchesse, dit le marquis en essayant de sourire, et en présentant le pistolet à la duchesse.

— Peut-être, dit Jeanne.

Elle tourna la tête vers l'hôtel pour s'assurer si elle était bien seule avec le marquis.

— Il est chargé, ce pistolet ?

— Oui, duchesse ; vous qui faites tout avec tant de grâce, je suis sûr que vous aller casser la tête à cette poupée qui est là-bas sous l'arcade.

— Monsieur le marquis, je ne joue plus aux poupées ; si vous voulez rire, vous prenez mal votre temps, vous devriez comprendre que je ne suis pas venue ici pour cela.

Le marquis prit une chaise de fer et la présenta gravement à la duchesse.

— Non, monsieur, je parlerai debout, car il me faut toute ma force.

Et elle regarda le pistolet.

— Madame, vous m'effrayez ; est-ce que je vais avoir un duel avec la femme et un duel avec le mari ? je vous en prie, duchesse, passez-moi votre flacon, je vais me trouver mal.

— Mon flacon !

Elle montra le pistolet.

— Monsieur, un jour de vertige je vous ai écrit je ne sais plus quoi, vous avez montré ma lettre, on en a pris des copies, on l'a peut-être autographiée ! Ce n'était pas assez pour vous, vous avez menti sur cette lettre en disant que ce n'était que la première page de votre aventure avec moi. Votre aventure !

— Je ne comprends pas un mot à ce que vous me dites.

— Vous ne comprenez pas ! Eh bien, moi, j'ai compris ; vous avez laissé dire autour de vous et même autour de moi que vous étiez mon amant. Vous mon amant ! vous n'étiez qu'un comparse.

Le marquis s'empourpra de colère.

— Je ne joue pas ces rôles-là, madame. Mon seul tort c'est de vous aimer.

— Je vous défends de me dire cela, et je vous ordonne de me rendre ma lettre.

Et comme M. d'Ordova gardait le silence :

— Il me faut cette lettre, entendez-vous, il me la faut.

Le marquis ne voulait pas se laisser vaincre comme un enfant.

— Vous savez, duchesse, combien j'aime les autographes ; je fais des études approfondies sur les hiéroglyphes des femmes : si le style c'est l'homme, l'écriture c'est la femme. Vous avez une adorable écriture; duchesse, il y a de l'imprévu, du romanesque, de la patte de velours et de la griffe de chat, il y a là les ondoiements du serpent et le battement d'ailes de la colombe.

La duchesse était exaspérée :

— J'admire votre folie et votre impertinence, mais vous comprenez qu'en me décidant à venir jusqu'ici, j'étais résolue à tout, même à vous entendre. Vous pouvez continuer, si cela vous amuse. Si une pauvre femme qui n'a commis d'autre crime que d'aimer son mari ne vous imp respect, tant pis pour vous, moi

Le marquis s'inclina profondé.

— Je vous respecte, duchesse, mais je vous aime, je vous aime à en mourir, et j'en mourrai si Lionel ne me tue pas demain.

— Non, Lionel ne vous tuera pas, car vous ne vous battrez pas avec Lionel. Je suis venue ici pour vous donner un ordre et pour vous faire une prière. Je vous ordonne de me donner ma lettre, et je vous prie de partir pour l'Espagne.

— Avant le duel ! dit M. d'Ordova avec une indignation quelque peu jouée.

— Oui, avant le duel. Le point d'honneur, direz-vous ? Mais si vous vous battez, penserez-vous à mon point d'honneur ? C'est moi qui serai blessée mortellement quoi qu'il arrive, car on osera dire que vous étiez mon amant. Et ceux q cela diront, à coup sûr, que mant de Léa, et que mon mari s'est battu pour sa maîtresse. Donc, je ne veux pas que vous vous battiez — ni pour l'une ni pour l'autre.

Le marquis regarda la duchesse, tout surpris de sa logique et de son énergie.

— Eh bien ! madame, je ne puis empêcher ce duel que par la fuite, et je ne puis fuir qu'avec vous.

La duchesse le regarda avec un haut dédain.

— Fuir avec vous ! Vous osez me parler ainsi comme si je vous aimais !

— Oh ! je sais que vous me haïssez.

— Non, monsieur, je ne vous hais pas, — ni l'amour ni la haine.

— Eh bien ! madame, je vous réponds que vous irez au moins jusqu'à la haine, car, après tout, que m'importent vos blessures? je me battrai avec votre mari.

La duchesse saisit le pistolet.

— A merveille ! dit M. d'Ordova, c'est avec vous que je vais avoir le duel ?

— Oh ! non. Je ne suis pas une héroïne de roman, je suis une femme indignée par les injures d'un lâche, et je prends les armes que j'ai sous la main.

La duchesse avait une si belle expression de grandeur dans la colère, que le marquis fut atterré.

— Un lâche ? dit-il comme si ce mot n'eût jamais franchi son oreille.

— Lâche, répéta la duchesse avec un accent plus pénétrant.

M. d'Ordova essaya de sourire :

— Madame, vous êtes fort belle dans ce rôle improvisé de dire des injures un pistolet à la main ; vous me rappelez Théroigne de Méricour qui insultait ses ennemies avant de les tuer.

Et disant ces mots, M. d'Ordova, qui n'était pas sans inquiétude, s'approcha de la duchesse pour saisir le pistolet.

— Non, non, dit-il, je ne permettrai pas à ces blanches mains de se noircir de poudre et de se rougir de sang.

Mais la duchesse, avec la rapidité de la pensée, arma le pistolet et mit le marquis en joue.

— Si vous faites un pas, je vous tue.

M. d'Ordova s'arrêta, pâle et furieux.

— Mais, madame, dit-il en prenant un air impassible, vous me laisserez au moins le temps de faire une prière, si vous m'empêchez de mourir sans confession.

— Raillez si cela vous amuse, moi je ne raille pas.

C'était la minute tragique ; toutes les existences ont la leur, même les plus calmes, même les plus vouées à Dieu, même les plus dénuées de passions.

Le théâtre n'était pas en harmonie avec la scène : qui aurait pu se douter que dans ce gai décor, sous ces branches vertes mollement caressées où sautillent les oiseaux chanteurs, devant les corbeilles de roses et les massifs de dahlias, devant ces parterres de géraniums, de fuchsias et de marguerites — ces marguerites qui disent : *Je t'aime* — une femme délicate et blonde, blanche et svelte, avait armé un pistolet et allait peut-être tuer son ennemi.

— Écoutez bien ceci, monsieur d'Ordova, reprit la duchesse qui tenait toujours son pistolet devant la tête du marquis ; je suis si malheureuse, que je n'ai plus peur de rien, si ce n'est de cette idée que je pourrais passer pour avoir été votre maîtresse : ce serait pour moi le dernier coup. Je suis donc décidée à tout, même à un crime, pour éviter cette honte.

— Mais madame, il y a des juges à Berlin : vous passerez en cour d'assises et vous serez condamnée à la peine capitale.

La duchesse fut quelque peu troublée.

— Dieu seul nous voit, dit-elle. Dieu permet aux femmes de venger leur vertu offensée. Il ne faut pas faire grâce à la calomnie.

— Dieu seul nous voit ! c'est bientôt dit, madame. Mon domestique n'est pas aveugle.

La duchesse ne voulait rien entendre.

— Je n'ai peur de rien. Vous allez me rendre ma lettre et me jurer que vous ne vous battrez pas avec le duc.

Tout en l'écoutant, M. d'Ordova, qui connaissait les Espagnoles sinon les Françaises, pensait que la duchesse pouvait bien être sérieuse dans ses menaces ; il vit la mort de près et fit le sacrifice de ses vanités donjuanesques.

— Eh bien ! madame ! je vous obéis, j'ai pitié de votre folie et souci de votre honneur ; ne me tuez pas, car cette action tragique ne ferait pas de vous une Lucrèce.

Le marquis prit la lettre dans un portecigare où il n'y avait que des lettres de femmes.

J'avais oublié de dire que M. d'Ordova s'était donné cette pose de n'allumer ses cigares qu'avec des billets doux. « Cela parfume les cigares, » disait-il avec son outrecuidance espagnole.

La duchesse avait désarmé le pistolet, mais elle le tenait de la main.

— Duchesse, dit M. d'Ordova, voici votre lettre ; je l'avais toujours sur moi pour me porter bonheur, et je voulais mourir avec quelque chose de vous sur mon cœur.

La duchesse saisit la lettre d'une main fiévreuse, tout en jetant de l'autre main le pistolet dans un massif de dahlias.

— Ce n'est pas tout, lui dit-elle avant de s'éloigner, vous me jurez que le duel n'aura pas lieu.

— Je vous jure que je suis tout prêt à dire à Lionel que je ne suis ni l'amant de sa femme ni l'amant de sa maîtresse. S'il n'est pas content de cette déclaration que je ferai pour vous, il m'est impossible d'aller plus loin contre mon honneur.

— Cette déclaration, monsieur, vous la ferez pour moi et pour la vérité.

La duchesse s'inclina à peine et s'en alla. Le marquis essaya de la conduire, mais comme elle marchait très vite et qu'il n'attendait plus rien d'elle, il murmura entre ses dents :

— Qu'elle aille au diable.

XL

PRÉFACE D'UNE HISTOIRE.

Quand la duchesse rentra à son hôtel, une de ses amies, madame de Salfrage, lui donna la main dans l'antichambre.

C'était comme elle une jeune mariée.

Elles se disent tout — comme les femmes se disent tout — à peu près la moitié de la vérité.

— Ma belle duchesse, il y a une heure que je t'attends : je m'en allais.

— Oh non, j'ai trop de choses à te dire.

Et quand elles furent toutes les deux dans le petit salon, la duchesse ouvrit son cœur à son amie, mais cette fois en toute abondance, ne voulant rien cacher.

Quand elle eut fini de parler, madame de Salfrage lui dit :

— Rien de tout ceci ne me surprend, j'avais deviné ce que tu ne m'avais pas confié. Donc je savais tout. Console-toi, ma chère, tous les jeunes maris se ressemblent.

— Que je me console ! s'écria la duchesse, dis-moi plutôt de mourir.

— On n'en meurt pas, ma chère amie, écoute mon histoire.

— Quoi, toi aussi ?

— Écoute, écoute, ce sera bientôt dit. Cela peut s'intituler :

HISTOIRE D'UNE JEUNE MARIÉE.

XLI

UNE HISTOIRE DE JEUNE MARIÉE.

« — J'étais mariée depuis six semaines ; tu crois sans peine que je m'ennuyais ; la lune de miel, dans ce temps-ci, commence toujours par la lune rousse. Monsieur mon mari était au club, à moins que ses principes bien connus — tu sais que c'est un homme politique — ne l'eussent conduit au foyer de la danse, à l'Opéra, où l'on tient conseil sur les choses les plus graves du gouvernement. On ne sait pas ce qu'une danseuse peut faire ou ne peut pas faire dans l'État. Il y rencontrait souvent mon mari. Un après-midi, j'avais demandé mon coupé pour aller montrer au bois mon bonheur conjugal. Chaque jour de la vie est une boutique, où l'on étale un mensonge pour tromper son prochain et se tromper soi-même.

» Le valet de chambre m'annonça alors mademoiselle Alice.

» Au même instant, je vis entrer une jeune femme qui portait un enfant sur ses bras. Elle s'inclina toute pâle et toute émue.

» — Madame.

» — Madame.

» — Je ne sais pas si c'est une lâcheté de venir vers vous, mais il m'a fallu bien du courage pour arriver jusqu'ici.

» Disant ces mots, mademoiselle Alice tomba plus morte que vive sur le canapé.

» — Mademoiselle, expliquez-moi cette énigme.

» — Eh bien ! madame, je vais tout vous dire en quelques mots : j'avais un amant.

» — Remarquez, mademoiselle, que ceci ne me regarde pas.

» — Écoutez-moi, madame, je croyais que l'amour était le bonheur, mais c'est l'enfer. Il m'aimait bien, mais je n'avais pas le sou. Un jour il me dit qu'il allait voyager ; le soir il ne revint pas ; il avait laissé une poignée d'or sur la cheminée ; son enfant, celui que je tiens là, était en nourrice à Courbevoie ; je courus le reprendre pour me consoler. Pour lui, il ne revint pas. Je l'ai attendu le matin, je l'ai attendu le soir, je l'ai attendu toujours.

» La pauvre fille faisait pitié à voir dans sa pâleur, dans sa fièvre, dans son désespoir. Elle avait maîtrisé son émotion, elle commandait à son cœur, elle était dans cette phase fatale où l'on n'a plus rien à craindre, — où quelquefois le bien sort du mal, — car il arrive pourtant, quoi qu'on en dise, que Dieu montre sa main.

» Cette fois-là ce fut ma main que Dieu daignait prendre pour montrer sa présence, mais je ne veux pas tordre le col à mon histoire en te disant tout de suite le mot de la fin comme dans les mélodrames.

» Je te peindrai mal ce qui se passait en moi, j'étais furieuse et attendrie, j'étais jalouse et sympathique ; mon cœur battait avec violence et mourait tout à coup. Ah ! moi qui étais en pleine lune de miel, moi qui n'avais jamais, pas même en pensée, abordé les stations de la douleur, j'étais plus mal à mon aise que cette pauvre créature.

» La misère donne une certaine fierté quand elle sent déjà la mort venir, quand elle a traversé tous les enfers de la vie, je veux dire de l'amour ; si bien que ce n'était pas cette femme qui tremblait devant moi, c'était moi qui tremblait devant elle, moi la femme légitime devant la maîtresse. Mais après tout la femme légitime n'est-ce pas celle qui avait donné, un jour d'abandon, sa jeunesse, sa vertu, son cœur, tout ce qu'elle avait, sans qu'on eût besoin de signer au contrat, pour lui garantir par devant la société, sinon par-devant Dieu, que tous ces biens-là ne seraient pas perdus.

» L'enfant ne paraissait pas comprendre beaucoup la gravité de sa situation. Allait-il avoir deux mères ou n'allait-il plus en avoir du tout ? Heureusement, cela ne l'inquiétait pas : il me regardait avec ses grands yeux bleus, de fort beaux yeux sous des cils noirs, deux pervenches sous le buisson, dirait un poète s'il y en avait encore.

» Donc l'enfant me regardait et me prenait le cœur ; tout d'un coup, il se mit à pleurer et à regarder sa mère.

» — Pauvre enfant, dit-elle, il ne connaît encore que les larmes depuis qu'il est né. J'ai perdu ma mère qui m'avait pardonné ; mon père m'a reniée, un peu par indignation, un peu pour se consoler plus vite ; j'ai pleuré, j'ai pleuré, j'ai toujours pleuré. Il y a des fois où je me figure qu'en lui donnant mon sein, à ce pauvre abandonné, je ne lui donne encore que des larmes.

» Et comme l'enfant pleurait toujours, la mère découvrit son sein avec un naturel charmant, comme si elle eût obéi à l'enfant sans penser à ce qu'elle faisait.

» L'enfant saisit à la fois le sein des lèvres et de la main, comme un ivrogne qui tient bien sa bouteille. Hélas ! la bouteille n'était pas pleine.

» — Eh bien, madame, dis-je à la mère, que voulez-vous que je fasse à votre malheur : le comte n'est pas là. — Je n'osai pas dire mon mari.

» — Mais madame, ce n'est pas à lui que je viens, je viens à vous parce que je sens que je vais mourir et qu'il ne faut pas que cet enfant meure.

» Et elle ajouta avec un sourire amer :

» — Il est baptisé, le péché originel n'aura pas de prise sur lui si Dieu est bon.

» — Oui, Dieu est bon, madame. — Un beau sentiment m'avait saisie au cœur. — La preuve que Dieu est bon, c'est que je vous prie de regarder cette maison comme la vôtre.

» — Jamais, madame, me dit-elle, comme si elle craignait la colère de mon mari.

» — Je le veux, repris-je d'un air décidé, l'enfant de mon mari est ici chez lui. Or la mère ne doit pas quitter l'enfant, surtout quand la mère allaite son enfant.

» Avant d'entrer chez moi, la pauvre fille avait, pour ainsi dire, dit adieu au monde ; elle voulait mourir après m'avoir légué son enfant : c'était un testament en action.

» Se voyant si bien accueillie, la vie reprit ses forces en elle. Elle regarda avec quelque curiosité cette maison que je lui offrais comme refuge. Ce luxe, pour ainsi dire virginal, de la jeune mariée lui parut charmant à elle qui n'avait jamais hanté que le luxe des revendeurs et des marchandes à la toilette, ce luxe odieux qui faisait dire à mon frère le spahi, que toutes ces dames mangeaient à la même gamelle, et que tous ces messieurs mangeaient les restes de ces dames.

» Et après avoir regardé autour d'elle, la jeune fille souriait tristement.

» — Pourquoi vous moquez-vous de moi, madame ?

» — Mais je ne me moque pas de vous, j'obéis à mon cœur, tant pis pour celui qui vous a trahie.

» Elle vit que je parlais sérieusement.

» — Je vous remercie, madame, je suis touchée profondément.

Il y avait bien un peu de vengeance dans mon action.

» — Maintenant que je suis sûr que ce pauvre enfant aura une mère, je m'en vais contente, ne gardant pas une goutte d'amertume dans le cœur ; tenez, madame, vous êtes si bonne, que je lui pardonne à lui-même.

» Le croirais-tu ! Eh bien ! je fondis en larmes et j'embrassai l'enfant ; ce que tu ne croiras pas, c'est que j'embrassai aussi la mère.

» Je conduisis la jeune fille dans ma chambre, je sonnai pour qu'on m'apportât à goûter.

» On m'apporta des gâteaux, des fruits, du vin d'Espagne ; je servis la jeune mère avec la sollicitude la plus raffinée ; de toute autre que moi, elle n'eût pas accepté, mais il n'y avait pas moyen de refuser ; elle mangea une pêche, elle mangea une grappe de raisin, elle but un tout petit verre de Malaga. Il semblait que l'enfant prît plaisir au festin : il riait et gazouillait.

» La jeune mère me racontait un peu sa vie par quelques phrases mal cousues. Quoiqu'elle se fût enhardie, elle n'osait encore parler sans s'interrompre. J'apprenais ainsi que, venue toute jeune à Paris, elle avait commencé dans un atelier de fleuriste. — Il paraît que les fleurs n'enseignent pas la vertu.

» Ce qui est acquis à l'histoire, c'est que les fleuristes font des couronnes d'oranger, mais qu'elles n'en portent jamais.

» Eh bien, nous étions là devant ce guéridon, picorant un grain de raisin, regardant l'enfant qui venait de s'endormir, quand tout à coup mon mari entra.

» Un vrai coup de théâtre, tu vois cela d'ici ; il ne comprit pas d'abord ; quand il eut compris, il ne comprit pas encore. Il salua en entrant, par simple habitude de politesse. Mademoiselle Alice s'inclina sans lever la tête.

» — Pardon, ma chère, me dit-il, je vous croyais seule.

» — Presque seule, vous êtes en pays de connaissance.

» — Moi !

» Il avait reconnu sa maîtresse, mais il ne voulait pas l'avouer encore. Enfin, prenant son parti, il attaqua la situation face à face comme un poète romantique qui met le dénoûment sur le théâtre au lieu de le mettre dans la coulisse.

» — Ah ! c'est vous, mademoiselle, dit-il à la jeune fille, est-ce que votre visite est pour moi ou pour madame ?

» — Pour madame, monsieur, dit mademoiselle Alice.

» — Si je suis indiscret, dites-le-moi

» Il reprit son chapeau d'un air dégagé.

» — Non, non, pas du tout, lui dis-je, nous vous attendions.

» — Pourquoi faire ?

» — Pour signer au contrat.

» — Quel est donc ce mystère ?

» — Ne rions pas, monsieur. Je vais prendre la peine de vous dire ce que vous savez mieux que moi. Je vais vous dire une page de votre vie.

» Il reprit son chapeau.

» — Oh ! que cela va être ennuyeux.

» — Mademoiselle Alice ici présente...

» — Je sais ce que vous allez dire, permettez-moi de poser mes conclusions. La vie privée du garçon doit être murée pour la femme comme la vie privée du mari doit être murée pour la maîtresse.

» — Oui, mais ce n'est pas ma faute, dis-je à monsieur mon mari, si les murs sont tombés devant moi. Je ne vous permets pas, monsieur, de ne pas prendre au sérieux ce qui se passe devant vous, vous devriez voir à nos yeux que nous avons pleuré; tenez, si vous osez sourire je dirai que vous n'avez pas de cœur.

» Jusque-là il avait tenté de masquer son émotion, il se décida d'entrer en scène par son vrai rôle.

» — Eh bien, oui, dit-il, il y a là un vrai malheur, puisqu'il y a un enfant. Que voulez-vous, aujourd'hui les choses sont ainsi faites que la préface de la vie, ou du mariage si vous voulez, tient trop de place dans le livre. Je ne suis pas plus coupable que les autres, mais je ne vaux pas mieux. J'ai pensé plus d'une fois à tout ce que devait souffrir cette pauvre fille.

» — Mais il était si simple de ne pas la laisser mourir de faim.

» — J'espérais que son indignation l'avait guérie de son amour. Je la croyais repartie pour son pays.

» — Eh bien, monsieur, la voilà qui, à bout de misère et de larmes, est venue me dire : « Il n'y a que vous au monde qui puissiez sauver cet enfant, » et moi, monsieur, je veux sauver l'enfant, mais je veux sauver la mère.

» Mon mari me prit la main.

» — C'est bien, ce que vous faites là. Je vous remercie, madame.

» — Je n'ai pas attendu que vous fussiez rentré pour trouver que c'était bien; c'est dans ces choses-là qu'on ne prend conseil que de soi-même; or, savez-vous ce que j'ai résolu, la mère et l'enfant habiteront cet hôtel.

» — Vous êtes romanesque, Marie.

» — C'est parce que je suis romanesque que je suis bonne — quand je suis bonne — Si vous étiez plus romanesque, monsieur, vous auriez déjà embrassé cet enfant qui est votre enfant quoique je sois votre femme.

» Il se tira de là par une phrase :

» — Madame, je n'ai pas le droit d'embrasser cet enfant: car je ne suis pas à la hauteur de votre philosophie.

» Il se tira surtout de là en m'embrassant avec une effusion qui m'alla jusqu'au cœur.

» Tu comprends bien, ma chère Jeanne, que je n'ai gardé ni la mère ni l'enfant dans l'hôtel. Mais nous avons une petite villa à Ville-d'Avray où je suis allée les installer avec toute la sollicitude d'une rivale généreuse et sentimentale. N'est-ce pas que c'est là un beau trait? Et pourtant je n'aurai pas le prix Monthyon. »

XLII.

LA MORALITÉ DE L'HISTOIRE D'UNE JEUNE MARIÉE.

Quoique toute à ses chagrins, la duchesse avait écouté vaguement l'histoire de madame de Salfage.

— Pauvre Marie, lui dit-elle, est-ce possible. Je ne sais pas si j'aurais eu ton courage; tu es une femme forte, toi, pourtant je m'étais appuyée sur Dieu, moi. Je t'admire, mais à quoi bon tant d'héroïsme?

— Tu comprends qu'il faut toujours attaquer la tête de face. En protégeant la mère et l'enfant, je suis bien sûre que mon mari n'aimera plus la mère.

— Mais tu ramènes l'agneau sous la gueule du loup.

— Non. Le loup est, de son naturel, vaillant et aventureux; il aime à courir les hasards. Le mien n'ira jamais à Ville-d'Avray.

— Eh bien! que ferais-tu si tu étais la femme de Lionel?

— C'est tout simple, je le conquerrais à force d'amour ou à force de beauté. Cela est tout à fait dans tes moyens.

— Mais cette Léa; mais ce marquis?

— Eh bien! il faut les marier ensemble, de la main gauche si ce n'est de la main droite.

Comme madame de Salfage disait ces mots, la duchesse entendit la voix de Lionel.

— Mon mari! dit-elle; il faut à tout prix que je lui parle.

— Eh bien ! ne lui dis pas trop de bêtises, ô femme d'esprit! Maintiens tes droits. Que dis-je, maintiens nos droits. Ah! ma chère, un mari, c'est toujours une conquête en pays étranger : on n'en triomphe jamais qu'à moitié. Adieu, ma blonde courroucée, s'il te faut un second dans tes affaires d'honneur, compte sur moi : tu n'as qu'un signe à faire et je relève notre drapeau.

XLIII.

LA LETTRE ANONYME.

On n'a pas oublié que Lionel était sorti avec M. d'Ordova pour ne pas parler duel devant les trois femmes.

Quand ils furent dans l'escalier, Lionel dit ce seul mot à d'Ordova (il le dit comme s'il lui donnait un ordre) : *Demain à huit heures.* Ils se séparèrent et allèrent chercher des témoins; le duc choisit le comte d'Ormancey et le prince de Villafranca; le marquis prit M. de Sarmattes et un Espagnol de ses amis. Les témoins convinrent qu'ils se battraient le lendemain au pistolet. Le duc sachant le marquis moins fort que lui à l'épée, avait lui-même proposé le pistolet. Il fut décidé que le duel aurait lieu à huit heures, au Vésinet, à la villa de M. de Sarmattes qui avait un parc considérable pris à l'ancienne forêt.

Tout en cherchant ses témoins, Lionel se demandait ce qu'il ferait après le duel, si le duel lui laissait un lendemain. Quoiqu'il ne crût pas sa femme coupable, il pensa qu'elle était compromise, et que peut-être elle avait pris quelque plaisir à jouer de l'éventail avec d'Ordova. Il ne se dissimulait pas qu'avec un pareil homme le duel ne pouvait être secret, or le duel devait la compromettre bien plus encore. Et alors, dans sa fierté indomptable, il se demandait s'il pouvait vivre désormais avec elle. Et pourtant à la seule idée de la quitter, cette pauvre femme toujours trahie, il sentait les déchirements de l'amour comme s'il eût toujours vécu pour elle.

— Non, disait-il, je ne la quitterai pas; elle n'est pas coupable; je le prouverai en levant le front quand elle sera appuyée à mon bras.

Et il se jurait qu'il ne reverrait plus sa maîtresse. Mais au même instant, ce cœur par tout plein de la duchesse se rouvrait pour Léa.

Comme il rentrait à son hôtel on lui remit une lettre.

C'était une de ces odieuses lettres anonymes qui viennent nous frapper d'une main lâche dans les mauvaises heures de la vie; on y donnait au duc, dans la plus belle calligraphie du monde, la copie du billet de la duchesse à M. d'Ordova.

XLIV.

LE MARI ET LA FEMME.

Quoique, dans sa fierté, la duchesse ne voulût pas aller au devant du duc, elle ne put s'empêcher, quand il rentra à l'hôtel, de se trouver sur son passage dans le petit salon, en ayant l'air, d'ailleurs, de ne pas s'occuper de lui.

Mais comme lui-même allait passer outre, elle l'arrêta par ce mot :

— Monsieur ?

A quoi il répondit par :

— Madame ?

— Monsieur, reprit-elle, vous ne vous battrez pas avec M. d'Ordova, vous ne vous battrez pas avec cet homme.

— Je ne me battrai pas ! c'est un duel à mort ; tant pis pour lui, tant pis pour moi, tant pis pour vous.

Sur ces mots, Lionel voulut entrer chez lui.

— Un duel à mort, monsieur, parce qu'il a voulu prendre votre maîtresse.

— Un duel à mort, madame, vous savez pourquoi.

Et le duc donna à la duchesse, avec un geste outrageant, une lettre qu'il venait de recevoir.

— Oh mon Dieu ! dit la duchesse.

Elle gardait la lettre à la main, ne voulant pas garder cette injure, mais n'osant ni la rendre au duc ni la jeter à ses pieds.

Tout furieux qu'il était, Lionel fut touché de sa pâleur.

— Madame, lui dit-il, dites-moi que vous n'avez pas écrit ce billet.

— Je l'ai écrit, répondit simplement Jeanne, mais....

Le duc l'interrompit:

— Plus un mot. Après le duel il ne me restera qu'un refuge contre la curiosité, contre moi, contre vous, c'est l'Écosse où j'ai déjà vécu. Autre monde, autre vie. Oubliez, j'oublirai.

— Lionel, vous êtes fou. C'est vous qui avez fait tout le mal ; si vous me pardonniez ce billet, ce serait vous, pardonner à vous-même.

— Mais, je ne me pardonne pas à moi-même.

La duchesse avait laissé tomber la lettre, Lionel la ramassa, la déchira et la jeta dans la cheminée. Après quoi, il entra rapidement dans sa chambre. Quand la porte se ferma sur lui, Jeanne tressaillit.

— Il me semble, dit-elle, qu'un grand malheur va me frapper.

Elle perdait la tête, elle ne savait plus que faire, elle ne savait plus où aller. Le petit salon séparait sa chambre de celle de son mari; elle rentra chez elle et sonna. Quand le valet de chambre fut là, elle lui dit de prier le duc de venir.

La pauvre femme, qui ne jouait certes pas la comédie, se hasarda pourtant à une petite mise en scène, et encore, était-ce bien une mise en scène? Elle dénoua ses boucles de cheveux. Quand Lionel vint, il la trouva échevelée, la robe ouverte, les yeux hagards, avec un crucifix dans les mains.

— Monsieur, lui dit-elle, un seul mot avant de vous quitter.

— Parlez, madame.

— Pourquoi m'avez-vous épousée ?

Cette simple question glaça la parole dans la bouche du duc.

— Répondez-moi, monsieur.

— Je me suis marié comme tout le monde, cherchant le bonheur dans le mariage.

— Ah ! oui, le bonheur sans l'amour, aussi le lendemain de cette fête vous alliez vous jeter aux pieds de mademoiselle Léa.

Et comme Lionel ne répondait pas, la duchesse s'emporta jusqu'à dire :

— Ce n'était pas assez de m'apporter vos dettes de jeu, vous m'avez apporté vos dettes de cœur.

Lionel se contint.

— Madame, je ne vous accuse pas, moi.

— Eh bien, monsieur, moi je vous accuse.

— Madame, il faut toujours acheter le bonheur.

— A quel prix, mon Dieu ! fallait-il donc que j'apprisse comment on est heureux, en vous voyant avec votre maîtresse ? moi, qui vous aimais tant, vous avez passé à côté de moi comme un aveugle devant la lumière.

— Et vous avez voulu vous venger comme se venge la première venue. La vraie femme souffre et attend, et elle n'attend jamais en vain, et toutes ses souffrances lui sont payées.

— Oui, dans l'autre monde.

— C'est tout ce que vous aviez à me dire, madame ?

La duchesse se révolta.

— Tout ce que j'ai à vous dire, monsieur? si vous ne le comprenez pas, brisons là. Je croyais frapper à votre cœur, il n'y a personne pour me répondre, adieu !

Et elle éclata en sanglots.

— Oh ! Lionel, pouvez-vous me demander si c'est là tout ce que j'ai à vous dire. Quoi, tout est perdu, quoi, je ne vous verrai plus, et vous me répondez comme à une étrangère qui vous demande son chemin.

Lionel s'attendrit et faillit prendre la duchesse dans ses bras.

— Jeanne, lui dit-il tristement, je vous aimais, mais vous avez tout perdu.

— Tout perdu ! mais pourquoi donc ?

Le duc pensa à la lettre, et rentra dans toutes ses colères.

— Adieu, madame.

— Lionel! Lionel!

Le duc était déjà sorti. Jeanne courut après lui, mais il avait pris son chapeau et descendait l'escalier.

— Je sais où il va, dit-elle tristement.

XLV.

ENTRE DEUX FEMMES.

La duchesse se trompait, Lionel n'allait pas chez Léa, il allait retrouver d'Ormancey pour lui ouvrir son cœur. Il accusa sa femme, il accusa Léa.

— Heureusement, lui dit d'Ormancey, que tu as un excellent avocat pour les défendre toutes les deux, cet avocat c'est ton amour.

Une comédienne, très connue par l'esprit

de son jeu et le jeu de son esprit, disait sans faire de façon : — J'ai eu bien peu d'amants dans ma vie, mais j'en ai toujours eu deux à la fois. — Pourquoi ? lui demandait-on. — Parce que l'un me faisait aimer l'autre. Quand j'étais avec celui-ci je me promettais toutes sortes de joies avec celui-là. Et elle ajoutait : — Il faut dans l'amour du réel et de l'idéal; le réel c'est l'homme qui est à vos pieds, l'idéal c'est l'absent.

Mais tout le monde n'a pas cette philosophie de se servir ainsi à point du réel et de l'idéal. Combien qui prennent pour leurs lèvres ce qui était destiné pour leur âme.

Lionel ne voulait pas brouiller les philosophes, Platon avec Aristote, Reynaud avec Hégel. Il aimait Léa et Jeanne d'un amour qui renfermait tous les amours, mais tout à la fois réel et idéal.

Le cœur humain est l'abîme des abîmes; c'est vainement qu'on y descendra avec Werther et don Juan, Alceste et Desgrieux, ou plutôt avec Larochefoucauld et la Bruyère qui en remontreraient aux sept sages de la Grèce. Tout homme a son caractère et sa passion. Ce qu'il y a de plus merveilleux dans cette créature que Dieu a faite d'un peu d'argile et d'un rayon brisé, c'est qu'il lui a donné la diversité à l'infini, une âme ne ressemble pas plus à une autre âme qu'un corps à un autre corps. Vu à distance tout est pareil. Buffon dit : ceci est un lion, ceci est un aigle, ceci est une rose, mais combien de variétés pour le moraliste, pour le philosophe, pour le romancier, ce philosophe et ce moraliste par excellence quand il se nomme Le Sage ou Balzac. L'homme, dira M. de Buffon, aimera la femme par la loi de la nature, par la loi divine, dira un poète; selon Jésus-Christ, l'homme n'aimera que sa femme, selon Mahomet il aimera toutes les femmes si son champ de maïs est assez grand pour les nourrir. Des analystes prétendent que le cœur ne peut battre que pour une seule femme, d'autres disent que ce foyer perpétuel se doit diviser à l'infini. Hier le Vésuve a brûlé Herculanum, demain il brûlera Pompéia. Est-ce l'esprit qui gouverne le cœur, est-ce le cœur qui gouverne l'esprit ? La sibylle de Cumes, les sphinx d'Égypte, les sorcières d'Écosse, répondraient mal à cette question.

Viennent les poètes qui habillent l'amour d'une robe d'or et d'azur, qui donnent à Vénus l'arc-en-ciel pour ceinture, qui couronnent la volupté des auréoles de l'idéal : c'est encore l'amour divin, mais il n'a déjà plus cette primitivité savoureuse des simples de cœur : là commence la pluralité des femmes, parce que la poésie est la critique de l'œuvre de Dieu; elle veut mieux faire dans son orgueil : Horace chante les yeux de Lydie, mais il adore la chevelure de Chloé, mais il se passionnera tout à l'heure pour la bouche de Neera.

Après la poésie sinon avec la poésie, vient la décadence, ou si vous aimez mieux la civilisation, ce qui est tout un. Les vanités qui sont les grandes déesses du jour ont répandu leurs poisons jusqu'au fond du cœur. C'est alors que se révèlent des hommes comme Lionel. Ils se prennent à une femme parce qu'elle est célèbre au bois ou à l'Opéra; ils se prennent à une autre parce qu'elle est renommée pour sa beauté au faubourg Saint-Germain. Un seul amour ! c'est l'enfance de l'art. N'y a-t-il pas le soir et le matin ? au théâtre la salle et les coulisses ? dans le monde n'y a-t-il pas le sermon et les courses ? Quand finit le bal des duchesses, la sauterie de ces dames est à peine commencée. Ne faut-il pas être des deux mondes ? On ne compte à Paris que si on est coté dans les deux sphères. N'est-ce pas charmant d'avoir le paradis chez soi et l'enfer chez sa maîtresse ? qu'est-ce que le bonheur sans les larmes ?

Dans la civilisation primitive, un homme aime une femme; elle devient sa contre-épreuve; son âme se forme à l'image de la sienne; il se retrouve en elle, il s'aime en elle, il souffre en elle et veut mourir en elle : c'est l'amour brutal et divin.

Dans la civilisation raffinée on est moins brutal et moins divin.

Lionel aimait Léa et Jeanne : Léa, avec toute la passion des amours imprévus et brisés, jaloux et tyranniques, réprouvés et impitoyables.

Jeanne, avec toutes les tendresses virginales inspirées par la jeune fille qui aime pour la première fois. Lionel ayant commencé avec Léa par l'heure des orages, s'était retourné avec un vague plaisir vers les aurores si doucement tombées de la jeunesse lumineuse de Jeanne. Il avait beau se dire qu'on n'aime qu'une femme à la fois, il finissait par les aimer toutes les deux. Mais il ne croyait pas que Jeanne fût un amour profond : il s'imaginait l'aimer comme on aime une cousine, — d'autres diraient comme on aime sa femme. — Il ne se doutait pas que s'il fût venu à perdre Jeanne il aurait eu peut-être plus de chagrin qu'en perdant Léa.

Lionel aimait sa femme et sa maîtresse par les contrastes. Les femmes du monde ont beau vouloir s'habiller comme les femmes qui n'en sont pas, elles gardent jusque dans les mêmes étoffes, coupées par la même couturière, je ne sais quoi de contenu, de digne, d'austère, qui les tient à distance de ces demoiselles. Jeanne n'était certes pas du parti des empesées, mais sa fierté était la vraie fierté de race. Léa était fière aussi, mais on sentait un peu la comédie dans ses grands airs. Étaient-ce les passions qui avaient courbé, brisé, *humilié* son corps ? elle le relevait avec une dignité majestueuse, mais empruntée aux princesses de théâtre. Certes, l'abandon, les poses capricieuses, les ondulations, les serpentements ont une magie qui pénètre et trouble, c'est quelquefois une joie de cœur, mais c'est toujours l'ivresse des sens, tandis que la beauté sereine et douce, la gravité souriante, la pureté du regard qui révèle une âme toute blanche, la noblesse des gestes, la vertu du cœur qui élève l'amour, ont un charme qui saisit doucement et qui ne s'altère pas. On passe de l'orage au bleu des nues, du torrent à la fontaine, de l'école vénitienne à l'école florentine.

Quand le duc rentrait chez lui, il rejetait victorieusement au delà du seuil le souvenir de Léa; il allait à Jeanne, ne pensant qu'à Jeanne, ne voulant aimer que Jeanne. Il était de bonne foi dans ses tentatives périlleuses de scinder sa vie en deux *loyales* passions; mais une heure de ce bonheur voulu amenait en lui une vague inquiétude; il devenait distrait, et dans le flux et le reflux des rêveries, l'image de Léa reparaissait toute rayonnante. Il prenait bientôt son chapeau et retournait chez Léa. « C'est ici qu'est ma vie, » se disait-il. Mais une heure après il voyait passer dans le charme du souvenir, dans l'auréole des regrets la belle figure de la duchesse, et il quittait brusquement Léa en horreur des profanations.

Il lui arrivait çà et là de tenter la vie à deux. Il disait à Léa qu'il allait voir ses chevaux à Chantilly, ou tout autre pieux mensonge, et il s'enfermait vaillamment dans son devoir. Mais à peine un jour se passait-il sans qu'il se reprît à cette fièvre d'aimer les deux femmes, de les voir et de vivre de leur cœur. Le moindre accident extérieur, une victoria qui passait sous ses fenêtres, un chapeau risqué par sa grâce même, une ombrelle dont on faisait un éventail, en un mot ce je ne sais quoi qui caractérisait Léa au dehors le rejetait dans toute sa folie. « Quelle misère, disait-il avec passion. Je n'aurai donc pas une heure de force. » Il n'avait pas de force parce qu'il était heureux de son malheur ou malheureux de son bonheur.

Plus d'une fois il m'a parlé de ses angoisses. J'essayais de lui prouver qu'il n'aimait que sa femme et que par désœuvrement il retournait à Léa comme on retourne en pays natal — car l'amour aussi a son pays natal. — Mais il me parlait de cette fatale passion avec une gravité, une persuasion, une éloquence qui me donnait tort parce que c'était vraiment le cœur qui parlait. C'est au point que je lui dis un jour : « Il y a là de la tragédie antique. » — Oui, me répondit-il. Tu sais que je n'ai jamais fait que ce que j'ai voulu : eh bien, ici ma volonté tombe devant mon cœur. Je sens que le jour où je cesserai de voir une de ces deux femmes, ce sera le jour de ma mort.

XLVI.

UN PROVERBE MUSULMAN.

Ce drame intime d'un amour à trois, ou de trois amoureux égarés par la folie de la passion, touchait à sa période tragique. Il était impossible qu'on fît un pas de plus au delà ou en deçà sans amener une catastrophe. L'équilibre maintenu par Lionel entre les deux femmes, une vague espérance de triompher de sa rivale, les entr'actes du désespoir et de la jalousie, — si la jalousie a des entr'actes, — arrêtaient Jeanne et Léa à la limite extrême de la raison. Elles s'endormaient quand elles pouvaient dormir avec la peur de se réveiller folles, mais avec cette idée que le ciel serait moins noir le lendemain. Il leur arrivait de reprendre courage et d'essayer de rire de leur mal comme font les visionnaires nocturnes quand reparaît l'aurore. Mais ce n'était qu'une lueur de raison dans les ténèbres de leur folie. La jalousie les avait pâlies toutes les deux; elles se mettaient à table et ne mangeaient pas. La solitude avec ses voluptueuses tristesses les ensevelissait dans ses trames brunes. La duchesse fuyait le monde, Léa fuyait l'Opéra : elle n'y paraissait plus que les soirs où elle chantait.

Lionel ne voyait pas tout ce ravage. Quoiqu'il ne vécût pas en pleine quiétude, il était loin d'être au diapason de ces femmes qu'il adorait et qu'il tuait; il remettait toujours au lendemain l'idée de s'attacher à son devoir ou de se rejeter dans sa folie. Mais comment pourrait-il quitter Léa, comment pourrait-il abandonner Jeanne ?

Quand on souffre par le cœur ou par l'âme, tout fait saigner ou irrite la plaie. Un livre ouvert, un parfum respiré, un son de voix, un air chanté même par un orgue de barbarie, vous remet plus avant dans votre peine. Jeanne reçut un matin une lettre de sa tante, qui voyageait en Orient; dans cette lettre, madame de Rouvré lui avait copié ce proverbe musulman, plutôt pour remplir une page que pour lui faire remarquer le sens profond et terrible qu'il renfermait. Le voici :

Dans la création, il y a dix choses plus fortes les unes que les autres ,

Les montagnes;
Le fer qui les aplanit;
Le feu qui fond le fer;
L'eau qui éteint le feu;
Les nuages qui absorbent l'eau;
Le vent qui chasse les nuages;

L'homme qui brave le vent;
L'ivresse qui étourdit l'homme;
Le sommeil qui dissipe l'ivresse;
Le chagrin qui détruit le sommeil.

La duchesse copia ce proverbe et le mit dans son livre d'heures.

— Ah! dit-elle, si on était jaloux en Turquie, on n'eût pas dit que le chagrin détruit le sommeil, on eût dit que c'était la jalousie.

Jeanne, en rouvrant quelque temps après son livre d'heures, s'aperçut qu'elle avait écrit le proverbe musulman sur le revers d'une page où déjà elle avait laissé tomber de son cœur cette belle pensée :

Aveugles que nous sommes, nous appelons malheureux ceux qui souffrent, et Jésus appele heureux ceux qui pleurent.

— Moi qui suis chrétienne, dit la duchesse, j'ajouterai une onzième chose au proverbe mulsulman :

L'espoir en Dieu qui détruit le chagrin.

Mais comme elle ne put arrêter ses larmes, elle pensa que Dieu était bien loin de nous quand cet ennemi terrible qui s'appelle le chagrin nous prend corps à corps, nous dépouille de toutes les richesses du cœur et de l'âme et nous jette à ses pieds tout saignants et tout seuls.

XLVII.

SOUS LE CIEL DE L'OPÉRA.

Léa attendit Lionel jusqu'à huit heures, l'Opéra donnait une représentation à bénéfice. Elle devait entrer en scène à huit heures un quart, pour jouer deux actes de *Lucie de Lamermoor;* aussi vint-on de l'Opéra l'avertir qu'elle était en retard de plus de dix minutes, car quelle que fût sa rapidité à s'habiller et à se barbouiller de rouge et de blanc, il lui était impossible de paraître en public à l'heure annoncée.

Quoique Léa ne voulût parler à personne dans la coulisse, quand elle vit venir à elle d'Ormancey, ce brave cœur sous des airs railleurs, ce charmant esprit qui disait plus de vérités dans ses extravagances que la plupart des sages n'en débitent sur leur estrade à prêcher, elle n'eut pas la force de continuer ses roulades, son moyen infaillible d'éloigner les importuns.

— Je sais bien que vous êtes avec Lionel, car il est toujours là, visible ou invisible, dit le comte en riant! c'est égal j'entre de plain pied.

Et il s'appuya contre le décor où se cachait Léa.

Lionel, en lui demandant d'être son témoin, lui avait conté toute la scène qui s'était passée rue de Provence. Il prit la main de Léa et la serra cordialement.

— Je connais toutes ces misères, dit-il, j'en ris beaucoup, mais j'en ai peut-être pleuré.

— Croyez-vous qu'on en puisse mourir ?

— Ma chère, on en meurt mille fois, mais c'est sous ces coups-là que nous sommes immortels. Vous avez assez de littérature pour qu'on puisse vous faire cette comparaison que ne désavouerait pas M. Cousin. L'amour qui perd son bien est comme Prométhée sur son rocher. Il ne voit plus rien autour de lui; rien que la mer, c'est-à-dire l'infini qui vient pleurer ses larmes trois fois amères jusqu'à ses pieds meurtris. Il attend, mais le vautour vient seul qui fait saigner son cœur jusqu'à sa dernière goutte de sang, sous son bec affamé. — Eh bien ! Prométhée ne meurt pas!

— Il ne meurt pas, dit Léa, mais Prométhée est un homme; votre symbole ne s'applique pas à la femme; l'homme tue sa passion et ne se tue pas : la femme aime jusqu'à en mourir.

Cela s'est vu, reprit d'Ormancey, mais cela est passé de mode. On se tuait encore sous Louis-Philippe; les romantiques avaient exalté les femmes romanesques; aujourd'hui, on a découvert qu'il était bien plus héroïque de vivre de son chagrin que d'en mourir.

— Et qui a découvert cela ?

— Tout le monde, M. de Sarmattes, par exemple.

M. de Sarmattes était venu rejoindre d'Ormancey pour lui parler du duel, et pour montrer dans les coulisses un nœud de cravate d'un effet irrésistible.

— N'est-ce pas, mon cher, lui dit le comte, qu'on ne se tue plus pour avoir été trahi ?

— C'est de mode, dit M. de Sarmattes d'un ton sentencieux, aller au-devant de la mort c'est inutile puisque la mort vient toute seule. Mais qui est-ce qui parle de mourir ?

— Ce n'est pas moi, répondit vivement Léa.

— Vous avez bien raison, madame; il y a un ciel à l'Opéra et il n'y a peut-être pas d'Opéra au ciel; le confesseur de ma mère qui n'avait pas une idée par jour comme le grand publiciste, mais qui disait un peu moins de bêtises que moi, résumait ainsi ses opinions sur la vie future : « Mes enfants, je crois en Dieu et à la résurrection des corps, mais tout bien considéré, je veux rester sur la terre le plus longtemps possible. » Son opinion c'est la mienne. Quand je me coucherai dans le tombeau, c'est que je n'aurai plus la force de découcher. — Je crois que j'ai dit une bêtise?

La toile venait de se lever; Léa entra en scène.

LXVIII.

L'ÉLOGE DES FEMMES.

Le comte d'Ormancey et M. de Sarmattes continuèrent la conversation, et firent l'éloge des femmes à peu près en ces termes :

— Croyez-vous que d'Ordova ait écorné le blason du duc ? demanda M. de Sarmattes.

— Non, dit le comte d'Ormancey; la duchesse est une de ces femmes toutes d'or qui s'enferment dans un unique amour et qui y meurent.

— Je voudrais pourtant dire du mal des femmes, reprit M. de Sarmattes.

— Qu'à cela ne tienne, je suis votre homme.

— Ah ! mon cher comte, ce ne sont plus les maris qui sont bafoués, ce sont les amants.

Georges répondit avec le calme d'un Larochefoucauld :

— Je vous l'avais bien dit, qu'il faut toujours être planté ailleurs avant d'être planté là.

— Oui, on a beau faire, dans les coquineries de cœur, la femme a toujours le premier et le dernier mot.

— Comment est venue la catastrophe ?

— Laquelle ?

— La vôtre.

— J'avais pris cette petite folle de Sarah à Kiriloff, qui l'avait prise à Montagnac, qui l'avait prise...

— Passons au déluge ?

— Eh bien ! à peine avait-elle mes chevaux....

— Je comprends. Vous ne savez donc pas encore que l'amant qui donne des chevaux à une femme lui donne les moyens d'aller se promener.

— Ne parlons plus des femmes ; elles ne sont venues sur la terre que pour le malheur des hommes. Rappelez-vous Samson qui y a laissé tous ses cheveux. Toutes les femmes sont des Dalila !

— Vous y laisserez tous vos chevaux, dit d'Ormancey. Voilà ce que c'est que de servir dans le corps de ballets.

— Oh les femmes ! elles ont fait danser David, dit mélancoliquement M. de Sarmattes.

— Et saint Pierre ! ce fut pour une femme qu'il renonça le Seigneur. Ah ! si Dieu avait envoyé une femme sur le fumier de Job ! Qui est-ce qui disait donc que le ciel ne contient pas tant d'étoiles, ni la mer tant de poissons, que la femme a de fourberies cachées dans l'océan de son cœur ? Avez-vous lu Thucydide ?

— Non. Et vous ?

— Ni moi non plus. Il disait que la plus grande louange que l'on pût donner à une femme était de n'en point parler. Philippe de Macédoine affirmait n'avoir jamais soutenu qu'une guerre terrible, celle de sa femme Olympias. Et Hésiode ! Et Socrate ! C'est à se jeter par la fenêtre.

— Ah ! si je voulais citer Aristote qui disait : « La femme est le mensonge de la nature ! » Selon saint Chrysostôme, entre toutes les bêtes sauvages la femme est la plus dangereuse parce qu'elle a ses armes en dedans. Aussi saint Paul conseille de s'abstenir, et saint Mathieu nous promet que nous n'aurons point de femmes en paradis.

— Est-ce que vous y irez ?

M. de Sarmattes réfléchit un peu comme s'il était question d'aller souper à la Maison d'Or :

— Oui, j'irai, dans mon horreur des femmes.

— Consolez-vous, reprit d'Ormancey, Sarah vous vengera sur d'autres.

— Oui, ces petites filles du corps du ballet tueront tous les gros poissons à écailles d'or de la Bourse, comme les petits poissons tuent les baleines.

— On ne peut pas remuer un nom de femme sans remuer des malheurs. Hélène ? toute une Iliade de maux. Pénélope ? toute une Odyssée d'infortunes. Déjanire ? Sans elle Hercule eût accompli un treizième travail. Et les Danaïdes ? et les femmes d'Égyptus ?

— Plus amères que la mort ! a dit Salomon.

— Après cela il n'en savait rien, il n'avait que sept cents femmes ! remarqua le comte.

— Cicéron n'avait qu'un ennemi, il lui donna sa sœur en mariage. Je veux clore par une citation janinienne. Origène a dit : La femme est la clef du péché, les armes du diable, l'exil du paradis, le venin de l'aspic, l'artifice du dragon ; le diable est tout seul quand il fait le mal ; mais quand la femme se venge, elle a le diable pour auxiliaire. En un mot, la femme est le huitième péché capital.

— Moralité : qu'est-ce que vous êtes venu faire ici ? mon cher Sarmattes.

— La belle question ! La petite Zélia danse ce soir ; je vais lui proposer mon fiacre à deux chevaux. Et vous ?

— Moi, dit d'Ormancey, je suis venu chercher Ernestine qui chante un solo dans ma loge. Après tout, tant vaut l'homme, tant vaut la femme, tant vaut l'amour ; — tant vaut l'amour, tant vaut la vie ; — et tant vaut la vie, tant vaut la mort.

— Toute la philosophie humaine est là.

— Adieu, je vais retrouver Lionel au club pour avoir des nouvelles du duel.

— Adieu, dit M. de Sarmattes, je vais retrouver d'Ordova.

XLIX.

MOISSON DE ROSES SOUS DES CYPRÈS.

Ce qu'on appelle la raison humaine est tout simplement une marâtre qui supprime en nous tous les mouvements divins. Au nom de la loi, au nom des préjugés, au nom des bienséances, elle nous courbe sous son joug et nous fait passer sous son niveau. Nous lui obéissons sans même regarder nos blessures toutes saignantes. Un ministre perd sa fille, il lui faut le courage d'être ministre le lendemain, sinon on dira que ce n'est plus un homme. Un avocat perd sa mère, à peine est-elle enterrée qu'il lui faut reprendre toutes ses forces pour une grave question de mur mitoyen. Un poète perd sa femme, il lui faut s'arracher aux consolations de la douleur, — car la douleur même est la seule consolation, — pour chanter les amours du rossignol et de la rose.

Léa eut ce courage des hommes qui jouent un rôle dans la vie ; elle aussi joua son rôle ce soir-là ; elle imposa silence à son cœur, ou plutôt elle donna tout son cœur, toute l'éloquence de ses larmes, tous les déchirements, toutes les angoisses, toutes les pâleurs de sa passion, à cette Lucie qui n'avait jamais été si idéale et si vraie.

Aussi ce fut un triomphe qui éclata dans toute la salle et faillit tuer Léa.

Jamais on ne lui avait jeté autant de bouquets, — des bouquets qui étaient des gerbes : — on eut dit une moisson de roses.

Mais Lionel n'était pas là !

Madame d'Arcy était dans la salle. Elle-même jeta son bouquet à Léa. Comme elle connaissait tout le monde, comme elle était venue plus d'une fois dans la loge de la direction, elle avait le privilége de passer sur la scène. Elle vint se jeter dans les bras de son amie.

— Ah ! que tu étais belle ! ce n'était pas Lucie que je pleurais, c'était toi-même.

— Et tu avais bien raison, lui dit Léa en essayant de sourire.

— Sérieusement, ma chère, je t'invite à ne pas te jeter dans les dénoûments des opéras et des comédies, car si tu mourais de mort violente, tu serais bien attrapée ; songe donc qu'une autre prendrait tes rôles !

— Mes rôles ! si tu savais comme le théâtre m'ennuie ! Il n'y a plus qu'un rôle qui m'intéresse, c'est le mien, et je ne sais pas le jouer.

— Tu sais que d'Ordova est là ?

— Qu'est-ce que cela me fait ?

— Comment le duc n'est-il pas venu ?

— Je n'en sais rien et je ne veux pas le savoir.

— Tu as raison, il faut toujours que cela finisse ; le duc ne peut pas éternellement courir deux lièvres à la fois.

Et comme Aurore s'en allait toujours sur un mot elle disparut brusquement.

M. d'Ordova était en effet dans les coulisses, il n'avait pas voulu affronter Léa devant Aurore, mais dès que celle-ci se fut éloigné il s'approcha de celle-là.

— Léa, il faut que je vous parle.

Mais elle lui répondit par ce seul mot :

— Demain.

— Pourquoi demain ?

— Demain ! répéta-t-elle d'une voix impérieuse et glaciale qui fixa le marquis à sa place.

Elle ne fit que passer dans sa loge, elle ne prit pas le temps de se débarbouiller, elle garda sa robe blanche, elle s'enveloppa dans une pelisse à capuchon et descendit en toute hâte.

Ce fut à peine si elle trouva de la place dans son coupé. On s'imagine peut-être que Lionel l'attendait comme au bon temps ? Non. Son coupé était rempli des bouquets jetés aux rappels du quatrième acte.

A peine y fut-elle assise qu'elle s'empressa de descendre les glaces en disant :

— J'étouffe.

Et elle ajouta en essuyant une larme :

— J'étouffe sous les roses.

Il n'était que dix heures un quart quand elle rentra chez elle ; sa femme de chambre, qui était montée sur le siège faute de place dans le coupé, appela la portière pour l'aider à porter les fleurs ; elle demanda à Léa, au premier voyage, où il fallait les mettre.

— Où vous voudrez, dit la cantatrice.

Puis, comme saisie d'une étrange idée, elle ajouta :

— Mettez-les toutes dans la serre.

Et quand ce fut fini, elle dit à la femme de chambre :

— Laissez là cette lampe et allez vous coucher ; je vous sonnerai si j'ai besoin de vous. Je vais écrire des lettres ; descendez demain matin de bonne heure pour les faire porter.

Après cet ordre, Léa s'adressa à la portière :

— Si monsieur le duc vient, ne lui dites pas que je suis couchée.

Et, d'une voix plus émue :

— Dites-lui que je l'attends.

Les deux femmes sortirent sans songer ni l'une ni l'autre à la catastrophe qui planait sur la maison. La première, toute préoccupée de son amoureux ; la seconde, escomptant déjà les vingt francs que ne manquerait pas de donner le duc s'il venait près minuit, car elle avait un grand art de se réveiller à son passage et de lui prouver qu'elle attrapait pour lui un rhume de cerveau.

— Enfin, dit Léa, me voilà seule.

Et comme elle était familière à la langue théâtrale, elle ajouta, comme pour se faire à elle-même un effet tragique :

— Non, je ne suis pas seule, la mort est là !

L.

POINT DE VUE SUR L'AUTRE MONDE.

Léa s'étonnait que Lionel ne fût pas venu. Etait-il donc fâché jusqu'à vouloir rompre sans retour. Elle pensa que cette injuste colère ne tiendrait pas quand il apprendrait qu'elle était morte. Elle n'avait pas encore bien approfondi les horizons du tombeau, il lui semblait doux de se venger de l'outrageante jalousie de Lionel par le plus grand des sacrifices, mais elle n'était pas encore résignée tout à fait. Le sacrifice allait-il lui paraître trop au-dessus de son courage, à elle qui avait tant d'attaches à la vie, à elle qui avait la beauté avec tant d'années de jeunesse, à elle qui était adorée pour sa voix, à elle qui ce soir-là encore avait été rappelée et couverte de fleurs ? C'était il est vrai tout le beau côté de sa médaille. Combien de tristesse au revers ! Lionel qui l'avait adorée et qui la méprisait ! Lionel qu'elle adorait et qu'elle ne verrait plus ! Une famille qui vivait sans vergogne des miettes de sa table ! Un abîme de dettes où elle retombait tous les jours ! Ceux qui connaissent le coup de sonnette du créancier, — et qui ne te connaît ! — comprennent ce poison dans la vie. Elle pouvait bien en finir avec son luxe, — et, le dirai-je, avec sa vertu, — vendre ses chevaux au Tatersall, ou prendre des amants aux avant-scènes ; mais c'était recommencer un livre ennuyeux qu'elle avait fermé avec dégoût.

— Non, dit-elle, en y songeant encore, je ne veux pas retomber jusque-là : j'aime mieux mourir.

Puis, se reprenant :

— Et pourtant mourir ! finir comme un mélodrame, c'est d'une mauvaise comédienne.

Et elle se jeta dans un fauteuil tout accablée par la peur du ridicule.

— Mais vivre avec la mort dans le cœur ! reprit-elle dans son désespoir.

Elle regarda sur sa cheminée une petite fiole d'opium.

— Ce serait sitôt fini. Ah ! si on était sûr de se réveiller dans l'autre monde ! si on pouvait croire que les rêves commencés sur la terre s'achèvent dans le ciel !

Et elle baissa tristement la tête, mais tout à coup elle la releva et s'écria comme illuminée :

— Oui, mourir, c'est vivre encore, c'est vivre toujours.

Pour cette âme exaltée et poétique, il lui sembla que l'heure de la mort était comme l'heure du spectacle : la toile se levait, et tout un nouveau décor, et tout un nouvel opéra surprenait, charmait, éblouissait le spectateur.

Pendant plus d'une demi-heure, Léa s'abandonna à toutes ses rêveries sur l'immortalité de l'âme. Ses rêveries étaient quelque peu primitives. Mais sur cette idée, les philosophes les plus savants en savent un peu moins que la créature ingénue qui sort des mains de la nature, et qui croit en Dieu.

Léa, qui croyait en Dieu, croyait à l'autre monde.

Quand la pensée du Dante voyage dans l'inconnu des mondes, il demande à Virgile et à Béatrix, à la poésie et à l'amour, de lui ouvrir le secret des secrets.

Shakspeare a dit: « La vie est un conte de fée qu'on écoute pour la seconde fois; » souvent on écoute jusqu'à trois fois ce conte étrange. Quand on peut retrouver dans le sable des tombeaux des souvenirs perdus, on voyage à travers les siècles, et çà et là on respire des bouffées du pays natal. Pourquoi ce rayon de gaieté ou ce nuage de tristesse répandu sur ces pages d'histoire? C'est qu'ici nous avons aimé, c'est que là nous avons souffert. A toute heure, l'écho du passé traverse les siècles et les mondes pour retentir en notre cœur. Qu'est-ce que l'amour? Une parcelle de l'infini qui s'appelle le souvenir et l'espérance; — hier et demain; — l'amour ne veut pas d'aujourd'hui, qui est l'heure mortelle, il veut d'hier, qui est le passé; il veut de demain qui est l'avenir. Il s'élance dans l'océan des jours, il a ressaisi toutes les richesses de ses existences antérieures, pour aborder vers ce divin rivage qui l'appelle toujours et qui fuit toujours.

Vient la mort, la sœur de l'amour, a dit le poète; la mort qui couchera le corps dans le tombeau n'arrêtera pas les aspirations de l'âme, ni les joies ni les douleurs. Ces belles moissons d'amour, épis et bleuets, on les fauchera dans un autre monde.

Oui, nous avons vécu et nous revivrons. La mort n'est pas une porte qui se ferme, c'est une porte qui s'ouvre. Mais en voyant passer par cette porte, à la fois sombre et radieuse, tant de bonnes gens qui n'ont jamais montré sur la terre ni cœur ni âme, qui n'ont jamais eu dans l'esprit la marque divine, qui n'ont touché à rien, qui ne laisseront pas un souvenir, vous vous demandez ce qu'ils iront faire dans un monde meilleur? Ils iront se réveiller de la torpeur d'où ils sortent. Beau mot d'un ancien à un sot qui voulait parler « Va mourir trois ou quatre fois, et tu viendras causer avec mes pareils. » Tout homme porte un homme en soi; mais il faut encore que Prométhée féconde ce limon, allume cet esprit.

Pour l'harmonie universelle des âmes, il ne faut pas que toutes chantent à la même heure. Dans la forêt la plus profonde et la plus oubliée, les oiseaux n'ont jamais fait une Babel discordante. La première loi de l'univers, c'est l'harmonie. Il y a partout la gamme des sons et des couleurs, des lumières et des parfums. Il y a pareillement la gamme des intelligences. Les dieux jouent leur musique sur le clavier du cœur humain.

Le passé est comme ce ciel nocturne tout étoilé, où on interroge l'avenir. Dans la nuit du passé, les étoiles ce sont les jours où je me trouve. Pourquoi cet amour qui me saisit pour une figure d'Homère ou de Phidias? Là fut ma passion, là fut mon âme. Je respire je ne sais quelle fraîche odeur de roses sur le sein de quelque Diane rustique, chantée par Ovide. Ces dieux de l'Olympe, je les ai connus et j'ai été ébloui de leur éclat. Ce ne sont pas mes dieux; aujourd'hui ses grands dieux et ses demi-dieux; mais pourquoi le souverain de l'infini ne leur aurait-il pas permis, dans quelque étoile voisine de la terre, de répandre sur nous un rayon de leur divinité? Ne sommes-nous pas, selon le *Platon*, les dieux mortels de la terre? Ne raillons pas les religions de nos ancêtres du globe, toutes nous ont indiqué les sphères rayonnantes du beau et du bien.

Ces idées passaient vaguement dans l'âme de Léa. Quels que fussent les mondes qu'elle parcourait au delà du tombeau, elle y voyait aussi passer l'image attristée de la duchesse; et, comme dans l'Évangile, elle demandait à Dieu quelle serait là-haut la vraie femme.

— Hélas! dit-elle, puisqu'il est à elle sur la terre, pourquoi ne serait-il pas à moi dans l'éternité?

Sous l'impression de cette dernière idée, elle écrivit à Lionel et à la duchesse.

Que dit-elle à Lionel? Ce fut sans doute l'éternelle lettre des amoureux qui se disent adieu. Léa termina la sienne par ces mots:

« Lionel! Lionel! Souvent à la fin de la
« pièce tu es venu m'embrasser toute peinte
« encore. Aujourd'hui la pièce va finir pour
« la dernière fois et tu ne viens pas. Au-
« jourd'hui pourtant tu ne blanchirais pas

« tes lèvres, car cette blancheur c'est la pâ-
« leur de la mort. »

LI

LE LIT MORTUAIRE.

La serre de Léa était bâtie sur les remises de la maison ; c'était plutôt une volière qu'une serre, tant elle était petite : mais c'était un bijou de serrurerie. La mode est aux serres. Léa avait voulu à tout prix en avoir une, mais moins pour la mode que pour ces belles plantes frileuses qu'elle adorait : les cactus, les cyclamen, les vanilles, les larmes du Christ, les camélias, les géraniums, les vignes vierges et toutes les merveilles des tropiques.

Pour Léa cette serre c'était l'oasis ; elle s'y réfugiait souvent à l'heure des importuns, à l'heure des créanciers. C'était là le plus souvent que la trouvait Lionel au milieu de ses oiseaux familiers, cinq ou six bêtes du bon Dieu qui venaient becqueter dans sa main. C'était là, sur un petit canapé, une merveille de tapisserie, travail de ses mains de fée, qu'elle s'exilait de Paris, toute à son cœur et à ses rêves. Elle donnait des fleurs de sa serre, mais elle ne recevait qui que ce fût dans l'enceinte, hormis Lionel. C'était le parvis sacré.

A la première pensée de la mort, sa serre lui vint à l'esprit.

— Oui, dit-elle, en s'enfonçant dans cette sombre volupté du tombeau, c'est là que je veux mourir.

Les hommes meurent de toutes sortes de manières. Les femmes n'en ont qu'une, c'est la meilleure, la plus digne et la plus chaste : le poison. — Il y a bien aussi le charbon, mais n'est-ce pas encore le poison ? — Demandez aux portières sentimentales.

Plusieurs fois Léa, qui était entrée toute éveillée dans sa serre, s'y endormait d'un sommeil despotique au moment même où elle s'abandonnait au charme de la rêverie ; elle aimait d'ailleurs subir cette influence occulte des plantes sur elle même ; elle se trouvait pour ainsi dire tout enchaînée dans les roses sans pouvoir lever la main ; mais ce sommeil n'interrompait pas ses rêveries, bien au contraire ; pendant quelques instants l'esprit plus subtil, comme dans la première heure de l'ivresse, parcourait en vagabondant un peu ces mondes rêvés, les Alhambras, les paradis perdus et retrouvés, les jardins de Salomon, les carnavals de Venise et les fêtes de Tempé. Ce n'était pas tout à fait le sommeil. Si on ouvrait la porte de la serre elle se levait soudainement, secouait la tête, soulevait sa chevelure comme pour chasser les rêves et répondait à la première question comme si elle ne fût pas descendue du septième ciel.

Elle aimait beaucoup ces courses et ces ascensions. Plus d'une fois elle s'était dit qu'il lui serait bien doux de ne jamais revenir sur la terre, de s'évanouir avec son âme comme le parfum d'une rose ou d'un lis, mais bientôt la réalité reprenait sa proie, et comme au prisonnier elle lui disait : — Condamnée à temps !

— Je suis bien sûre, dit Léa ce soir-là en entrant dans sa serre, que si je passais la nuit ici, la porte fermée, je ne me réveillerais pas demain matin, ou plutôt je me réveillerais dans l'autre monde.

Que se passa-t-il dans la serre ? Quand Léa eut refermé la porte sur elle, comme elle eût fermé la porte d'un tombeau, un seul mot retentit encore dans l'appartement ; c'était un adieu — un adieu à qui ? — Un adieu à tout ; — un adieu à la vie, — un adieu à Lionel, — un adieu à son cœur, — ce pauvre cœur, comme s'il en était à son dernier battement.

Il y avait dans la serre une lampe de style égyptien, vraie lampe funèbre, voilée d'un abat-jour grenat qui ne laissait transpercer qu'une clarté nocturne. Léa n'avait pas voulu d'autre lumière pour mourir.

Les oiseaux se réveillèrent-ils ! leur parla-t-elle comme d'habitude ? se coucha-t-elle du premier coup sur le canapé qui devait être le lit mortuaire ?

LII

CE QU'IL Y A SOUS LES FLEURS

On ne connaît les fleurs que par leur innocence ; on semble ignorer que ce sont des Borgia et des Brinvilliers. Le lis, ce beau lis blanc : un poison ; la fleur d'oranger, ce symbole du mariage : un poison; le coquelicot, le symbole de l'innocence : un poison; autant de fleurs, autant de poisons. On les respire, on s'enivre, on sommeille, on s'endort et on ne se réveille pas si on s'est enfermé avec ces charmantes ennemies. L'aspic sous les fleurs, c'est le poison.

Non, il n'y a pas que le mancenilier qui donne la mort à ceux qui vont dormir sous ses branches. Dans l'antiquité, les amoureux qui, selon les poètes, avaient traversé la vallée des larmes, se couchaient le soir sur un lit de pavot et ne se réveillaient qu'au delà du Styx; aussi appelait-on le pavot la fleur d'oubli.

Mithridate fut le premier alchimiste qui étudia les secrets de la nature dans ses vertus réconfortantes ou vénéneuses. Il avait toujours des fleurs sur son lit, à sa table, dans ses litières. Il leur demandait tour à tour le sommeil ou le réveil, les rêves et la méditation, l'amour ou la colère. Ce fut à force d'abuser du parfum qu'il fut inempoisonnable. Il composa un électuaire qui a gardé son nom — l'antidote Mithridate — c'était le souverain contre-poison. Il y fit entrer les plus exquis alexitères : le dictame et le scordium de Candie, l'opopanax, le styrax de Pamphylie, le nard indien, les pastilles de Ciphi, le persil de Macédoine, la ciguë de l'Attique. Sur toutes ces choses, il répandait l'âme des fleurs. Après quoi il versait le vin de Falerne et respirait le vif arome de cette œuvre occulte.

Tous ceux qu'il condamnait à mort étaient des patients de son laboratoire : il les faisait passer dix fois par les poisons et les contre-poisons.

Il était si profond alchimiste, ce Mithridate, qu'il lui arriva ceci : Estant, par aduen-
« ture, tombe entre les mains de Pompee,
« de peur d'estre mené en triomphe captif
« a Rome, il print par deux fois de la poi-
« son pour si foire mourir luy mesme. Mais
« il ne put, tant il estoit accoustumé auparauant a l'usage de la contre-poison.
« Quoy uoyant, il se fit donner d'une espee
« de trauuers du corps, par un sien esclaue. »

Aujourd'hui, on n'a pas la science raffinée de Mithridate pour boire ou respirer la mort.

Nos savants de l'heure présente sont un peu moins savants que les sauvages et sont plus simples que les simples. Les nègres savent tous où tremper leurs flèches pour empoisonner leur ennemi. A l'Académie des sciences on ne s'accorde pas sur l'influence des fleurs ; tel qui nie qu'elles puissent endormir ne s'aperçoit pas que ses fleurs de rhétorique endorment les plus éveillés.

Dès qu'on eut porté dans la serre de Léa les vingt bouquets moissonnés à l'Opéra, cette pièce, déjà chargée d'acide carbonique, ne fut bientôt qu'un vrai réceptacle à poison. Ce n'est pas seulement dans la digitale, dans l'antiar, cette plante urticée de Java, dans les sumacs qui ne sont pas moins dangereux par les exhalaisons que par le contact, dans la famille des pavots dont les coquelicots rustiques sont la plus innocente expression, qu'il faut craindre le poison ; toute la flore à odeur pénétrante donne le sommeil, le vertige et la mort.

Il y avait dans la serre des chèvrefeuilles indiens, des orangers, des aconits, des scabieuses, des clématites, enfin ces plantes de la famille des euphorbiacées et des loganacées dont les sucs lactescents sont le poison des tropiques.

Léa regarda d'un air de reconnaissance ces plantes et ces fleurs qui lui parlaient de la mort.

— C'est égal, dit-elle en regardant son petit flacon d'opium, je suis plus sûre d'en finir avec cela.

LIII

LA PRIÈRE

On se souvient que Lionel avait quitté son hôtel, peut-être pour n'y plus rentrer.

Quand la duchesse fut seule, elle sentit le froid la frapper. Il lui sembla qu'une brume funèbre l'enveloppait comme un linceul. Elle se laissa tomber sur un fauteuil, sans voix, sans pensée. Un rêve vague courait sur son front.

Qui n'a eu ses heures terribles où le songe nous prend tout éveillé ? nous n'avons plus la force de dominer notre raison, c'est le commencement de la folie, un pas de plus et l'abîme serait franchi ; mais Dieu veille sur notre âme ; les plus grandes douleurs l'attaquent comme des furies, mais elle résiste par ce qu'elle a de divin. L'orage passé, elle se relève plus grande, si c'est une âme trempée aux sources vives.

C'était l'âme de la duchesse.

Au plus fort de la lutte, elle sentit qu'elle n'avait plus que Dieu avec elle, puisque le monde lui-même allait la condamner, — le monde qui condamne contre sa conscience, — elle tomba agenouillée et pria. Elle pria, si c'est prier que de dire : OH MON DIEU ! MON DIEU ! Pour moi, je ne sais pas de prière plus éloquente ; dire tout à Dieu d'un seul mot, quand ce seul mot est le nom de Dieu.

La duchesse repassa les dernières phases de sa vie ; elle se demanda comment, dans sa jalousie, elle avait été assez aveugle pour écrire au marquis d'Ordova ce billet qui la perdait, car elle se croyait perdue, et elle voyait déjà toutes ses amies lui jeter la pierre samaritaine.

Elle regrettait amèrement de n'avoir pas eu jusqu'au bout l'adorable patience des femmes résignés, ces héroïques martyres de la famille qui sauvent l'honneur de la maison en sauvant l'honneur du mari. Elle condamnait avec colère cet amour du romanesque qui l'avait emportée au delà de l'amour. Elle commençait à comprendre que le bonheur, comme toutes les belles choses, comme l'art, comme la vertu, s'achète par le sacrifice. Dieu ne donne rien pour rien.

Que lui restait-il à faire à la pauvre femme qui croyait avoir déjà tout perdu : son mari, toutes les joies du cœur ; sa réputation, toute la fierté de son âme ? Je l'ai dit, il lui restait Dieu dans la victoire, et non dans la défaite. Il est rude de fermer sur soi les portes du monde, quand le monde n'a que des railleries pour vos renoncements, quand on entend jusque dans la cellule retentir l'écho des rires qui vous poursuivent.

— Non, dit la duchesse tout à coup, je ne veux pas être vaincue.

Elle pensa qu'elle n'avait qu'une chance de salut pour revoir Lionel, c'était d'aller chez Léa. Elle avait raison, il était impossible que le duc quittât la France sans revoir Léa, sinon pour tenter de l'entraîner, du moins pour lui dire adieu.

— Eh bien, dit-elle en prenant son chapeau, moi aussi je serai du dernier rendez-vous !

LIV

LE CHIEN

Tout en nouant son chapeau, la duchesse s'aperçut qu'il était onze heures.

— Onze heures ? dit-elle, c'est impossible. Dans les grandes joies et dans les grandes peines, les jours sont des siècles ; mais les heures passent avec la même rapidité. Je ne suis pas assez mathématicien pour expliquer cela.

La duchesse ne voulut pas attendre qu'on attelât les chevaux. Elle ordonna au valet de chambre d'arrêter au passage la première voiture venue. Elle y fit monter sa femme de chambre avec elle, et dit au cocher d'aller rue de Provence.

C'était la seconde fois dans la journée qu'elle allait chez sa rivale. Elle ne put s'empêcher de se dire que c'était deux fois de trop ; mais la dernière visite devait justifier la première.

Quand la duchesse arriva devant la maison de Léa, sa femme de chambre descendit pour l'accompagner, mais elle lui dit de rester dans le fiacre.

La duchesse monta légère et rapide, quoique déjà brisée par toutes les secousses de cette orageuse journée.

Elle sonna, la femme de chambre de Léa descendit de l'étage supérieur très refrognée, car elle était en conversation galante avec un jeune peintre qu'elle faisait poser.

— Est-ce que mademoiselle Léa est chez elle ? demanda la duchesse à cette fille.

— Oui, madame la duchesse.

Jeanne qui était voilée releva la tête avec impatience, et se demanda comment cette fille la reconnaissait.

— Je vais avertir madame, reprit la femme de chambre.

— Non, dit la duchesse, c'est inutile.

Et regardant la femme de chambre avec inquiétude, pour savoir si le duc était là, elle ajouta :

— Le duc n'est sans doute pas arrivé ; car il devait venir avec moi.

— Non, madame la duchesse, mademoiselle Léa est seule ; j'oubliais même de vous dire qu'elle m'a défendu de la troubler ; car elle écrit des lettres.

— A cette heure ?

— Madame se lève si tard le matin, qu'elle ne commence à vivre que la nuit.

La duchesse avait passé le seuil ; la femme de chambre ferma la porte sur elle et remonta pour marivauder avec son Raphaël ; c'était d'ailleurs une fort belle Fornarine. Léa aimait le beau en tout, jusque dans sa femme de chambre.

Cependant la duchesse, éclairée par la lampe de l'antichambre, avait pénétré dans le salon.

Il n'y avait pas de lumière dans le salon, mais il était vaguement éclairé par la porte à vitraux de la serre, et par un flambeau à deux branches qui brûlait dans la chambre à coucher, dont la porte était ouverte.

La duchesse se dirigea vers cette chambre. La première chose qui frappa son regard, ce ne fut pas Léa, mais le portrait de son mari.

— Je savais bien, dit-elle, avec un sourire amer, que je le retrouverais ici. Il est toujours ici !

Et oubliant un instant qu'elle cherchait Léa, la duchesse regarda ardemment le portrait.

C'était une belle peinture, fière, solide, magistrale, signée Richard. Le peintre avait rendu comme par merveille, ce blond de race, si difficile à trouver sur la palette, qui donne trop vite le blond flamand ou le blond vénitien. Lionel était là, avec sa figure aristocratique où passait une âme toujours fuyante qui n'avait pas assez habité le front.

Quoique d'abord la duchesse se fût indignée, le charme de Lionel la reprit à un si haut point qu'elle ne put s'empêcher de dire avec un accent d'amour :

— Comme c'est lui !

Sur le panneau opposé, était un portrait de Léa, un simple dessin aux trois crayons, signé Vidal ; on voit d'ici avec quelle grâce féerique le peintre avait surexprimé la beauté de la cantatrice. Il avait, selon sa coutume, accentué la douceur et la volupté des yeux, le charme et la magie de la bouche. C'était la vérité vue par le rêve, la beauté vue par la poésie ; mais à force de grâce et d'idéal, la femme s'était éclipsée ; il ne restait de l'orage que l'arc-en-ciel. La Léa de la passion avait disparu sous la Léa du souvenir.

En entrant dans la chambre, la duchesse n'avait pas remarqué un grand épagneul qui dormait devant l'âtre.

Elle fut tout à coup distraite de ses cruelles contemplations, par un embrassement imprévu ; c'était le chien qui venait de lui sauter à la figure avec des jappements de joie.

Elle se remit soudain de sa peur et reconnut une des bêtes les plus chères de son mari.

— Pauvre Dear ! dit-elle avec émotion.

Elle lui prit les pattes et l'embrassa elle-même avec un abandon charmant.

— Ah ! reprit-elle en soupirant, je ne croyais pas que quelqu'un me ferait fête ici. Il est vrai que ce quelqu'un est une bête.

Le chien, tout à sa joie, lui lécha les mains. Je ne répondrais pas que Dear n'y trouvât des larmes.

Elle se rappela que dans les premiers jours de son mariage, ce charmant et terrible Dear, bruyant et destructeur comme un enfant, avait révolutionné l'hôtel, encouragé par Lionel qui jouait avec lui jusque dans les salons. La duchesse impatiente, jalouse peut-être sans se l'avouer, avait consigné Dear. Lionel avait eu beau prier pour que son chien reprît ses grandes entrées, la duchesse avait été inexorable, appuyée d'ailleurs dans cette brave résolution par sa tante, madame de Rouvré, qui avait ses idées toutes faites contre les cigares, contre les chiens et contre les cantatrices, si bien que Lionel n'avait trouvé rien de mieux, une fois réconcilié avec Léa, que d'interner son chien chez elle et d'y emporter ses meilleurs cigares.

Les chiens sont comme les amoureux ; on a beau les battre et les proscrire, ils ne gardent que le cri du cœur. Aussi dirais-je mal combien la duchesse fut touchée de voir cette pauvre bête se jeter dans ses bras.

— Ah ! dit-elle en l'embrassant encore,

cela me fait du bien de trouver enfin un ami !

LV.

LES ADIEUX DE LÉA.

Mais cette effusion ne devait durer que l'espace d'un bon moment. La duchesse ne pouvait pas ouvrir son cœur à Dear, et Dear ne pouvait pas donner de conseil à la duchesse; aussi alla-t-il tout bêtement se recoucher devant l'âtre en agitant la queue en signe de bonne rencontre. Une minute après il s'était rendormi du sommeil des justes. Ainsi vont les choses de ce monde!

Cependant Jeanne parut s'étonner de ne pas voir survenir Léa, elle la croyait dans son boudoir ou son cabinet de toilette, mais comme elle n'entendait aucun bruit depuis son arrivée, elle finit par se demander si Léa n'était pas sortie.

— Si elle était sortie avec Lionel ? Mais non, cette fille le saurait, elle me l'eût dit.

Et comme la femme de chambre avait parlé de lettres et que l'écritoire était sur le guéridon, la duchesse jeta un regard sur quelques euveloppes fraîchement écrites.

Jeanne ne fut pas peu surprise d'y reconnaître son nom. Sur l'une des lettres éparpillées sur le guéridon elle lut :

A madame la Duchesse***.

— C'est étrange, dit-elle, pourquoi cette lettre ?

Elle relut une seconde fois la suscription, comme si ses yeux la trompaient; mais c'était bien à elle que Léa avait écrit.

— Oh ! mon Dieu ! dit-elle avec une soudaine inquiétude, décidément elle est partie avec Lionel.

Et elle jeta un regard foudroyant aux deux portraits.

— Oui, reprit-elle, ils seront partis sans avertir la femme de chambre.

Elle n'osait briser le cachet de la lettre.

C'était la seconde fois que la duchesse tenait une lettre de Léa. On se souvient avec quelle émotion elle lut la première, qui était adressée à son mari. Cette fois, ce n'était plus de l'émotion, c'était du dé-lire. Quoique la lettre fût pour elle, elle lut plus longtemps encore sans briser le cachet.

— Non, dit-elle tout à coup, il est impossible qu'ils aient fait cela ! Lionel est fou, mais il n'est pas lâche.

Elle ouvrit la lettre, s'approcha du flambeau et la dévora toute d'un seul regard.

Elle ne comprit pas d'abord; il lui sembla que Léa quittait Paris seule et lui disait adieu, pour elle et pour Lionel. Elle relut la lettre, un peu plus familiarisée avec l'écriture hiéroglyphique de la cantatrice.

A part quelques mots qu'elle fut forcée de deviner, elle déchiffra enfin cet adieu :

Madame la Duchesse,

Si cette lettre vous arrive, vous n'aurez plus peur de moi, car je serai morte....

— Morte ! s'écria la duchesse, elle ment !
Elle reprit :

Vous n'aurez plus peur de moi, car je serai morte, pardonnez-moi l'amour de Lionel comme Dieu me pardonnera mon amour à moi-même. Avant votre mariage, cette passion a été le seul bonheur de ma vie; après votre mariage, ça a été mon seul crime, car il y a aussi les crimes du cœur.

Dieu me pardonnera parce que mon amour pour Lionel m'a relevée devant ma conscience. Lionel m'a appris la vie. Vivre à deux, c'est déjà une vertu pour celles qui ont vécu de la vie des pécheresses.

Mais le duc s'est marié, et je suis devenue plus coupable que jamais. Dieu m'est témoin pourtant que j'ai fui avec héroïsme.

Le seul coupable, c'est Lionel. C'est vous et moi qui portons la faute.

Votre droit était-il plus sacré que le mien. Il est votre homme mais n'est-il pas aussi le mien devant Dieu C'est vous qui me l'avez pris! Quand je l'ai repris je reprenais mon bien. Mais la loi finit toujours par avoir raison, même de Dieu. Voilà pourquoi je renonce à la lutte.

La duchesse, dans sa fierté, ne put s'empêcher de froncer le sourcil à cette prétention de Léa à l'égalité devant Lionel.

— Son homme, dit-elle! avec une jalousie ravivée.

Elle poursuivit :

Je sais bien que je suis profondément ridicule de vouloir mourir avant l'heure; ces morts extravagantes ne sont plus sympathiques. C'était bon quand j'étais petite fille et que je commençais à lire des romans. Mais la mort est mon seul salut; il y a trop longtemps que je vis selon mon cœur pour vouloir accepter une autre existence. Vivre avec Lionel, c'est votre désespoir; vivre sans lui, c'est bien pis que de mourir, c'est se coucher toute vivante dans le tombeau.

Je ne me fais pas meilleure que je suis. Si vous n'étiez la jeune fille que j'ai rencontrée sur la Méditerranée, je crois que je ne me laisserais pas vaincre ainsi, je resterais sur la brèche prête à tout pour sauver *** cœur; rien ne m'arrêterait; car je n'ai *** préjugés, moi; toutes les armes me *** bonnes, la violence comme la douceur.

Mais mon cœur est vaincu par mon cœur.

Je vous aime assez, madame la duchesse, pour vous abandonner Lionel tout entier; je voulais même que Lionel ne m'aimât plus par le souvenir en lui disant que je l'ai trahi; mais c'est le seul courage qui me manque.

Vous souvenez-vous quand la tempête nous surprit sur la mer ?

Vous vintes tout effrayée dans ma cabine; ce qui vous calma ce fut un crucifix que je tenais dans ma main. — Oh! me dites-vous, que vous êtes heureuse d'avoir ce crucifix. — Je le présentai à vos lèvres toutes blanches, et vous l'embrassâtes comme un ami de la dernière heure, car nous étions convaincues toutes les deux que nous ferions naufrage.

Je vous appelai Jeanne ce jour-là, permettez-moi, madame la duchesse, de parler encore à Jeanne aujourd'hui comme à cette heure suprême.

Nous traversons la tempête, mais Dieu est avec nous, et tout ne périra pas dans le naufrage; c'est le moment de jeter les marchandises à la mer. Que suis-je autre chose ? Je me jette à la mer.

Vous, madame la duchesse, vous crierez encore TERRE! et sur le rivage vous retrouverez votre mari, et il vous aimera tant, qu'un jour vous lui permettrez de vous dire : Cette pauvre Léa! c'était une brave fille!

Il n'y avait plus qu'un seul mot : la signature.

La duchesse laissa tomber la lettre et fondit en larmes.

Cette femme qu'elle avait voulu poignarder, maintenant qu'elle la croyait morte, elle la pleurait comme une sœur.

LVI

LES VOIX DU SILENCE.

Il y avait une demi-heure que la duchesse était entrée chez Léa.

— Où est-elle donc ? se demanda-t-elle tout à coup; mais j'y pense, elle devait jouer ce soir à l'Opéra ?

Elle écouta comme si un bruit léger fût venu jusqu'à elle ; elle n'entendit que le silence, ce silence nocturne qui bruit funèbrement dans les oreilles comme un écho des mondes évanouis.

Elle regarda encore autour d'elle et fut frappée de l'ordre qui régnait dans la chambre à coucher.

— Quoi, dit-elle, pas une porte de meuble ouverte et pas un chiffon qui traîne! ce piano ouvert comme si on allait chanter; ce lit qui ne fait pas un pli ; ce feu qui brûle encore ; ce chien qui dort sans inquiétude, tout cela dément sa mort. Elle aura écrit ces lettres et elle sera partie pour l'Opéra comme pour échapper au vertige.

Et la duchesse regarda encore les portraits de Lionel et de Léa : Lionel si beau ! Léa si souriante !

— Non, dit-elle, c'est impossible, on ne meurt pas comme cela; c'est moi qui mourrai.

Elle remarqua alors, car les femmes remarquent tout, que le rideau de la fenêtre était soulevé pour voir dans la rue.

— Voilà, dit-elle, toute l'énigme ; elle

était là à cette fenêtre ; elle aura vu venir Lionel et elle sera descendue en toute hâte à sa rencontre. Oh ! mon cœur, mon cœur ! j'en deviendrai folle.

Elle rentra dans le salon. Cette fois elle eut peur ; la nuit la lumière douteuse donne pour les yeux troublés je ne sais quelle vie factice aux choses de l'intérieur : tout prend une physionomie accentuée et étrange, c'est le premier pas vers le monde des esprits.

La duchesse retourna dans la chambre de Léa pour chercher le flambeau. Comme elle le prenait sur le guéridon, ses yeux s'arrêtèrent sur deux autres lettres, l'une portait pour toute suscription ; *pour ma mère*, l'autre était à l'adresse de Lionel.

— C'est bien vrai, dit la duchesse, elle ne doit pas revoir Lionel puisqu'elle lui écrit. Elle traversa rapidement le salon dans l'idée d'aller questionner la femme de chambre ; elle s'arrêta et trouva plus simple de sonner.

Mais la femme de chambre n'entendait que les divagations plus ou moins raphaélesques de son amoureux.

Ce fut seulement alors que la duchesse pensa à entrer dans la serre.

Elle est là, dit-elle, comme saisie d'une révélation.

A peine eut-elle ouvert la porte qu'elle laissa tomber son flambeau, et resta sur le seuil dans l'immobilité d'une statue.

LVII

LE SACRIFICE.

La duchesse fit deux pas dans la serre ; du premier regard elle entrevit Léa couchée sur le canapé, quoiqu'elle fût presque toute cachée par les branchages des camélias et des aloès.

— Elle dort, pensa-t-elle.

Mais au même instant il lui vint le pressentiment qu'elle était morte.

Elle alla à elle. Quoiqu'elle ne fût séparée du canapé que par un chemin sinueux de dix à douze pas, quoiqu'elle voulût arriver devant Léa rapide comme le rêve, elle fut arrêtée plusieurs fois en route.

— Oh mon Dieu ! dit-elle, on étouffe ici.

Et elle retourna la tête comme pour respirer.

Elle fit un pas de plus, mais un des oiseaux de Léa, qui lui aussi cherchait de l'air, se jeta à moitié étouffé dans son chapeau tout en voletant vers la porte.

La duchesse eut une peur horrible, non pas seulement parce qu'elle se sentait déjà dans le pays de la mort, mais parce qu'elle crut que cet oiseau qui s'accrochait à ses cheveux était une chauve-souris.

Elle secoua la tête sans oser y porter la main ; l'oiseau tomba à ses pieds et se traîna sous les branches. Elle fit un pas de plus, mais elle s'arrêta encore, parce qu'il lui sembla entendre du bruit dans le salon.

C'était d'autres oiseaux qui s'étaient échappés et qui allaient frapper de l'aile contre les glaces.

Enfin elle écarta de sa main le dernier branchage, et se trouva devant le canapé. Elle fut très surprise de voir Léa couchée je ne dirai pas sur un lit de roses, mais sur les vingt bouquets rapportés de l'Opéra.

— Vous dormez, dit-elle à Léa ?

Léa ne répondit pas.

La duchesse voyait mal sa figure à demi renversée, parce que la lumière de la lampe déjà voilée par l'abat-jour ne répandait qu'un pâle reflet à travers les plantes.

Mais comme Léa ne répondit pas, Jeanne ne douta plus qu'elle ne fût morte.

En quelques secondes Jeanne vit comme par magie — c'est la magie de la pensée qui est une parcelle de l'infini — Jeanne vit le tableau de sa vie passée et de sa vie à venir, c'est-à-dire toutes ses peines en face de Léa vivante, et toutes ses joies maintenant qu'elle ne serait plus là.

— Cette femme, se dit-elle, en essayant de respirer, a-t-elle jamais compté mes larmes ? a-t-elle jamais dans son bonheur compris ce que j'ai souffert pour elle ?

La duchesse était comme ces soldats restés debout sur le champ de bataille dont le premier sentiment est le triomphe et la paix: ils sont délivrés de leurs ennemis; la vie tressaille déjà en eux ; le ciel est plus beau; ils vont traverser avec délices les fêtes de la victoire. Mais un second sentiment vient tempérer le premier et le faire descendre des nues. L'ennemi est là qui respire encore, qui souffre par toutes ses blessures, qui voit à peine Dieu parce qu'une main amie n'a pas soulevé sa tête.

Quand la duchesse eut entrevu dans l'espace d'une seconde tout le bonheur que lui promettait la mort de Léa, elle pensa à secourir Léa.

— La pauvre fille, dit-elle avec un grand sentiment de compassion, elle n'était pas heureuse non plus, puisque la voilà morte.

Et après un silence :
— Et pourtant elle était aimée, elle!

La duchesse tomba agenouillée en se souvenant que cette terrible rivale qui lui avait donné toutes les angoisses de la jalousie était aussi cette belle et charmante créature qu'elle avait rencontrée tout au matin de sa jeunesse sur cette orageuse et poétique Méditerranée où elles s'étaient embrassées avec une si douce effusion, comme deux âmes sœurs qui se rencontrent pour la première fois.

... cet instant Léa s'agita.

— Elle n'est pas morte, dit la duchesse.

... son premier mouvement fut la joie.

... sentit la main de Léa : cette main ... glacée. Elle pensa que la cantatrice venait d'avoir un de ces spasmes du dernier moment qui sont comme l'écho de la vie dans la mort.

La duchesse, qui ne pouvait plus respirer dans cette atmosphère, comprit que Léa avait voulu mourir étouffée par les fleurs de sa serre et par les bouquets répandus autour d'elle.

Quel que soit l'emportement du cœur, il laisse toujours à l'esprit son libre arbitre; et l'esprit c'est le moi dans son despotisme le plus cruel. — La duchesse ne put s'empêcher de penser, — ce fut la rapidité de l'éclair, — que, si elle sauvait Léa, elle n'aurait jamais elle-même son heure d'amour; comme c'était un grand cœur plutôt qu'un esprit égoïste, elle brisa deux vitres de la serre, elle souleva Léa avec la force d'un homme et la douceur d'une femme.

— Léa ! Léa ! je ne veux pas que vous mouriez!

Léa avait les yeux ouverts, mais ne voyait pas; par le mouvement de sa tête, sa chevelure dénouée lui retombait sur la figure.

Tout en la regardant et tout en lui parlant elle avait dans ses bras sa plus mortelle ennemie, celle qui avait supprimé toutes joies dans son cœur, tous rayonnements de ses jours, toutes quiétudes de son sommeil; celle qui se dressait devant elle à tous les horizons, celle qu'elle rencontrait sur tous les chemins, celle qui était toujours là !

Ce pauvre cœur meurtri saignait encore sous les mille blessures de cette implacable jalousie qui tyrannise ceux qu'elle condamne, comme faisait le bourreau de l'ancien régime.

Quand Dieu eut créé l'amour il s'aperçut sans doute que l'homme et la femme une fois chassés du paradis auraient encore une part trop belle, aussi créa-t-il la jalousie, cette pâle hôtesse qui nous verse d'une main cruelle dans la coupe des passions le poison mortel des Indiens.

LVIII.

COMMENT LE MARQUIS D'ORDOVA EUT UN BON MOUVEMENT.

M. d'Ordova, qui ne vivait jamais d'après son cœur, mais d'après la mode, qui sacrifiait ses plus fiers et ses plus doux sentiments à l'art d'être un homme de belle compagnie, ne voulut pas d'abord se résigner à s'humilier devant Lionel.

— Il dira que j'ai peur de lui si je refuse de me battre, pensait-il. Et que diraient les autres !

Et l'orgueil humain reprenait le dessus :

— Tant pis pour la duchesse, je me battrai.

Mais peu à peu l'adorable figure de la jeune femme lui apparaissait dans sa pâleur et sa désolation. Quoiqu'il ne l'aimât qu'à demi, comme il faisait des femmes qu'il aimait le plus, parce qu'il n'avait jamais le temps de descendre dans les profondeurs de la passion, il reconnut que son cœur parlait pour elle. Le sentiment de l'honneur le domina, il comprit que c'en était fait du bonheur de la duchesse si le duel avait lieu et il eut le courage d'écrire cette lettre à Lionel, quoiqu'il fût indigné de sa provocation outrageante.

« Monsieur,

« Je ne veux pas me battre avec vous parce que j'ai tort, parce que vous me connaissez assez pour savoir que si j'ai peur ici ce n'est pas pour moi : le duel du mari retombe toujours sur la femme; la duchesse, un jour de jalousie, m'envoya un billet où elle m'appelait; elle perdait la tête; elle voulait que je vous empêchasse d'aller souper chez Léa. Je lui ai rendu ce billet. Voilà tout le secret. Qui sait, le hasard nous donnera peut-être une meilleure occasion de nous rencontrer l'épée à la main.

« Je vais partir pour l'Espagne ; vous êtes trop loyal même dans vos colères pour m'accuser d'avoir fui devant vous

« *Marquis* d'Ordova. »

Quand le duc reçut cette lettre, il était au club avec le comte d'Ormancey.

— Tiens, dit-il à son ami, lis cette singulière lettre.

— Tout bien considéré, dit le comte, après avoir relu la déclaration du marquis, j'aime mieux cela qu'un coup de pistolet.

— Pourquoi ?

— Premièrement, parce qu'un coup de pistolet pourrait te tuer; deuxièmement parce qu'un coup de pistolet te donnerait tort.

— Et comment vais-je faire pour avoir raison ?

— C'est tout simple : rentre chez toi et pars demain pour l'Italie avec ta femme.

— Et Léa.

— Je t'attendais à ce mot. Tu es un grand enfant qui voudrait le soleil et la lune. Eh! mon cher, tu sais bien que si on les veut réunir il y a éclipse. Garde le soleil et laisse la lune.

— Adieu.

— Où vas-tu ?

— Chez Léa.

— Chez Léa!

— Oui, pour lui dire adieu.

— Jusques à quand lui diras-tu adieu ?

LIX.

TABLEAU PARLANT.

Dix minutes après Lionel traversait le salon de Léa et apparaissait dans la serre.

Pourquoi venait-il chez Léa ? Il ne le savait pas bien. Dans les heures de crise on frappe à tous ses cœurs sympathiques. Comment Lionel ne fût-il pas venu prendre conseil de ce cœur de Léa qui était comme le sien ?

Il ne fut pas peu surpris de voir sa femme agenouillée devant le canapé, appuyant sur son épaule la tête de Léa et lui parlant comme à une amie.

A la vue de cette héroïque bonté, il sentit plus que jamais le repentir de toutes ses fautes.

— Que faites-vous là, Jeanne ? dit-il d'une voix douce qui contrastait avec l'amertume des adieux.

La duchesse avait tressailli à cette voix toujours aimée, même quand elle blessait son cœur par des mots cruels.

— Ce que je fais là? Lionel, répondit-elle simplement, je sauve votre maîtresse.

LX.

LES ADIEUX.

Quand Léa fut tout à fait revenue à elle, elle ne comprenait pas encore tout : les nuages couvraient son front; pourquoi le duc et la duchesse étaient devant son lit ? pourquoi il y avait un médecin ? pourquoi Jeanne lui faisait respirer des sels ? Peu à peu, par quelques paroles du médecin et de la duchesse, la lumière se fit pour son esprit.

— Ah! madame, madame, dit-elle en saisissant la main de la duchesse pour la couvrir de baisers, ah! madame, je vous remercie.

Mais elle se dit à elle-même :

— Elle m'a rendu la vie, mais elle m'a repris Lionel.

Il lui semblait que devant cette générosité de la duchesse, Lionel ne pouvait hésiter un instant devant les deux femmes, à moins qu'il ne retombât dans toutes ses folies. Et d'ailleurs si le sentiment du devoir ne reprenait pas Lionel, il la reprenait elle-même. Aussi se jura-t-elle en baisant la main de la duchesse que c'en était fait entre elle et Lionel.

Quand le médecin se fut éloigné, Léa supplia le duc et la duchesse de rester quelques minutes de plus devant elle.

— Je suis, leur dit-elle, dans un de ces moments de crise où l'on fait son testament, je veux dire le testament de son cœur; écoutez-moi : — Puisque vous l'avez voulu, madame la duchesse, je vivrai. — Je veux vivre, ajouta-t-elle en souriant, pour que ceux qui m'ont aimée ne me regrettent pas: la mort a aussi sa poésie. On est jaloux des évocations du tombeau comme des images vivantes. — Oui, je vivrai, mais si loin de tout monde.... Léa regardait Lionel.

— Je ne comprends pas, dit Jeanne.

— Paris m'est odieux, reprit Léa. Mon engagement va finir à l'Opéra, je veux aller à Londres, mais je veux partir avec cette idée qu'il y a pourtant des gens heureux.

Elle mit la main de la duchesse dans la main du duc.

— Voyez-vous, monsieur le duc, l'amour qui trahit le devoir, c'est l'enfer. On a pu me croire heureuse, moi qui n'ai jamais compté avec le devoir. Eh bien, non! le bonheur volé porte en lui sa peine. Madame la duchesse, c'est moi qui suis la plus coupable des deux; car il ne savait pas que vous pleuriez, et je le savais, moi !

Léa, comme ces criminels qui devant les juges ont un accent de générosité, voulait que son complice fut gracié.

— Ah! Lionel, l'amour n'est bon qu'en liberté; c'est peut-être doux une maîtresse, mais quand la femme pleure, c'est un crime. Heureux Lionel, vous voilà condamné au bonheur; vous aurez beau faire, enfant terrible ! vous serez heureux.

Lionel sembla se résigner à perdre l'une des deux femmes qu'il aimait.

Je dois dire que la duchesse ne fit aucune proposition pour retenir Léa à Paris.

Cette scène ne pouvait durer qu'un instant pour ne devenir ni théâtrale ni ridicule, surtout entre trois vrais Parisiens de notre temps qui sont toujours un peu en deçà ou au delà de la vérité : l'esprit moderne a cela de terrible qu'il ne permet au cœur qu'un premier mouvement; il a les railleries de La Rochefoucauld et condamne trop brutalement les saintes bêtises du sentiment.

Aussi Léa, quoique tout à son cœur, fut-elle la première à dire adieu au duc et à la duchesse.

— Adieu, Lionel, ce que je voulais c'était tuer mon cœur; me voilà revenue à la vie, mais je ne suis plus la même femme : la Léa qui vous aimait est morte à jamais. La duchesse a fait un double miracle; elle m'a ressuscitée; mais je ressuscite sans mon cœur. Adieu, madame la duchesse, je vous donne ma part de bonheur.

Et comme la duchesse se penchait pour embrasser Léa, Léa reprit :

— Adieu, Jeanne, permettez-moi de vous appeler ainsi pour la dernière fois.

Et se tournant vers le duc, elle ajouta d'une voix émue:

— Vous ne le savez pas, Jeanne c'est mon amie.

Ce fut le dernier mot de Léa à Lionel.

LXI.

VOYAGE EN ITALIE.

Le lendemain, le duc et la duchesse partirent pour l'Italie. L'Italie, c'est le pays qui console le cœur.

Pendant tout le voyage, Lionel eut l'héroïsme de s'attacher à son devoir comme Ulysse au mât du vaisseau. Il est vrai que son bonheur était son devoir; il est plus vrai encore que la duchesse était un joli mât bien digne de retenir un passager ému des chants lointains. Qui mieux qu'elle pouvait rompre le charme ? Elle était adorable dans tous les rôles de la femme: tantôt pensive et attendrie, tantôt allègre et souriante; artiste dans les musées, pieuse dans les églises, parisienne dans les salons de Rome ou de Florence, mais duchesse toujours, quelle que fût sa figure. Elle charmait tout le monde, même son mari qui ne la croyait pas si variée dans sa beauté et dans son esprit. Le dilletante en amour trouve toutes les femmes dans la femme qu'il aime; mais combien peu qui savent jouer cette musique divine, où le diable jette sa note stridente.

Le duc n'avait pas écrit une seule fois à Léa, ni aux amis de Léa; dans les lettres reçues de Paris il n'avait point vu ce nom magique. Une seule fois, dans un feuilleton du lundi, il lut à vol d'yeux la critique de la reprise d'un opéra « pour la rentrée de mademoiselle Léa, » mais il n'alla pas jusqu'au bout; il rejeta le journal comme s'il ne devait jamais arrêter son regard sur cette figure trop rayonnante encore. Chaque fois que sa maîtresse apparaissait à sa pensée il fermait courageusement les fenêtres du passé, ou plutôt il détournait les yeux pour regarder Jeanne, craignant toujours d'affaiblir sa résolution. Je n'affirmerai pas que le sacrifice d'une femme au culte de l'autre fût toujours heureux. Les absents ont tort, mais combien de fois Léa avait raison, car l'absence est comme le souvenir, elle ne montre que le beau côté de la médaille de l'amour. Mais pourtant Lionel commençait à trouver je ne sais quoi de doux et de rasséréuant dans le devoir accompli. Son ciel n'était pas encore inondé d'azur et de lumière, mais il n'était plus chargé de ces nuages orageux qui répandent les fiévreuses électricités. Il commençait à comprendre que la vie n'est pas toute dans ces folies au jour le jour, — ou plutôt au jour la nuit, — qui ramènent l'homme aux mièvreries et aux lâchetés de l'enfant. Le duc se disait qu'à son retour en France, il allait vivre enfin comme ses amis les plus sérieux, un peu pour lui et beaucoup pour les autres. Il possédait une des plus belle terres de la Bourgogne; il allait la féconder. Il aimait l'agriculture; tout jeune encore, il avait passé tout un été et tout un automne dans le spectacle et la curiosité des moissons et des vendanges; il voulait que sa terre surprît toutes les populations rurales par l'or de ses blés, la luxuriance de ses luzernes et la saveur de ses regains; il se promettait d'enlever tous les prix pour ses bêtes à cornes, ses béliers et ses cochons, comme naguère il luttait pour ses pur sang aux courses de Longchamps et de Chantilly.

Et combien d'autres projets de la vie sérieuse qui passaient par l'esprit de Lionel, sans parler des graves projets de distractions : Trouville, Bade, les voyages, les chasses, les plaisirs du monde ; car, depuis que Léa l'avait pour ainsi dire doucement emprisonné dans ses bras, il n'avait respiré que dans l'atmosphère des femmes galantes et n'avait vécu que de la vie des coulisses et du club.

Le voyage de Lionel et de Jeanne avait duré près de six mois, quand ils rentrèrent en France par Marseille où ils mirent à peine pied à terre. Ils s'arrêtèrent quelques jours en Bourgogne, au château de Lionel; mais ni lui ni sa femme ne s'y trouvèrent bien : lui, parce que déjà la fièvre parisienne l'avait repris ; elle, parce qu'elle voulait que tout Paris fût enfin témoin de son bonheur. N'est-ce pas pour une femme, la conquête de la toison d'or, que de conquérir son mari ?

Tout Paris fut-il témoin du bonheur de la duchesse ?

LXII

UNE RENCONTRE AU BOIS

On sait que Lionel était renommé dans les deux mondes pour le haut goût de ses équipages de ville et de chasse. Nul ne conduisait quatre chevaux avec un dilettantisme plus accompli. Il était en outre le vrai dessinateur et le coloriste du turf. Entre une calèche et une autre calèche, il y a tout un monde pour un vrai gentleman.

Le duc imposait donc la mode en imposant son goût, non seulement par les formes sévères et gracieuses, les teintes fermes et fondues à la fois de ses voitures, mais encore par le haut style et la richesse étudiée de ses livrées.

Aussi, dès le premier jour qu'il reparut au Bois, tous les regards s'arrêtèrent sur lui ; il manquait depuis trop longtemps à cette fête de tous les jours, qui ne serait plus une fête, si les rois et les reines de la mode cessaient tout à coup d'y donner le spectacle de leur luxe, de leur excentricité et de leurs figures.

Ce fut tout une petite émeute quand le

duc et la duchesse firent leur premier tour du lac.

Le Paris mondain, le Paris oisif, le Paris curieux s'était préoccupé de l'histoire de Lionel et de Léa.

On avait parlé tout haut des jalousies de la duchesse ; l'histoire du poignard avait couru sur toutes les lèvres ; on disait que la duchesse se cachait dans un château ; on croyait que Lionel n'était allé en Italie que pour attendre Léa. Ce fut donc une vraie surprise de voir le duc et la duchesse faire leur rentrée dans le monde, le sourire sur les lèvres et sans doute l'amour dans le cœur ; car ils étaient doucement penchés l'un vers l'autre, comme de vrais amoureux qui continuent leur rêve de bonheur dans leur calèche.

Combien firent-ils de tours dans cette quiétude voluptueuse ? Ils étaient là sans souci des spectateurs, respirant les brises bocagères tout imprégnées de parfums rustiques et de parfums artificiels : les agrestes senteurs de l'herbe coupée se mêlaient aux pénétrantes senteurs de la boutique de Lu... de Legrand. On respirait bien aussi ... la poussière des avenues et la fu... des cigares.

Tout à coup la duchesse pâlit et regarda Lionel.

Elle avait vu Léa avec le marquis d'Ordova.

Il n'y avait ce jour-là que deux voitures attelées à la Daumont, c'était celle du duc et celle du marquis.

On peindrait mal ce que ressentit Lionel. Mais, selon son habitude, il masqua son émotion sous un sourire distrait. Ce fut si bien joué que la duchesse crut que son mari n'avait pas voulu regarder Léa.

— Je suis sauvée ! pensa-t-elle.

Quand la femme ne meurt pas des blessures de l'amour, elle guérit plus vite que l'homme. Les blessures de l'homme sont plus profondes, quoique moins visibles. A force de pleurer la femme se console.

Ce fut l'histoire de Léa. Elle n'était pas ... ses blessures ; elle devait oublier.

Aussi quand Lionel la rencontra couchée nonchalamment dans sa calèche, à côté du marquis d'Ordova, il ne reconnut plus cette figure inquiète, pâlie par la passion, cher-chant toujours du regard comme s'il allait lui apparaître. Elle était belle et calme, plus calme, plus belle que jamais, n'aimant plus que sa beauté, et le cadre de la beauté, c'est-à-dire le luxe que lui prodiguait son amant.

Quand elle vit passer le duc et la duchesse, elle ressentit pourtant un coup au cœur ; mais sa figure ne trahit pas cette émotion toute passagère.

— Ah ! dit-elle avec un petit cri de surprise, voilà le duc et la duchesse.

Et, pour se prouver à elle-même qu'elle n'était plus amoureuse de Lionel, elle ajouta :

— La duchesse a un joli chapeau.

C'était un chapeau grand comme la main, tout constellé de marguerites.

— Oui, dit ironiquement le marquis d'Ordova, on s'aime un peu, beaucoup, passionnément, point du tout.

Comme les voitures allaient au pas, le duc entendit ce que disaient Léa et son amant. Une grande colère passa en lui.

— Je tuerai cet homme, dit-il.

Mais était-ce bien pour ce que venait de dire le marquis ?

Non sans doute, car Lionel ajouta :

— Je ne veux pas qu'il soit heureux de mon bonheur.

Le soir, dans un salon du club, Lionel souffleta du bout de son gant le marquis d'Ordova.

— Monsieur, lui dit-il, vous semblez oublier que nous nous battons demain ; je vous le rappelle.

LXIII

VOILA M. LE DUC QUI RENTRE.

Le lendemain Lionel et le marquis d'Ordova se rencontrèrent encore au bois, mais c'était au bois de Vésinet, à huit heures du matin.

Ce jour-là Jeanne s'éveilla dans les idées les plus gaies. Son imagination était comme cette branche de myrte de l'anthologie d'où les oiseaux s'envolaient gazouillant et chantant vers l'aube lumineuse.

Il était dix heures ; c'était l'heure où Lionel venait doucement la réveiller —

l'heure où l'on parlait des douces folies de la veille, — l'heure où l'on bâtissait le château de cartes de la journée, — cette heure de paresse où l'on s'abandonne à la dérive aux entraînements de l'imagination quand l'amour est là et qu'il répand sur tout ses couleurs d'arc-en-ciel.

C'était l'heure aimée de la duchesse. Souvent, quand on venait l'avertir que le déjeuner était servi, elle n'avait pas encore quitté la vie horizontale ; aussi était-ce pour Lionel un charmant spectacle de la voir descendre du lit, fourrer ses jolis pieds dans ses pantoufles de fée, tapoter d'une main légère ses cheveux ondés et s'envelopper mignonnement dans sa robe de chambre ; tout cela avec les adorables mouvements de la grâce et de la souplesse, car elle était femme de la tête aux pieds, femme par le corps comme par l'âme et par le cœur ; femme par toutes les féminineries des charmeresses.

Ce matin-là, quoiqu'elle se fût éveillée dans je ne sais quel rêve charmant, elle s'étonna que Lionel ne fût pas là.

Elle sonna.

— Est-ce que M. le duc est sorti ?

— Oui, madame la duchesse ; M. le duc est sorti avec M. le comte d'Ormancey et M. le prince de Villafranca.

— Déjà ?

— M. le duc et ces messieurs sont partis en breack ce matin, sans doute pour essayer les chevaux qui sont arrivés hier de Chantilly.

La duchesse se retourna de l'autre côté et continua son rêve, ne s'inquiétant pas de cette absence. Et pourtant Jeanne croyait aux pressentiments. Mais si les pressentiments sont des esprits familiers qui vous annoncent presque toujours le malheur, quelquefois il semblent s'amuser par les contrastes ; ils vous font entrevoir le rivage espéré à l'heure même où la tempête se lève pour vous engloutir.

Vers midi, la duchesse, qui poursuivait les songes d'or dans le demi-sommeil, fut réveillée tout à fait par le bruit du breack qui retentissait dans la cour de l'hôtel.

— Voilà M. le duc qui rentre ! dit la femme de chambre qui venait d'allumer le feu de la duchesse.

Jeanne descendit rapidement du lit et se hâta de s'habiller un peu pour le déjeuner.

On lui avait apporté une robe de chambre en cachemire des Indes dont les couleurs vives et fondues, gaies et harmonieuses, eussent enivré le regard de Corrège, de Murillo et de son petit-fils Diaz de la Pena. On eût dit une palette magique préparée pour des pinceaux de fées.

La duchesse se drapa dans cette merveille avec la grâce d'une duchesse.

Elle n'avait jamais été plus belle. L'amour, l'esprit et la gaieté rayonnaient par ses yeux et par sa bouche ; jamais le sourire n'avait contenu plus de promesses, jamais le regard n'avait eu plus de magie.

C'est si doux, quand on est amoureux, de se retrouver après une absence, de payer en battements du cœur et en embrassements toutes les heures perdues ; c'est si doux pour la femme, — quand elle aime son mari comme un amant, — de se jeter dans ses bras et de fondre sur son sein.

La porte s'ouvrit : ce n'était pas Lionel.

Le comte d'Ormancey entra, pâle et éperdu.

— Madame, dit-il, Lionel..,

— Oh ! mon Dieu ! s'écria la duchesse, Lionel...

L'ami de Lionel garda le silence.

— Lionel s'est battu ! Lionel est tué ! s'écria Jeanne.

Et elle tomba aux pieds du comte d'Ormancey, sans qu'il eût le temps de la soutenir dans ses bras.

On eût dit qu'elle était frappée elle-même par la balle qui avait tué son mari.

Cette belle robe des Indes qui tout à l'heure habillait l'espérance, qui devait réjouir les yeux de Lionel, qui rehaussait encore la beauté de la duchesse, était comme une ironie, l'ironie de la fatalité, l'éternelle ironie du bonheur.

Le comte d'Ormancey prit la duchesse dans ses bras et la porta sur son lit.

— Voilà pourtant, dit-il tristement, l'histoire des passions. On n'est pas heureux sans elles, et le bonheur qu'elles donnent, c'est la douleur.

Le comte versa de vraies larmes sur son ami. C'était son meilleur. Il pensa qu'il ne se consolerait pas de ne plus voir cette charmante et spirituelle figure qui avait été de toutes ses fêtes. Et comme c'était un philosophe à ses moments perdus, il fit cette réflexion — qui ne le consola pas — c'est que chaque homme ici-bas a ses cartes marquées d'avance dans le jeu de la vie. Qu'il les joue bien ou mal, il gagne ou perd fatalement. S'il gagne, c'est la fortune, c'est l'amour, c'est la domination, c'est la célébrité; s'il perd, c'est la misère, c'est la trahison, c'est l'esclavage, c'est le néant. Lionel venait de perdre sa partie, lui qui avait eu de si belles cartes dans son jeu!

— Et le plus triste, pensa d'Ormancey, c'est qu'il ne pourra pas prendre sa revanche !

Mais Lionel l'avait voulu, quand tant d'amour l'attendait! Aux premières aubes du bonheur il s'obstinait à regretter les voluptés nocturnes; le doux breuvage des pures amours n'avait pu tarir cette lèvre dévorée de passions fiévreuses.

Et pourtant, ce jour-là, au lieu de rentrer mort à l'hôtel, les lèvres déjà glacées, il eût été si doux d'aller réveiller, sous un baiser charmeur, cette belle duchesse déjà tout enivrée de ses rêves amoureux!

LXIV.

LE BONHEUR N'EST PAS DE CE MONDE.

Que vous dirai-je ? Lionel et d'Ordova s'étaient battus au pistolet. Les deux coups étaient partis en même temps. La balle de Lionel avait fracassé l'épaule de d'Ordova, la balle de d'Ordova avait frappé Lionel au cœur.

C'était là qu'il fallait frapper pour que ce pauvre cœur reposât en paix.

Le duc tomba sans dire un mot.

Le comte d'Ormancey se jeta sur lui et le souleva dans ses bras.

Lionel remua les lèvres et les yeux, mais l'âme n'était plus là.

Le pauvre Lionel ! On l'avait vu la veille si beau et si envié. Lui qui avait sous la main toutes les joies de la vie, il payait cher le tort d'avoir aimé Léa quand il ne devait plus aimer que Jeanne.

Quand la duchesse revint à elle, il fallut que d'Ormancey lui racontât mot à mot l'histoire du duel.

— Mais pourquoi ce duel ? demanda-t-elle impérieusement.

— Parce qu'il était impossible que Lionel ne châtiât pas d'Ordova; Lionel vous aimait trop, madame, pour lui pardonner jamais d'avoir osé lever les yeux jusqu'à vous. Ce duel était écrit là-haut. Et puis savez-vous pourquoi Lionel est mort ? C'est parce que vous étiez heureux.

— Ah oui ! dit Jeanne en sanglotant, le bonheur n'est pas de ce monde.

LXV.

OU M. DE SARMATTES FAIT UNE BÊTISE.

Ces jours-ci je reçus une lettre d'invitation pour un mariage à Sainte-Clotilde, — là où s'étaient mariés Lionel et Jeanne.

J'allai à la messe de mariage. Le marié c'était M. de Sarmattes, la mariée c'était madame d'Arcy.

Aurore avait dû renoncer à n'être ni marquise ni grande d'Espagne. M. d'Ordova avait disparu après le duel, résigné à ne plus jouer Don Juan à Paris.

Dans la sacristie, M. de Sarmattes vint à moi, il me débita bêtement une phrase spirituelle sur son mariage; mais au lieu de la terminer selon sa coutume par l'invariable: — je crois que j'ai dit une bêtise, — il murmura avec une philosophie charmante:

— Je crois que j'ai fait une bêtise.

Je le crois aussi, mais peu importe. A la messe j'étais à côté d'un Russe de mes amis qui me donna des nouvelles de Léa.

Elle chante.

Elle chante à Saint-Pétersbourg où elle reçoit des deux mains des bouquets de diamants. Elle a mis enfin son cœur sous ses pieds et elle mène la vie à quatre chevaux. Elle en est peut-être à se demander si le bonheur c'est l'amour ou l'argent. Mais je crois plutôt que comme une autre cantatrice du XVIIIme siècle, une railleuse — Sophie Arnould — elle se dira de temps en temps au milieu des fêtes qu'on lui donne, en répandant une larme dans la coupe de vin de Champagne: « Ah! le temps passé c'était le bon temps, j'étais si malheureuse ! »

Elle chante.

Le cœur est le pays des tombeaux. On chante, mais souvent le *De profundis* d'un amour ancien monte à travers la chanson d'un amour nouveau.

LXVI.

LE DERNIER MOT.

Plus d'un an s'est passé. La duchesse porte toujours son deuil en laine. Elle le porte deux fois, parce que c'est le deuil de Lionel, et parce que c'est le deuil de son bonheur.

Bien des jours, bien des choses, bien des événements pourront passer sur son cœur sans effacer en elle l'impression profonde de ce coup de théâtre qui lui a été annoncé par ces paroles terribles, dernière raillerie de son roman : — *Voilà M. le duc qui rentre!*

Cet automne le comte d'Ormancey est allé chasser au château de Rouvré.

C'est lui qui me donne dans une lettre le dernier mot de cette histoire. Le voici :

Un soir qu'il causait avec la tante et la nièce, madame de Rouvré reparla de l'histoire du duc et de la duchesse.

— Pauvre mignonne ! dit-elle à Jeanne, c'est là le livre de la vie; mais après tout le tien n'est pas fini.

La duchesse voyait bien depuis quelques jours que sa tante voulait la remarier à d'Ormancey.

— N'est-ce pas, reprit madame de Rouvré, en regardant le comte, que Jeanne n'en est qu'au premier volume de son roman ?

— Non, ma tante, dit la duchesse, j'ai fermé le livre.

FIN.

MADAME DE NAILHAC

UN SPHINX DE LA VIE MONDAINE.

I.

Un clair soleil brillait et invitait à la promenade tous les oisifs de Paris. Il y avait dans l'air, quoiqu'on fût au mois de janvier, comme un souffle léger du printemps. A la gaîté du ciel, au vif éclat de la lumière, on aurait pu se croire à Nice. Une grande foule passait sur le boulevard. Tout à coup, vers deux heures, une rafale de pluie et de neige se mit à fondre sur la ville. En un clin d'œil, le boulevard fut désert. L'asphalte, fouetté par l'ondée, luisait comme un miroir. Belles robes et frais chapeaux avaient disparu. En ce moment une jeune femme surprise par la bourrasque venait de chercher un asile sous une porte cochère de la rue Taitbout; quelques larges gouttes d'eau, qu'elle n'avait pas eu le temps d'éviter malgré la rapidité de sa fuite, tachetaient son grand manteau de velours; elle soulevait du bout de sa main bien gantée le bas de sa robe, qui laissait voir des pieds délicats finement chaussés.

Les barres de la pluie rayaient l'atmosphère assombrie, le ruisseau gonflé par l'averse se changeait en torrent et débordait sur le trottoir, de petites vagues menaçaient la porte cochère, où le vent s'engouffrait; le talon de la fugitive commençait à battre avec impatience le pavé mouillé par l'embrun. La pluie tombait toujours. Les voitures que Mme de Nailhac apercevait dans la rue passaient avec la rapidité de la foudre, aucune n'était vide. — Je ne puis cependant pas rester là jusqu'à demain! — se dit-elle. Tandis qu'elle regardait en l'air, un coupé s'arrêta subitement devant la porte après l'avoir un instant dépassée; un jeune homme de bonne mine en descendit, s'approcha de Mme de Nailhac, et la saluant : — Voulez-vous permettre à une personne qui a eu l'honneur de vous rencontrer chez Mme de La Roque de vous offrir sa voiture ? dit-il.

— Monsieur de Bois d'Arci, je vous remercie, répondit Mme de Nailhac, j'attendrai, et il en passera bien quelqu'une que je pourrai prendre.

— S'il en arrivait une qui fût libre, toutes les personnes qui vous entourent, madame, se rueraient sur le marchepied; ce serait un assaut. Vous êtes ici comme des naufragés dans une île déserte, je mets mon canot à votre disposition. La navigation achevée, vous me le renverrez.

Mme de Nailhac jeta un nouveau regard vers le ciel; elle n'aperçut que des nuées d'où la pluie tombait à flots. — Monsieur, dit-elle, je suis vaincue par le déluge; mais si j'accepte une place à bord de votre coupé, c'est à la condition que vous garderez l'autre.

— Madame, je ferai comme ce gentilhomme suédois que le roi Louis XIV engageait à monter le premier dans son carrosse; j'obéirai.

Mme de Nailhac prit le bras de M. de Bois d'Arci et franchit le trottoir d'un élan rapide. — Où faut-il donner ordre de vous conduire, dit M. de Bois d'Arci.

— Chez moi, répondit Mme de Nailhac.

— Rue d'Aguesseau 97, cria M. de Bois d'Arci au cocher.

— Ah! pensa Mme de Nailhac, il sait où je demeure.

Assis l'un près de l'autre, ils causèrent de différentes personnes avec lesquelles ils avaient des relations communes et particulièrement de Mme de La Roque, qui paraissait avoir quelque tristesse depuis un certain temps. La voiture allait comme le vent; en dix minutes elle eut franchi la distance qui sépare la rue Taitbout de la rue d'Aguesseau et entra sous le vestibule d'un hôtel. M. de Bois d'Arci mit pied à terre et offrit la main à Mme de Nailhac. Elle venait de le remercier, lorsque, se retournant:

— Monsieur, dit-elle, je suis toujours chez moi le mardi soir; s'il vous plaît d'y venir prendre une tasse de thé, je vous l'offrirai de bon cœur.

M. de Bois d'Arci s'inclina. — Madame, répliqua-t-il, je vous mettrais peut-être dans la nécessité de m'en offrir souvent, si je ne craignais de passer dans votre esprit pour un usurier.... Autant que faire se pourra j'userai sans abuser.

Seul dans sa voiture, à la place même que Mme de Nailhac occupait tout à l'heure, M. de Bois d'Arci n'eu put distraire sa pensée pendant quelques minutes. — Elle est tout à fait charmante, se dit-il, c'est ce qu'on pourrait appeler une coquette ingénue.... un sourire d'enfant et des yeux de femme.

Dans le même moment, le souvenir de M. de Bois d'Arci, de son humeur aimable, de sa conversation alerte et vive, se présentait à l'esprit de Mme de Nailhac. — Comment se fait-il, pensa-t-elle, qu'il n'ait pas eu le désir de se faire présenter chez moi?.... Cela frise l'impertinence. — En entrant chez elle, Mme de Nailhac jeta un coup d'œil sur un miroir. — Ce n'est cependant pas ma faute, ajouta-t-elle.

Il se trouva que le lendemain du jour où la pluie avait inondé brusquement Paris était précisément un mardi. M. de Bois d'Arci était aux Italiens. Il lui sembla qu'on chantait mal. — Si j'allais chez Mme de Nailhac? pensa-t-il. — Un quart d'heure après, il entrait dans l'hôtel de la rue d'Aguesseau. Mme de Nailhac, qui causait avec un ami d'enfance appelé M. de Bré, rougit en l'apercevant. — Voilà mon sauveur, dit-elle gaîment.

M. de Bré, qui connaissait M. de Bois d'Arci, lui serra la main. Il l'observa ainsi que Mme de Nailhac tandis qu'ils échangaient quelques paroles. — Son sauveur! fit-il; il s'agit de savoir à présent lequel des deux perdra l'autre.

M. de Bré était de ces hommes qui prévoient les catastrophes de loin. Vers cette époque, en 186., Odette de Nailhac passait à bon droit pour l'une des plus charmantes maîtresses de maison du faubourg Saint-Honoré. Son hôtel était le rendez-vous d'une compagnie aimable et choisie. On tenait à honneur d'y être invité, et lorsqu'un hasard en avait ouvert les portes, celui qui les avait franchies une première fois y retournait, ramené au même lieu par une séduction dont il subissait l'influence sans bien se rendre compte des éléments qui la composaient. Mme de Nailhac avait alors vingt-huit ans à peu près, et les avouait sans en distraire un seul mois; elle était d'une taille moyenne; des amies assuraient même qu'elle était petite. Élégante et gracieuse sans effort, souple dans ses mouvements, toujours bien assise dans son fauteuil et bien drapée dans sa robe aux longs plis, elle avait le don singulier de ne jamais porter que des étoffes et des bijoux dont la couleur et la forme seyaient à son visage. Elle ne suivait pas la mode, elle adoptait celle du jour en l'appropriant à sa personne, et en tirait des ressources que les plus habiles ne découvraient pas. On n'apercevait rien sur elle qui attirât le regard: tout l'y retenait. Elle était à la fois active et silencieuse, toujours silencieuse, toujours occupée, mais sans bruit. Elle ne forçait pas l'attention à se tourner vers elle, mais elle avait une façon de tendre la main à ses amis qui les enchaînait à son côté. Très pâle, avec des yeux bruns doucement lumineux, les cheveux châtains, la bouche grande et d'un dessin correct, les dents magnifiques, l'oreille fine, rose et pareille à une coquille, le cou délicat et bien attaché, les épaules larges, effacées et telles que le ciseau d'un sculpteur les eût prises pour modèle, Mme de Nailhac joignait à tous ces avantages le don plus rare d'avoir un profil. Par là elle était sûre de vaincre ses rivales et de ne point passer inaperçue. Quand on lui faisait compliment des mille cadeaux qu'elle avait reçus du ciel en partage, Odette laissait fuir le torrent, et, la dernière phrase achevée, sans prendre un air de modestie, hochant la tête : — C'est vrai, disait-elle, mais on avait oublié d'inviter une fée autour de mon berceau, et celle-là m'a donné des mains qui ne sont pas jolies.

On se récriait. Pas jolies! des mains si mignonnes et si doucement vêtues d'un épiderme frais et blanc! C'était un blasphème.

— Blasphème tant qu'il vous plaira, reprenait Mme de Nailhac; tous ces madrigaux n'empêchent pas qu'elles ne soient laides.

Si des avantages physiques on passait aux qualités morales, on découvrait chez Mme de Nailhac une égalité d'humeur qui étonnait à l'égal d'un phénomène, Paris étant la ville du monde où les nerfs se piquent le moins de solidité. Telle on l'avait vue au printemps, telle on la retrouvait en automne; la pluie ou le vent n'y pouvait rien. Jamais sur ses lèvres de mots piquants, jamais d'observations malignes. Elle ne se plaisait point aux confidences perfides qui sont en usage dans les entretiens du monde; les petites infortunes qui arrivaient à ses amies intimes ne la réjouissaient pas non plus. Elle avait l'esprit aimable, ouvert, bienveillant, avec une nuance de paresse qui n'était pas sans charme et qui n'excluait pas l'originalité; aucune prétention d'aucun genre, point de paradoxes, nul étalage de sentiments. Mme de Nailhac ne connaissait pas l'ennui.

Ce n'était pas la moindre de ses singularités.

Odette s'était trouvée veuve à vingt-cinq ans, avec une fortune qui lui permettait de vivre à l'aise dans le monde le plus brillant de Paris. Elle n'avait point eu l'hypocrisie de pleurer ni beaucoup ni longtemps M. de Nailhac. Ceux qui avaient connu son mari en parlaient comme d'un homme atrabilaire qui soignait ses rhumatismes, chassait dans l'intervalle des accès et avait un grand goût pour l'agriculture. Contre l'habitude des gens qui s'en occupent, il avait des terres magnifiques et admirablement entretenues. Il y mettait sa vanité. Une pleurésie rapportée d'un marais où il poursuivait des bécassines l'enleva en trois jours. Mme de Nailhac, à laquelle il laissait tous ses biens, à la charge par elle de ne vendre ni fermes, ni châteaux, porta son deuil convenablement et passa de la laine à la soie, et du noir aux nuances les plus tendres, par ces gradations successives et savantes dont les Parisiennes ont le secret. M. de Nailhac avait vingt-cinq ans de plus que sa femme. Il l'avait rendue heureuse autant qu'il lui était permis de le faire. La reconnaissance d'Odette n'allait pas au-delà d'un souvenir qui déclinait lentement vers l'oubli.

Veuve, riche et sans enfants, Mme de Nailhac était une proie offerte à ces jeunes célibataires qui traversent les salons de Paris comme des brochets voraces les eaux confuses d'un étang; mais, quel que fût leur appétit, aucun n'avait pu mordre sur son indépendance. L'esprit, le courage, la réputation, les séductions de la naissance et des positions les plus enviées, le charme d'un amour sincère, n'y pouvaient rien. Odette voyait le danger, s'y exposait sans crainte, sans forfanterie, et n'y succombait pas; sa porte restait ouverte à ceux des prétendants qu'elle avait évincés. On en voyait par groupes dans son salon les jours de grande réception. Elle leur faisait un accueil égal. Les plus épris ne revenaient pas; elle n'y pensait plus, et cela sans efforts. Un temps ces personnes qui cherchent partout des choses mystérieuses avaient cru à un sentiment profond, secret, inaltérable, à quelque passion entourée de voiles pour un inconnu qui se tenait dans l'ombre. Ce grand calme, qui rappelait la froide immobilité des lacs ensevelis dans le silence des forêts vierges, semblait impossible dans une âme si jeune. Il fallut cependant se rendre à l'évidence. La vie de Mme de Nailhac avait la transparence du cristal ; elle n'aimait pas.

Ceux qui la connaissaient le mieux ne la comprenaient point ; peut-être ne la comprenaient-ils pas à cause de sa simplicité même, et parce qu'elle se présentait à eux sans détour. Les paysages les plus unis dans leurs plans successifs sont précisément ceux dont il est le plus difficile de circonscrire les lignes et d'arrêter les contours ; point de relief, point de cadre pour en déterminer le caractère. On saisit l'aspect et le mouvement pittoresque d'une montagne dont le regard mesure la hauteur et sonde les abîmes : on ne précise pas la monotonie d'une plaine dont les ondulations fuient dans l'espace. Chaque jour, vers quatre heures, Odette rentrait chez elle ; y trouvait à sa place la tapisserie commencée, sur le guéridon le livre ouvert le matin, et auprès du piano ses cahiers de musique favoris. Il y en avait toujours une profusion. La pièce où se tenait Mme de Nailhac était assez grande, avec de hautes fenêtres ouvrant sur un jardin. Un rapide regard indiquait que la maîtresse du logis avait du goût. Assise au milieu de meubles bien choisis et d'objets d'art qui avaient une valeur réelle, ses doigts sur le clavier ou quelque volume à la main, Odette attendait les visites sans impatience. Si on ne venait pas, c'était bien ; si la porte ne cessait pas de s'ouvrir et de se fermer, c'était bien encore. Le temps fuyait du même vol.

Parmi les personnes qui la voyaient la plus fréquemment, il en était deux ou trois, — l'une surtout, M. Jean de Bré, — qui avaient surpris par éclairs dans les yeux bruns de Mme de Nailhac des lueurs fauves d'une mélancolie pénétrante. Elle attachait alors dans l'espace des regards profonds, tout baignés d'une tristesse indéfinissable. Il lui arrivait à longs intervalles de s'oublier dans des rêveries. En ces moments fugitifs où M. de Bré l'avait observée, sa grâce était alanguie, son charme plus attractif, en quelque sorte plus intime ; un sentiment d'une intensité plus vive animait son visage : dans le sens idéal du mot, il respirait, il vivait. Un jour que Jean de Bré était resté dans son boudoir, immobile, pendant plus de cinq minutes, sans que les yeux de Mme de Nailhac quittassent une terre cuite de Clodion qu'elle ne voyait certainement pas, il appuya délicatement le doigt sur sa main. — Chère madame, dit-il, m'est avis qu'il ne faut pas que la chrysalide devienne papillon.... Les papillons sont fort jolis, mais ils ne durent qu'un printemps. C'est trop modeste pour une jolie femme.

Odette rougit. — Est-ce à dire, répondit-elle, que j'ai quelque ressemblance avec les chenilles ?

— Je le souhaiterais pour ces petites bêtes ; mais, sans vouloir faire aucune impertinente comparaison, je crois que la prudence vous conseille de rester telle que vous a toujours connue.

— Ne craignez rien s'écria Mme de Nailhac ; je n'ai point envie de changer, même pour être mieux.

La voix cependant n'était pas assurée ; un soupir la faisait trembler.

Au moment précis où commence cette histoire, Mme de Nailhac était assise devant son piano. Elle en tirait des sons éclatants et doux, suaves et pénétrants. Un artiste eût reconnu la *Marche funèbre* de Chopin. Une symphonie de Beethoven, abandonnée vers le milieu, succéda bientôt à la *Marche funèbre*, une sonate de Mozart à la symphonie. Les mains d'Odette tombèrent sur ses genoux. — — La vie cependant, murmura-t-elle, ne peut pas se composer éternellement de musique.... Ce n'est pas plus un opéra qu'un oratorio.

Elle se leva, prit une aiguille, un écheveau de soie, et se mit à piquer délicatement un canevas très fin tendu sur un métier. Au bout de quelques minutes l'aiguille d'Odette resta inoccupée sur les touffes de roses qui naissaient sous ses doigts. — Ce n'est pas une tapisserie non plus, reprit-elle en repoussant le métier.

Elle changea de place, s'empara d'un volume marqué d'un signet et l'ouvrit. Cette lueur fauve que M. de Bré avait remarquée gonfla sa poitrine. Elle tourna la page lentement, puis ferma le volume et posa la tête dans sa main. — Qui sait? dit-elle d'une voix étouffée.

Quelqu'un entra. — Ah! fit-elle en se levant avec vivacité.

Son visage, illuminé par une flamme, se voila aussitôt. — C'est donc vous, mon ami? reprit-elle en tendant sa main languissamment à M. de Bré.

Jean sourit, et, portant cette main à ses lèvres : — On ne saurait dire plus nettement à un visiteur que ce n'est pas lui qu'on attendait, répondit-il; mais je suis dans mes jours d'opposition : je ne m'en irai pas, je vous en préviens.

— Lors même que je vous prierais de regagner la porte.

— Quand même vous me feriez jeter par la fenêtre.

— Alors asseyez-vous et causons.

Votre mansuétude ne me désarmera pas, répliqua Jean, qui s'installa dans un fauteuil.

Il tira sa montre, et souriant : — Cependant rassurez-vous, il n'est pas encore cinq heures.... M. de Bois d'Arci, à moins qu'il ne soit mort, sera ici dans cinq minutes.

— Qui vous fait croire que je l'attends?

— Mille symptômes, et vraiment pour une Parisienne c'est trop de franchise. Vous plaît-il que je les analyse? Tenez, le visage que vous aviez tout à l'heure et que vous n'avez plus, le cri que vous avez poussé à mon entrée, votre façon paresseuse de me tendre la main, le regard que vous tournez vers la porte maladroitement,.... que sais-je encore,.... cent choses qui vous donnent cet air que devait avoir la femme de Barbe-Bleue quand elle criait : « Sœur Anne, ma sœur Anne, ne vois-tu rien venir? » Mais je suis bon; aussitôt que le timbre sonnera, je m'en irai.

— Vous n'en ferez rien; ce serait de la dernière impertinence!

— Que vous seriez furieuse si je vous prenais au mot! C'est alors que l'impertinence éclaterait dans tout son lustre.

Mme de Nailhac sourit, et reprenant son aiguille, piquée dans le canevas : — Avec vous, reprit-elle, on ne peut obtenir une parole sérieuse.

Tout à coup, achevant de broder un bouton de rose et sans regarder M. de Bré : — Franchement, que pensez-vous de M. de Bois d'Arci?

— De mon ami Gaston? Si je vous en disais beaucoup de bien, le mieux que j'en pourrais dire ne serait jamais qu'un pâle reflet de votre opinion. Si je vous en disais un peu de mal, vous crieriez à la calomnie. Le plus simple est de vous raconter ce que je pense de vous.

— Je suis tout oreilles.

Jean prit une pincette, et tisonnant le feu : — Vous êtes sur la pente où le pied glisse, dit-il.

— Ah!

— Et vous allez voir comment, de déduction en déduction, j'arrive à cette prophétie, qui ne me donne aucun droit à la réputation d'Ezéchiel ou de Jérémie. La curiosité vous a mordue; vous n'êtes plus indifférente. Les partitions des meilleurs opéras et les symphonies des plus vieux maîtres ne suffisent point à remplir les heures oisives de votre solitude. Le supplément des tapisseries n'y peut rien. Inquiète ou du moins, si le mot vous paraît exagéré, agitée et curieuse, vous cherchez autour de vous. « Quand une femme cherche, Eblis arrive, » dit un proverbe persan. Eblis, c'est le diable.

Cette démonstration, qui répondait si bien aux lassitudes dont Mme de Nailhac était tourmentée tout à l'heure encore, fit passer une rougeur légère sur son front. M. de Bré, qui l'observait, sourit. — Vous venez de me répondre, dit-il.

— Vous me rappelez ce voyageur qui, voyant des lueurs dans la campagne, se mit à crier *au feu!* On accourut de toutes parts, et on découvrit des feux follets qui dansaient sur une prairie tranquille et froide. Cette prairie, c'est moi.

— J'y consens.

Il y eut un silence. M. de Bré badinait avec une canne légère qu'il tenait à la main. Il regardait un petit tableau placé en face de lui. — Ce paysage d'Orient est fort beau, reprit-il. Marilhat et Decamps ont eux seuls le secret de cette grande clarté blanche et de ces horizons lumineux. Cette toile n'a pas dix pouces de haut, et la pensée s'y perd dans des lointains dont les perspectives sont infinies.

— Oui, répondit Odette sans lever les yeux.

— Votre malheur, poursuivit Jean, est de ne pas aimer les choses qui vous plaisent. Je plains M. de Bois d'Arci.

L'aiguille que Mme de Nailhac faisait voltiger d'une main agile s'arrêta; penchant alors la tête au-dessus du métier : — Expliquez-moi cela, je vous prie, dit-elle.

— C'est fort simple. Vous lisez volontiers les premiers chapitres d'un roman; mais jamais vous ne tournez les derniers feuillets.

— Ah! fit Odette, qui enfonça l'aiguille dans le canevas, un roman déjà! Il me semble, ami Jean, que vous abusez de tous les priviléges, de ceux de l'amitié aussi bien que de ceux de l'imagination; mais, si je crois à l'une, vous savez que je ne crois guère à l'autre.

— *Amen!* murmura M de Bré.

Un timbre retentit. M. de Bré se leva, et d'un air gai : — Voici le loup, je me sauve, reprit-il, quoique, à vrai dire, je pense que cette fois c'est la brebis qui croquera le loup.

Ce ne fut cependant pas M. de Bois d'Arci qu'il rencontra dans un premier salon; Mme de La Roque passa devant lui comme un trait et entra chez Mme de Nailhac; elle était fort pâle.

— Qu'est-ce donc? s'écria Mme de Nailhac.

— Ma chère Odette, je pars dans une heure; vous connaissez Mme de Chanvri, je crois?

— Certainement; c'est après vous ma meilleure amie.

— Donnez-moi bien vite une lettre d'introduction; je ne veux pas arriver chez elle comme une aventurière.

— Vous allez au château du Ménil?

— Ah! je voudrais y être déjà! On m'écrit que M. de Varanges est en grand danger. S'il meurt, je veux le voir, l'embrasser, recevoir son dernier soupir.

— Mais vous l'aimez donc, ma chère Jeanne?

— Si je l'aime!.... Je m'en suis bien aperçue lorsque j'ai lu cette lettre fatale. Mon cœur a cessé de battre.... Et j'ai pu le laisser partir! Etait-il pâle, désespéré, quand il m'a quittée! Ah! j'en suis bien punie. S'il meurt, vous ne me reverrez plus.

Tout à coup, saisissant le bras de Mme de Nailhac : — Mais cette lettre, vite, il me la faut!

Odette s'assit devant un petit meuble, et trempant une plume dans l'encre : — Vous savez à quoi vous vous exposez en allant ainsi dans une maison où l'on ne vous attend pas et pour quelqu'un qui n'est pas de votre famille?

— Eh! que m'importe?.... Je dirai tout à Mme de Chanvri. S'il meurt, je vous jure que c'en est fait de moi; s'il vit, j'espère bien qu'un jour je m'appellerai Mme de Varanges.

Odette écrivit. — Est-ce bien cela? dit-elle en tendant le papier tout ouvert à Mme de La Roque. La lettre contenait ces quatre lignes :

« Ma chère belle,

» Une amie qui tient dans mon cœur une place égale à celle que j'occupe dans le vôtre sollicite l'honneur de vous être présentée. Ce m'est un plaisir de me rendre à ce vœu. Mme de La Roque sera dans quelques heures au Ménil. Vous avez l'âme assez élevée pour comprendre le motif qui lui fait entreprendre ce voyage, assez d'esprit pour en excuser la folie. Elle est seule, tendez-lui la main; elle pleure, ouvrez-lui les bras. Du même coup vous acquérez des droits à son éternelle reconnaissance et des titres nouveaux à mon amitié. Vous savez que je ne crains pas de vous devoir beaucoup, déterminée que je suis à vous aimer toujours.

» Odette de Nailhac. »

— C'est fort bien, dit Jeanne, qui lut rapidement. A présent embrassez-moi vite... et adieu. A dix heures, priez pour lui, priez pour moi; je saurai s'il est vivant ou mort.

Elle sortit comme elle était entrée, en courant. Restée seule, Odette croisa les mains sur ses genoux, les yeux sur la porte qui venait de se refermer. — C'est donc vrai ? cela existe ! murmura-t-elle.

II.

M. de Bois d'Arci ne parut pas. Mme de Nailhac, contre son habitude, trouva le temps un peu long. — J'irai à l'Opéra ce soir, — se dit-elle. Après de dîner, elle donna brusquement l'ordre de dételer, et s'arrangea pour attendre minuit au coin du feu. Quelques livres, parmi les plus nouveaux, étaient sous sa main, son piano tout ouvert non loin de là, sa tapisserie à côté. Il lui semblait que ce n'était pas trop de tous ces auxiliaires pour tuer deux ou trois heures. Vers neuf heures, on sonna, et M. de Bois d'Arci entra. — Enfin ! s'écria-t-elle.

— Voilà un mot qui va me donner du bonheur pour un mois, dit Gaston.

— N'en soyez pas trop fier.... Il y a des heures dans la vie d'une Parisienne où tout visiteur qui se présente est accueilli comme ce prince Charmant dont parle le bon Perrault. Je n'ai presque vu personne aujourd'hui, et je suis un peu lasse de causer avec moi-même. A présent je vous tiens et je vous garde. Qu'avez-vous fait ? pourquoi n'êtes-vous pas venu tantôt ?

— Je me suis occupé de vous.

— De moi ?

— Oui, mais avant de m'expliquer, laissez-moi vous demander des nouvelles de Roger.

— Ah ! ce pauvre Roger ! vous y pensez encore ? vous y croyez ?

— Eh ! qu'y faire ? ce n'est pas moi qui le veux, c'est l'expérience. La vie de toute femme, a dit un philosophe, est un problème dont il faut dégager l'x. Selon les temps, cet x mystérieux s'appelle Alcibiade, Lovelace ou Saint-Preux, quand il ne porte pas bourgeoisement le nom de Philippe ou d'Emile. Il a été décidé un soir, entre nous, il y a de cela six semaines, que votre inconnu s'appellerait Roger. J'attends Roger, je cherche Roger.

— Cherchez, répliqua Odette d'une voix un peu sèche.

— Faut-il ajouter, madame, qu'un sentiment indéfinissable me fait espérer que jamais je ne le découvrirai ? Eût-il toutes les grâces et toutes les séductions, eût-il l'enthousiasme de René uni à la constance de Werther, il me semble que jamais cet être idéal ne vous méritera. Je me sens des trésors de haine contre ce Roger. Et cependant j'ai la certitude douloureuse qu'un jour, — qui sait ? demain peut-être, — il surgira devant vous, et que ce jour-là vous l'aimerez. Dieu ne vous a pas créée telle que vous êtes pour rester insensible éternellement. Il n'a pas mis dans vos yeux cette clarté pénétrante, dans toute votre personne ce charme sympathique, dans votre voix ces cordes musicales dont le cœur est ému après que l'oreille en est caressée, pour qu'un matin la flamme tout à coup ne vous envahisse pas.

Mme de Nailhac venait de poser ses deux coudes sur ses genoux, et dardant un regard vif sur M. de Bois d'Arci : — C'est fort joli, tout cela, fit-elle en l'interrompant; mais tout cela ne me dit pas ce que vous avez fait aujourd'hui, ni comment à mon insu vous vous êtes occupé de moi.

Un certain trouble se peignit sur le visage de Gaston. — C'est presque une confession que vous me demandez, dit-il.

— Je fais mieux, je l'exige.

— Eh bien ! je connaissais chez un marchand de curiosités un tableau de l'école française dont j'avais grande envie. Bien des fois j'avais prié ce marchand de me le céder ; malheureusement un caprice de sa femme s'y opposait. Elle a quelque part à la campagne une collection de portraits historiques, et elle destinait ma princesse, une princesse de Conti, s'il vous plaît, à parer son plus beau salon.

— Ah ! c'est une princesse de Conti ?

— Oui, madame. Enfin aujourd'hui, vers six heures, après mille démarches et des négociations diplomatiques dont je vous épargne le détail, j'ai eu ville gagnée, et à l'heure où je vous parle, mon trésor est chez moi suspendu à la plus belle place, où je ne me lasserai jamais de le contempler.

— Contemplez-le, monsieur, vous ne sauriez mieux faire pour un portrait dont l'acquisition vous a coûté tant de soins et probablement une grosse somme d'argent dont vous ne dites rien ; mais moi, où suis-je ?

— Eh! madame, la princesse de Conti, c'est votre image. On dirait que vous avez posé tout exprès pour Largillière. Tous ceux qui vous connaissent pousseraient un cri en voyant ce portrait ; pour moi, qui vous ai analysée à toutes les heures du jour et qui vous ai vue dans la peine et dans la joie, il y manque, peut-être quelque chose que seule vous avez, ce port de tête d'une grâce indicible, cette finesse de traits dont le burin d'un maître aimerait à reproduire l'exquise délicatesse sur l'agate ou le jaspe... Ce n'est pas vous,... et cependant c'est vous.

— Et je suis tranquillement, à ce qu'il paraît, accrochée à quelques pieds du sol dans votre appartement, entre une mandarine du Japon, j'imagine, et quelque pipe turque, fruits de vos lointains voyages?

— Ah! madame, vous êtes seule, si bien placée que du premier regard on vous voit. Il n'y a que vous dans cette pièce, moi seul j'y entre. Je l'ai choisie entre toutes. Ce n'est plus un salon, c'est un sanctuaire... J'y ai passé bien des heures aujourd'hui ; combien de jours n'y passerai-je pas dans l'avenir !

— Savez-vous bien, mon cher monsieur de Bois d'Arci, que sans coquetterie aucune je puis croire que c'est une déclaration que vous me faites ?

Gaston se leva tout tremblant. — Il peut se faire, dit-il, que je vous aime, et je vous aime du plus profond de mon âme. Cet amour ne m'a pas vaincu du premier coup comme la foudre renverse un arbre ; il m'a pénétré lentement, jour à jour, heure à heure, comme une eau limpide s'infiltre dans la terre et va chercher dans des profondeurs invisibles les racines qu'elle doit féconder. Un soir, en vous disant adieu, j'ai pris votre main, et j'ai senti en la serrant que le charme avait opéré ; je vous aimais. Depuis, je n'ai pas cessé d'être à vous dans le secret de mon cœur. Vous voir, vous chercher, vous attendre, vivre d'un mot, d'un regard, d'un sourire, s'entourer de chimères que l'on adore ou que l'on redoute plus que des réalités, s'émouvoir d'un son s'enivrer d'une parole, s'attrister d'une absence, pleurer d'un oubli, vingt fois se repaître des mêmes choses, craindre tout, espérer je ne sais quoi, et par-dessus tout, au-delà de tout, dans l'éternité, ne voir que vous, ne désirer que vous, et m'étonner d'avoir pu croire que je vivais avant de vous avoir rencontrée, voilà mon bonheur, et je n'en veux pas d'autre.

Un soupir gonfla la poitrine de M. de Bois d'Arci ; la voix venait de lui manquer.

— Ah ! vous êtes cruelle ! Je vous dis les choses comme je les sens, et vous me raillez.

— Non pas ! Je vous parle même plus franchement que les femmes ne sont accoutumées à le faire. Me suis-je fâchée seulement ? Bien au contraire ; j'ai écouté jusqu'au bout, et sans vous interrompre, la confession que j'ai eu l'étourderie de vous demander. N'était-ce pas avouer qu'elle ne me déplaisait point ?

— Dieu bon ! s'écria Gaston.

Il allait continuer ; Mme de Nailhac l'arrêta. N'allez pas crier ville gagnée, comme vous me disiez tantôt à propos d'une princesse de Conti. Je ne le suis point encore, Dieu merci ; il se peut même que je ne le sois jamais. En attendant, je veux bien ne pas vous cacher que de toutes les personnes, et le nombre en est grand, qui m'ont fait l'aveu de leurs sentiments, il n'en est point qui m'ait touché autant que vous. Je vous crois sincère. Tout à l'heure, tandis que vous parliez, la pâleur du marbre sur le front, les lèvres tremblantes, la voix émue, il me semblait que je lisais un chapitre de roman. Quoi ! me disais-je, il y a donc des hommes qui éprouvent de telles choses, en plein Paris, à l'heure même où le vaudeville éclate de rire, ou le mélodrame pleure, où l'opéra chante ? C'est un miracle ! et je me gardais bien de vous arrêter. Cela me faisait l'effet d'une belle musique, et je ne me lassais pas d'en écouter les mélodies.

— Après un tel aveu, le plus sage serait peut-être de ne plus chanter de mélodies et de s'en aller.

Une larme que l'orgueil s'efforçait de retenir grossit entre les paupières de M. de Bois d'Arci. Odette lui prit la main. — Je n'en sais rien, poursuivit-elle d'un accent plus doux, il se peut que je ne sois pas faite pour le sentiment que vous savez exprimer avec tant de charme, et cependant je crois que les heureux sont ceux qui aiment. J'ajouterai que, si quelque jour Roger se trouve sur mon chemin, je vous en avertirai le premier.

— Le premier... ou le second, dit M. de Bois d'Arci avec un triste sourire.

— Non pas; j'ai dit le premier et je le maintiens.

Mme de Nailhac tira le cordon d'une sonnette; un domestique entra apportant le thé. — A présent causons, ajouta-t-elle ; s'il ne vous plaît pas de parler de la comédie nouvelle, vous me parlerez de vous. Vous êtes l'un des causeurs les plus aimables que j'aie rencontrés, vous ne pouvez rien dire que je n'y sois attentive, et jamais je ne vous dirai : C'est assez.

— Allons, c'est une porte ouverte à l'espérance !

— Ouverte, non ; entr'ouverte, oui.

Au moment de se retirer, et depuis une heure la pendule avait sonné minuit, M. de Bois d'Arci leva sur Odette un regard souriant. — Maintenant que vous savez tout, j'ai comme un remords, dit-il. Ce portrait que j'ai chez moi, c'est presque un vol que je vous ai fait.

Odette regarda la pendule. — Il est très tard, répondit-elle; si Mme de Nailhac ne vous permettait pas de garder la princesse de Conti, vous ne vous en iriez pas... Bonsoir.

Gaston disparut sans répondre, mais le dernier regard qu'il jeta sur Odette la poursuivit jusque dans son sommeil. C'était comme un rayon de feu. — C'est bon d'être aimée; est-ce bon d'aimer ? se disait-elle. Elle ferma les yeux et ne les ouvrit plus.

III

M. de Bois d'Arci n'était plus tout à fait un jeune homme, mais il avait un amour de la vie qui lui tenait lieu de printemps. Il possédait une fortune honnête et en usait largement. Il occupait au ministère des affaires étrangères une position considérable.

— Cela me permet de croire que je fais quelque chose, disait-il. Au fond, M. de Bois d'Arci travaillait beaucoup et travaillait bien. Il avait l'esprit sérieux sous une surface brillante, mais il fallait le bien connaître pour deviner cette profondeur. A l'encontre de bien des gens qui se parent de qualités qu'ils n'ont pas, M. de Bois d'Arci mettait un soin extrême à dissimuler celles dont il était pourvu. L'origine des peuples, les diverses phases de leur histoire au point de vue diplomatique, leurs alliances, leurs ressources diverses, les rapports de leurs législations, étaient pour son esprit curieux des sujets d'étude continuels. Personne mieux que lui n'était au courant de certaines questions, et il aurait eu des occasions d'avancement rapide, si une certaine habitude d'analyse et de concentration ne l'avait retenu à Paris, où, disait-il, le choc des passions et des hommes produit des résultats psychologiques dont le relief et l'inattendu ne se rencontrent nulle part. Ce spectacle suffisait à son ambition. Fort amoureux de voyages aux environs de la vingtième année, Gaston avait eu ses heures de folie qu'il ne regrettait pas. Son seul chagrin peut-être était de n'en avoir pas compté davantage. Quelque bruit de ses succès et de ses aventures s'était répandu dans le monde ; il n'en parlait jamais. Quand on le questionnait à ce sujet, il souriait. — Il en est de ces souvenirs comme de ces flacons d'essence que l'on a touchés, disait-il ; si le parfum de l'essence reste aux doigts, on oublie la forme et la couleur du flacon. — Au physique, il avait la physionomie expressive et un sourire intelligent, la taille souple et le geste dégagé. Il était un peu chauve, mais cela ne messéyait pas à l'air de son visage.

A son réveil, lorsque fraîche et reposée, Mme de Nailhac se souvint de l'entretien qu'elle avait eu la veille avec Gaston, un soupir de satisfaction entr'ouvrit sa bouche aux lèvres expressives. Un élément nouveau venait d'entrer dans sa vie : elle n'en avait peut-être pas un besoin extrême, mais il ne lui déplaisait pas d'en goûter les délicatesses et d'en connaître les émotions. Seulement ces émotions, les connaîtrait-elle ? Ce langage enflammé, sincère, pénétrant, qui frappait son oreille, et dont son cœur avait été doucement bercé, saurait-elle jamais en balbutier les syllabes magiques? Un sourire d'incrédulité éclaira soudain son visage. — Et cependant, murmura-t-elle, je l'attends !

Cette attente, on le conçoit, ne fut pas trompée. A quatre heures, M. dé Bois d'Arci sonnait à la porte : trois minutes après, il attaquait les premières mesures de cette cantilène que tant de bouches ont chantée, dont tant de larmes accompagnent les ivresses si vite évanouies, et qu'on regrette aussitôt qu'on n'en sait plus ni l'air ni les paroles. Odette l'écoutait, tandis que sa main paresseuse s'oubliait par intervalles sur le canevas. Des lueurs tendres passaient dans ses yeux ; elle avait de petits mouvements de tête approbateurs, des sourires caressants : on aurait dit un dilettante qui savoure l'exquise perfection d'un chant dont la mélodie lui semble originale. Comme on applaudit après un passage difficile habilement enlevé, Odette tendit à Gaston cette main qui n'était pas jolie, et qu'il trouvait la plus charmante du monde.

— Oui, vous êtes sincère, vous m'aimez, je le sens, dit-elle : vous avez ce trouble et dans les yeux cet enchantement dont parlent les poètes, et auquel j'ai tant de peine à croire ; mais ce qui me plaît en vous surtout, c'est que vous oubliez de me demander ma main. Par là, vous sortez du vulgaire et du suranné.

— Mais si j'osais croire...

— Gardez-vous-en bien ! Je n'ai qu'une pauvre petite illusion, à savoir que mes cent mille francs de rente, cent mille francs en terres, s'il vous plaît, ne sont pour rien dans votre amour ; laissez-la moi, la proposition d'un contrat gâterait tout.

— C'est entendu ; je ne vous en parlerai jamais, et cependant...

— Voilà deux mots de trop, le reste était bien. Je dis un peu *qui sait ?* à propos de tout. Qui sait ? dirai-je encore ; il se peut que moi, la première, je vous engage à passer chez mon notaire... Jusque-là laissons dormir la question du mariage.

— Je le jure ! répondit gaîment M. de Bois d'Arci.

Il fut convenu tacitement que Gaston verrait Odette tous les jours. Ce qu'il éprouvait en la quittant, il ne le savait pas bien lui-même. L'espoir surnageait, mais la crainte était au fond avec un mélange d'amertume et de jalousie qui ne lui laissait plus une heure de liberté d'esprit. Il n'eût pas échangé, il est vrai, ces tourments pour toutes les félicités d'un paradis où Odette ne se fût pas trouvée. Il y avait des jours où un mot l'emportait au ciel, des heures où elle avait une manière de le regarder qui le jetait dans des ravissements. Il s'échappait quelquefois en des paroles d'une violence contenue où éclataient sourdement tous les ressentimens de son cœur.

— Quoi ! vous vous plaignez ! lui dit-elle un soir ; mais le plus heureux, c'est vous ! N'avez-vous pas des agitations sans cesse renaissantes, l'émotion, mille surprises ? Or tout cela, c'est la vie... Qu'ai-je, moi ? Des promenades, des tapisseries, de la musique ! Si mon cœur bat quelquefois, et je vous dois ce phénomène, il ne me fait rien connaître encore des choses dont le vôtre est plein. Arrangez-vous pour que ces tourments contre lesquels vous vous révoltez, je les apprenne à mon tour ; il me semble alors que vous n'aurez pas perdu votre temps.

Ces paradoxes arrachaient un sourire à M. de Bois d'Arci; mais il ne parvenait pas à croire qu'il fût le plus heureux des mortels. Chaque jour il pénétrait plus avant dans l'intimité d'Odette, il ne pénétrait pas dans les replis de son caractère. Il lui arrivait parfois de la presser de questions. — Eh ! que vous dirai-je ? répondait-elle avec une nuance d'impatience. Croyez-vous que je ne serais pas charmée de me connaître moi-même? mais quelle femme, quelle Parisienne surtout, a vu jamais le fond de son âme? Nous sommes des fleurs nées dans une serre chaude, les fleurs d'une civilisation exquise et raffinée qui nous a fait éclore au milieu des fantaisies et des conventions d'un monde tout plein de délicatesses maladives et de sentiments tout à la fois irritables et languissansst. Nous sommes sincères et menteuses à notre inçu; l'heure, l'impression du moment, le vent qui souffle, il n'en faut pas davantage pour transformer en perfidie ce qui la veille encore était la vérité. Ah! savoir ce que l'on veut, être bien sûr que ce qu'on espère on le désir, voir clair dans ces ténèbres qu'on porte au dedans de soi, être bien convaincu que les battemens d'un cœur jusqu'alors muet ne sont pas l'effet puéril d'une irritation nerveuse, mais le magnifique élan d'un sentiment sincère et fort, ne pas craindre, ne pas hésiter, c'est mon vœu le plus ardent. Est-ce ma faute si un dieu jaloux m'enchaîne dans mon incertitude ?

Un soir qu'elle avait parlé en ces termes, tout en vidant à petites gorgées une tasse de thé, Gaston se leva subitement comme un homme prêt à disparaître. — Ah! vous n'aimerez jamais, s'écria-t-il.

— En êtes-vous bien sûr ? répliqua-t-elle.

Gaston eut comme un éblouissement, jamais flamme plus belle ne brilla dans un regard plus chargé de promesses.

Un élan le porta à ses pieds. Odette l'arrêta d'un geste vif. — Ah ! vous êtes terrible ! fit-il.

— Non pas ! je suis vraie.

M. de Bois d'Arci reprit son attitude première avec cette liberté aisée que donne une longue habitude du monde. — Je n'ai point la prétention de tout comprendre, ajouta-t-il presque aussitôt, et j'ai devant moi une énigme vivante dont le mot échappe à mes recherches. Si je pouvais vous parler avec indifférence, je vous comparerais à ces inscriptions en caractères hiéroglyphiques qu'on découvre sur des monuments de porphyre et de granit, et dont le mystère antique défie la science. Ne sauriez-vous essayer de vous traduire pour un ami sincère?

— C'est un peu le récit de ma vie que vous demandez là ; elle n'est point telle qu'on y trouve matière à de longs mémoires.

— Dites toujours.

— Eh bien! sachez donc que tout enfant je me trouvais l'unique héritière d'un riche industriel du Perche, qui avait tout à la fois un château, des forêts et une filature. Je n'ai jamais connu d'homme plus occupé. C'était sa coutume de prétendre que, lorsqu'on a le temps de faire quelque chose, on ne fait rien. A ce compte-là, il devait faire une terrible besogne. Il était toujours courant, écrivant, discutant. Je le voyais par éclairs. Quand il me rencontrait, il me donnait sur les joues une petite tape de ses doigts vigoureux. Il ne m'embrassait jamais autrement.

— Ah! diable!

— Et j'étais convaincue qu'aucun enfant du pays ne recevait d'autres caresses et de plus douces. Quand par aventure un voisin lui en faisait l'observation, mon père haussait les épaules. — Manque-t-elle de quelque chose ? disait-il ; elle a du linge plein ses armoires, des poupées plein les mains, et des professeurs de toute sorte plein la maison. Le reste ne vaut pas la peine qu'on s'en occupe! — Il y avait auprès de moi une tante, sœur de ma mère, qui tenait à la noblesse de la province par sa famille. Son mari, mort depuis longues années, avait eu sa place à la cour du feu roi Charles X. C'était une personne verte, acerbe, enracinée dans ses idées, et qui n'avait, à aucune époque de sa vie, entretenu commerce avec les illusions et la poésie. Je dois vous prévenir qu'elle enfermait dans ce cercle fatal toutes ces choses idéales auxquelles certains hommes, parmi lesquels vous êtes, attachent un si haut prix. Elle estimait qu'un air de danse et quelque ajustement nouveau étaient plus utiles. — Au moins cela se comprend-il, — disait-elle. La première fois que Mme d'Aureillan parut à la maison après la mort de son mari elle me trouva tout en larmes. J'avais perdu dans la même journée un petit chien qui trottait toujours sur mes talons et une amie qui jouait avec moi à la poupée. L'un s'était égaré au fond des bois ; l'autre avait été ramenée à son couvent. En apprenant la cause de mon chagrin, Mme d'Aureillan se mit à rire : — Si vous pleurez pour tout ce qui s'en va, dit-elle vous y perdrez vos yeux... Un chien et une amie, tout cela se retrouve. — Je ne comprenais pas bien ce langage, mais il me rendit sérieuse sur-le-champ. Petit à petit et sous l'influence de cette parole qui avait la froideur métallique d'une lame de canif, je me déshabituai de pleurer ; n'était-ce pas désapprendre de sentir ?... Quand un attendrissement subit me gagnait, ma tante avait une façon de me regarder en haussant légèrement les épaules, qui me faisait rentrer en moi-même. Ce fut dès lors Mme d'Aureillan qui dirigea mon éducation.

— Elle seule ?

— Elle seule. Malgré son humeur tranchante et ses répliques volontiers aiguisées, nous faisions bon ménage : personne qui fût plus accommodante dans le menu détail de la vie. En dehors de mes heures de leçons, j'allais partout et furetais partout, à la bibliothèque ainsi qu'au jardin. Un soir, elle me surprit lisant un volume de *la Nouvelle Héloïse*. — Mignonne, me dit-elle, tu aurais au bout des doigts la fameuse lanterne de Diogène que tu chercherais vainement quelqu'un dans la province qui ressemblât à l'amant de Julie... On n'en fait plus. A présent lis toujours, si ça t'amuse.

— Je jetai le volume. Je me souviens qu'une autre fois une amie de Mme d'Aureillan nous raconta qu'un jeune homme à qui l'on avait refusé la main d'une fille qu'il aimait s'était jeté dans la rivière. — On n'a point retrouvé son corps, ajouta-t-elle en pleurant. — Malgré les germes d'insensibilité déposés en moi, des larmes me vinrent aux yeux. Mme d'Aureillan partit aussitôt d'un fou rire. — C'est qu'il aura suivi le courant, toujours nageant, dit-elle ; attendez seulement vingt-quatre heures, et il reparaîtra frais et dispos comme une anguille. — Le hasard voulut qu'elle eût prédit la vérité de point en point. — Chère petite, reprit-elle, les gens qui se tuent par amour finissent toujours par se marier et font souche d'enfants gros et gras. — Je jurai bien de tenir en bride dorénavant mon imagination et ma sensibilité.

— Et vous y avez réussi, à ce que je puis croire ?

— Ce sont des choses qu'on ne sait bien que la veille du jour où l'on n'a plus rien à apprendre.

Arrivée à ce point de son récit, Mme de Nailhac ne cacha point à M. de Bois d'Arci que son père était venu à mourir presque subitement, alors qu'on pouvait supposer qu'il vivrait jusqu'à cent ans. De sa grande fortune, il ne restait que des parcelles, quelques rentes, quelques valeurs. Les affaires avaient dévoré ce que rapportaient les affaires. Mme d'Aureillan prit sa nièce à part, et lui tapant sur la joue en souvenir de son père : — Mignonne, ne te chagrine pas, je n'ai point d'enfants et j'ai du bien, lui dit-elle. A l'expiration du deuil, les partis se présentèrent. L'un d'eux avait pour lui sa jeunesse et sa bonne mine. — Il me plaisait, ajouta Odette.

— Et vous l'appelez ? répliqua M. de Bois d'Arci.

— Henri de Faux. Malheureusement M. de Faux m'aimait.

A ce mot, qui partit comme une balle, M. de Bois d'Arci soupira. — Seriez-vous bien aise qu'il m'eût épousée ? ajouta Odette.

— Non certes.

— Alors soupirez moins et écoutez-moi jusqu'au bout. M. de Faux avait cette manie de prendre tout au sérieux. Un sourire, un regard, une fleur, une distraction, un mot, des vétilles auxquelles je ne prenais pas garde, étaient pour lui des affaires d'état. De là mille discussions sans cesse renouvelées et partout deux yeux enflammés attachés sur les miens. — Ma chère, me dit Mme d'Aureillan, c'est ainsi que sont faits les amoureux, point aimables, mais jaloux et tyranniques. Dans les grandes occasions, ils verseraient, disent-ils, leur sang goutte à goutte pour leur idole ; mais, ces grandes occasions ne se présentent jamais, ils en ont mille pour rendre journellement la vie insupportable aux personnes qu'ils adorent. — M. de Faux fit si bien qu'un matin j'épousai M. de Nailhac.

— Presque un vieillard ! Ce mariage vous a-t-il rendue bien heureuse ?

— Mon ambition n'allait point jusque-là. Avec M. de Nailhac, je n'ai pas souffert. J'attends pour savoir s'il y a autre chose que des négations dans la vie. Si vous parvenez à me démontrer que M. de Faux m'eût fait connaître un bonheur plus vif, je ne vous en voudrai pas. A présent vous savez tout.

— Et c'est absolument comme si je ne savais rien, dit M. de Bois d'Arci, qui se leva ; mais j'ai commencé, je continuerai.

— Et je prierai pour vous, ajouta Mme de Nailhac.

IV.

Sur ces entrefaites, Mme de Nailhac reçut une lettre qui arrivait du château du Ménil. — Ah ! cette pauvre Jeanne ! fit-elle.

« Il vit, comprenez-vous? disait la lettre. Chaque jour je le vois, il me parle, je l'entends, il est sauvé; il me semble que je suis pour quelque chose dans le miracle qui nous l'a rendu. Qui dira ce que peuvent les élans d'une sympathie ardente toujours prête au sacrifice? Pourquoi une existence en péril ne serait-elle pas sauvée par une existence qui s'offre en holocauste? Quand je suis arrivée, la mort allait le prendre. Il m'a reconnue et m'a tendu la main; je suis restée debout et souriante. Mme de Chanvri m'a comprise avant que j'eusse parlé. Elle m'a embrassée. Dieu est bon, il vivra! me dit-elle tout bas. J'ai senti que je l'aimerai toujours pour ce mot-là. Un matin j'ai vu dans les yeux de celui qui s'en allait une lumière qui n'y était pas la veille; je suis tombée à genoux. Il y a des sensations de bonheur qui vous écrasent; je sanglotais. La main de M. de Varanges qui pendait hors du lit a cherché la mienne et l'a rencontrée. — Rassurez-vous, m'a-t-il dit, je n'ai plus peur. — Cette lumière que j'avais vue briller, elle ne s'est plus effacée. De cette place où je vous écris, et c'est la première heure que je lui dérobe, je le vois... Il est assis au soleil, il lit, il respire un air tiède et sain qui le fortifie; quelquefois il tourne les yeux vers moi. Quand j'aurai fini, j'irai le prendre, nous ferons un tour ensemble; sa marche n'est pas encore aisée, je me plais dans les petits soins que sa faiblesse réclame. Il s'y soumet malgré son orgueil masculin. Quelquefois je lui fais la lecture; je comprends mieux ce qu'il entend. Son regard, quelques mots, guident ma pensée vers des hauteurs qu'elle n'avait pas atteintes. Nous causons; sa parole éclaire tout comme un rayon. Le soir, nous faisons de la musique: là je reprends mes avantages; il me remercie par son attention. On vivrait ainsi des mois et des ans. Il est si bon, si sincère; si rempli de moi!... »

Quand elle eut achevé cette lecture, Mme de Nailhac posa la lettre tout ouverte sur ses genoux. — Sa vie est pleine! murmura-t-elle avec un soupir. Sa pensée se concentra sur Jeanne. Dans la vie de Mme de La Roque aucun trouble, aucune indécision; elle l'avait remplie des meilleures choses, la bonté, la droiture, la franchise, le dévouement. On voyait dans son âme comme dans une eau limpide. Elle n'ouvrait pas son cœur ou sa maison à tout venant; mais, la chose faite, c'était pour toujours. On ne savait qu'on l'aimait que par le vide que faisait son absence et le chagrin qu'on en éprouvait. Elle assurait en riant que rien n'est plus facile que l'existence. — Il suffit de faire chaque jour ce qu'on doit faire chaque jour, disait-elle, et d'appliquer à toute chose le même soin et la même vigilance.

— Je ne la vois jamais assez, reprit Mme de Nailhac les yeux sur le lettre de Jeanne.

M. de Bré entra. — Je vous prends encore en flagrant délit de rêverie, dit-il. Est-ce ce bout de papier qui en est la cause?

— Peut-être, c'est de la poésie en prose, répondit Odette avec un sourire.

Jean haussa les épaules. — De telles lectures sont malsaines, répliqua-t-il; mais laissons cela: je viens faire œuvre d'écolier, c'est-à-dire vous donner un avertissement. Vous n'en ferez aucun cas, mais du moins ma conscience ne me reprochera rien.

— Qu'a-t-elle donc à s'agiter, mon ami? La mienne sommeille encore.

— J'ai grand'peur qu'elle ne renouvelle le miracle de la Belle au Bois dormant. Permettez que je sonne du cor à son oreille. Si Gaston de Bois d'Arci était un de ces fils de famille qui croquent leur légitime en mille sottises, je me garderais bien d'intervenir. La paille brûlée, on en secouerait la cendre; mais il vaut mieux que cela: c'est un cœur, c'est un cerveau. C'est pour cela, me direz-vous peut-être, qu'il me plaît de l'égratigner.

— Peut-être en effet.

— Cependant mon avis est qu'il vaudrait mieux faire les choses honnêtement. Si vous l'aimez, menez-le tout droit à la mairie de votre arrondissement; il vous y suivra à genoux. Si vous ne l'aimez pas, dites-le-lui bien gentiment, et l'on se mettra en campagne pour sauver ce qui reste de son esprit.

— Ami Jean, vous me rappelez ces caporaux instructeurs qui, d'une voix de stentor, crient à leurs recrues: Une, deux, portez armes! Croyez-vous qu'il en soit de mes sentiments comme de la charge en douze temps?

— Halte-là! je ne vous suivrai pas dans

vos arguties. Si vous plaidez, c'est que vous êtes décidée à condamner la victime. Grand bien lui fasse; mais à sa place je prendrais la fuite.

— Bravement?

— Sans hésiter. Je connais trop vos ruses innocentes pour m'y fier. Entre vos mains, le cœur d'un homme est comme une boule de papier entre les griffes d'un chat. Le jeu fini, on en ramasse les lambeaux.

— Lambeaux tant qu'il vous plaira! Cela vit, palpite et sert encore!

Jean frappa du pied. — A qui le dites-vous? s'écria-t-il d'un air où la gaîté se mêlait à la colère. Je sens quelque chose là qui me le répète, et cependant je suis comme un brick désemparé qu'un récent orage a poussé vers la côte; je ne navigue plus.

— Vous avez tort, dit Odette négligemment.

M. de Bré partit d'un joyeux éclat de rire, et usant de la liberté que lui donnaient ses anciennes relations: — Ah! chère petite amie, s'écria-t-il, vous me croyez donc bien jeune encore pour tendre à ma vieille liberté de ces jolis pièges auxquels les novices se laissent prendre! Je sais bien des comédiennes, et des meilleurs théâtres, qui vous envieraient cet aimable et provoquant *vous avez tort !* Hélas! vos dents ne mordront pas sur ma cuirasse, et la plus excellente preuve que je puisse vous en donner, c'est qu'elle a plus d'un défaut par où le fer peut passer. Je ne la mène plus aux batailles auxquelles votre espièglerie me convie. Vous me plaisez fort, vous me plaisez beaucoup par l'effet naturel de cette loi qui veut que les contraires s'attirent: même je vous aime un peu, quoique je vous connaisse encore davantage; mais si j'éprouvais jamais un commencement de trouble auprès de vous, ce jour-là n'aurait pas de lendemain.

— Vous disparaîtriez?

— Spontanément. Ma dernière aventure m'a rendu poltron. J'ai eu le cœur pris, fracassé, pulvérisé par les ongles roses d'une charmante personne qui vous ressemblait. J'ai donné ma démission. Donc gardez vos mièvreries pour les autres. La belle affaire quand je m'habillerais à la mode des amoureux illustres, Alceste ou Roméo! Vous y perdriez un ami sincère, et vous y gagneriez d'avoir un autre Gaston. Le premier, c'est déjà trop.

Odette réfléchit. Elle regarda du coin de l'œil M. de Bré. Il avait toujours été auprès d'elle, et toujours bon et franc, avec des allures vertes qui témoignaient de sa loyauté; c'était en quelque sorte le démon familier de la maison. C'était lui qu'on appelait dans les mauvais jours. Il n'avait guère que douze ou quinze ans de plus qu'elle, mais par l'habitude il en avait trente. Elle mit sa main dans la sienne. — Soit, dit-elle, j'accepte votre démission.... Vous resterez mon ami.

Elle soupira, et se renversant dans son fauteuil: — Mais cela me gêne, reprit-elle.

Malgré l'expérience qu'il avait de ce caractère bizarre, Jean fit un bond. — Tenez, s'écria-t-il, vous avez l'une des natures les plus originales qui se puissent rencontrer. Il ne me déplairait pas de l'étudier chez une femme laide; mais, ayant les traits qu'on vous voit, c'est une étude à laquelle je n'oserai pas me risquer. Entre votre imagination et votre cœur se livre une bataille éternelle. L'une crie: En avant! L'autre répond: J'ai sommeil! Vous me faites l'effet d'un jockey plein d'ardeur en selle sur un cheval paresseux. Il a beau jouer de l'éperon et faire siffler sa cravache; la bête indolente marche au pas. J'imagine que vous chercheriez vainement à vous expliquer, sans compter que vous appelleriez peut-être à votre aide une demi-douzaine de jolis petits mensonges. J'aime mieux vous prier de me dire en quoi mon indifférence vous gêne.

— Parce que j'aurais voulu savoir si, troublé par les mêmes émotions, vous tiendriez le même langage que M. de Bois d'Arci.... Savez-vous qu'il m'a presque convaincue?

— Eh! que vous importe que je sois plus tendre ou moins passionné, si rien ne peut fondre la neige immaculée de votre cœur? Laissez croquer les amandes à qui sait les cueillir et les éplucher.

— Et voilà précisément ce qui me blesse. L'amour tient une place insupportable dans tous les livres et tous les entretiens. On peut sans humiliation ne pas savoir le turc, mais il n'est pas permis d'ignorer un sentiment dont tout le monde parle.

— O sphinx! murmura Jean. Il se souvint des petites filles qui ouvrent leurs poupées pour voir ce qu'il y a dedans. — Faute de poupées, on prend des hommes? —se dit-il. Il sourit. Mme de Nailhac brodait. Un rayon de soleil qui filtrait entre les rideaux tombait sur sa tête et l'entourait d'une nimbe d'or. Un peu de rougeur colorait son teint mat et velouté, sa bouche était entr'ouverte, comme si sa poitrine soulevée n'eût point eu assez de l'air qu'elle respirait. La jeunesse et la vie palpitaient sur son visage. — La chrysalide serait-elle décidément morte? pensa-t-il.

— Chère madame, reprit Jean, vous venez tout à l'heure de prononcer le nom de M. de Bois d'Arci. C'est celui d'un galant homme. Vous êtes en train avec vos badinages de lui faire perdre son avenir. On ne le voit plus au ministère, et ce qui est plus grave, c'est qu'il vient de refuser la main d'une jeune personne qui n'eût pas mieux aimé que de le rendre heureux.

— Ah! et belle à souhait, et spirituelle à l'avenant?

— Madame, cette héroïne de roman offerte par un notaire porte un million dans sa corbeille; mais, je ne l'ignore pas, tous les sacrifices que l'on fait en des jours de folie sont grains de poussière et fétus de paille. Aucun n'arrive à la hauteur de vos prétentions.

— Ami Jean, avouez du moins que par ces folies mêmes vous les justifiez toutes.

M. de Bré, qui avait pris son chapeau, salua en souriant. — Ma belle amie, reprit-il, vous avez raison; en toutes choses, nous ne sommes que des imbéciles qui méritons le fouet.

— Ainsi soit-il, dit Odette.

V.

Cette nuit-là cependant Mme de Nailhac ne dormit point. Si par impossible ou sous le coup d'une défaillance Gaston avait dit oui, il était perdu pour elle. Cette pensée lui donna un léger frisson. Ce frisson l'étonna, il la charma presque. Naïvement elle appuya la main sur son cœur. — Serait-ce qu'il bat? pensa-t-elle. Au petit jour, elle ferma les yeux, et, troublée par sa propre fatigue, elle rêva que M. de Bois d'Arci voyageait dans un pays plein de ténèbres; un monstre apparaissait et l'enlevait. Elle poussa un grand cri et se réveilla les paupières trempées de larmes. Elle ne sortit pas de la journée, et se trouva le soir plus agitée encore que le matin. M. de Bois d'Arci n'était pas venu. Vers neuf heures, le timbre sonna. — C'est lui! se dit Odette. Elle sauta sur le tabouret de son piano, et une fantaisie brillante éclata sous ses doigts. Gaston parut. Elle lui fit un petit signe de tête et continua. Elle l'avait vu presque sans le regarder.—Certainement il y a quelque chose, pensa-t-elle.

Quand elle eut fini son morceau, mais pas avant, elle se leva, et s'approchant du feu: — Quand j'ai joué, j'ai toujours froid, dit Mme de Nailhac.

— Vous me rappelez ce qu'une amie intime a dit de vous: « Elle a mis toute son âme dans ses doigts. »

— Je le voudrais, répondit Odette.

Elle allongea ses pieds du côté de la cheminée, et tournant la tête à demi: — Est-ce là tout ce qu'on dit dans Paris?

— On dit encore qu'une compagnie d'explorateurs s'organise, avec l'appui du gouvernement français, pour visiter une partie inconnue de l'Afrique équatoriale, et le bruit court qu'un certain M. de Bois d'Arci que vous connaissez se joindrait à l'expédition.

— Ah! fit Mme de Nailhac, qui tressaillit.

Mais presque aussitôt se remettant: — Vous allez au Sénégal, en Abyssinie, chez les Touaregs? Et les périls, le désert, les animaux féroces?

— Oh! madame, il en est des périls comme des bons numéros à la loterie: ces choses-là ne sont faites que pour les prédestinés. S'il s'en trouve, tant mieux: ils m'aideront à combattre un souvenir devant lequel je fuis.

— Quel souvenir?

— Le vôtre. Si je vous aimais moins, je resterais près de vous. Si vous aviez accepté le don de ma vie, tout eût été facile et bon. Malheureusement je ne puis pas vous regarder sans souffrir du bonheur que je n'ai pas. Il ne m'est point permis de croire qu'un jour vous changerez.... Je m'en vais.

Un sentiment d'angoisse serrait le cœur d'Odette: il l'irritait, et elle le combattait.
— Je voudrais bien savoir ce qu'en penserait Mme d'Aureillan? se disait-elle. — Resterez-vous longtemps dans ces pays lointains où vous allez? reprit enfin Mme de Nailhac.
— Aussi longtemps que je le pourrai, jamais assez pour vous oublier.
— Voilà air un dont les paroles sont connues, poursuivit la jeune femme avec un sourire ironique.
— Je ne mens jamais; pourquoi d'ailleurs mentirais-je?.... Vous n'êtes pas de celles qu'on peut attendrir. Vous ne redoutez aucune surprise de vos nerfs; vous en êtes maîtresse comme de votre cœur. Une institutrice habile a pris soin de tout faucher en vous, la moindre fleur, le plus petit brin d'herbe;.... la place est nette. Une fois loin d'ici, je serai loin de tout.... Je ne vous écrirai pas, je craindrais d'élargir la plaie qui saigne en moi.
— Et si Roger vient, vous n'y pensez plus?
— Roger? Dieu vous le donne! dit Gaston, qui pâlit.

Il allait se lever; Odette changea de place, et se rapprochant du siége qu'il occupait: — Et cette fiancée qu'on vous avait proposée, ne la regretterez-vous pas? reprit-elle. C'était Mlle Du Treillis, je crois?
— Ah! on vous l'a nommée?
— Non, je l'ai deviné; comment! Je ne sais pas. Elle avait un million de dot, m'a-t-on dit?
— Oh! cela n'est rien.
— Eh! quelle fortune avez-vous donc?

Gaston s'était levé. Odette lui tendit la main. — Pardonnez-moi, reprit-elle. Ma méchanceté ne vient pas du cœur, je vous sais gré au contraire de la délicatesse que vous avez mise à ne rien me dire; mais, si maîtresse que je sois de mes nerfs, il ont parfois des révoltes.... J'ai eu la fièvre tout aujourd'hui. La musique a seule le pouvoir de me calmer. Voulez-vous me permettre de retourner à mon piano?... Seulement vous resterez.
— Je resterai.

Mme de Nailhac fit signe à Gaston de s'asseoir à côté d'elle. Bientôt après, elle jouait avec une fiévreuse animation les premières pages de l'ouverture de *Sémiramis*. Quelque chose de divin chantait avec le piano. Un sentiment d'ivresse douloureuse remplissait le cœur de Gaston. Les dernières notes de ce chant tragique venaient de s'envoler sous les mains frémissantes de Mme de Nailhac. Il se pencha, et, prenant un long ruban qui des cheveux d'Odette flottait sur ses épaules, il le porta à ses lèvres et l'y retint un instant. Odette, toute pâle, se leva, et passant devant lui : — Au revoir, Roger ! dit-elle.

Gaston poussa un cri: elle avait disparu.

M. de Bois d'Arci ne partit pas. Pendant quelque temps, il vécut dans les nuées: cet idéal que tant d'êtres humains poursuivent à travers les angoisses de la vie, il l'avait trouvé, il s'appelait Odette. Il la voyait telle qu'elle était, avec les incertitudes de son cœur, les défaillances de son esprit, et il n'aurait pas voulu qu'elle fût autrement. C'est ainsi qu'il l'avait connue, c'est ainsi qu'il l'avait aimée. Il n'eût pas désiré que son idole perdît un rayon, perdît une ombre: parfaite et transfigurée, ce n'eût plus été Mme de Nailhac, celle qui remplissait son âme et la rajeunissait. Une lettre qu'il écrivit pendant cette première fièvre donnera une idée plus nette de ce qui se passait en lui.

« Tu as gagné le port, mon vieux camarade; tu as une femme, des enfants, la certitude dans l'avenir. Je n'ai aucun de ces biens, et cependant je ne changerais pas mes tempêtes contre ton repos. Il se peut que demain le désespoir m'anéantisse, j'aurai goûté le bonheur dans ce qu'il a de plus enivrant: j'aime, je ne m'appartiens plus...

« Depuis l'approche de la belle saison, elle habite une villa, à mi-côte, sur la lisière d'un bois, dans la vallée de Montmorency. D'une petite terrasse abritée par une vérandah, on voit des lointains vaporeux qui ne sont pas sans grâce et sans étendue; par une échappée entre deux bouquets d'arbres, le lac d'Enghien apparaît baigné de lumière ou voilé de brume; nous passons des heures sur cette terrasse. Pour être plus près d'elle, j'ai pris un gîte dans un chalet voisin. Je ne sonne jamais à sa porté sans un battement de cœur qui m'étouffe. Je cherche ses yeux, j'attends son sourire; chaque jour, je lui apporte un bouquet de violettes, et le mouvement de sa main quand elle le prend me donne l'exacte température de son âme. Ah! la sienne est pareille au ciel, un jour bleue, un jour grise. Le caractère est charmant, l'âme est confuse et mobile.

« Odette voit beaucoup de monde. C'est la maladie de certaines femmes de Paris, qui embarrassent leur existence d'une foule d'êtres inutiles ou importuns. On pourrait dire qu'au lieu de s'économiser elles se gaspillent. Cette contagion l'a gagnée. Je souffre de la voir ainsi entourée, et toujours égale, sans impatience, sans irritation. J'ai peine à me défendre d'un mouvement de dépit. Il y a des jours où j'exprime plus vivement ce que je ressens, elle lève la tête, suspend le travail de son aiguille, me regarde, sourit. — Vous vous plaignez donc encore? me dit-elle doucement. Quand mes yeux rencontrent les siens, je ne me plains plus. Le sentiment de la réalité ne me revient que lorsque je suis loin d'elle. Alors je me souviens d'indifférences qui m'étonnent. Se peut-il, quand on aime, qu'on soit si calme et si tranquille, si absorbé par les mesquines préoccupations du monde?

« Quel sera le dernier chapitre de ce roman où ma vie s'est enfermée? Je ne le sais pas. Odette le sait-elle mieux? Je le crois encore moins; mais, quand je descends tout au fond de moi, je n'y trouve rien de semblable à ce qu'autrefois j'ai connu. C'est quelque chose de plus intense qui m'accable et m'effraie; j'en sens le redoutable empire, et s'il est vrai que toute créature humaine doit rencontrer celle en dehors de qui rien n'a été et ne peut plus être, qui résume toutes les félicités par son amour et vous plie à tous les désespoirs par son abandon, je pourrai dire, à l'heure où les formes s'effacent: « Celle-là, je l'ai connue, elle s'appelait Odette. »

On se souvient que M. de Bois d'Arci apportait chaque jour à Mme de Nailhac un bouquet de violettes qui était entre eux comme le signe visible du souvenir. Un soir, après une première visite, il la trouva sous la vérandah, accoudée à une balustrade qui la séparait du jardin. Elle était dans l'ombre, la tête dans sa main, le regard perdu dans la nuit. Ces clartés laiteuses qui suivent en été la chute du jour donnaient aux choses des contours vagues qui en augmentaient les proportions et les revêtaient d'une grâce plus intime. Un vent indécis arrachait de furtifs murmures au feuillage; c'était comme une respiration mystérieuse dont les soupirs mouraient pour renaître encore. De pâles étoiles scintillaient dans les profondeurs du ciel. Odette tourna la tête à demi au bruit que fit Gaston en passant sous la vérandah; mais ses yeux restèrent froids, et sa main ne s'étendit pas vers lui. Le silence n'était troublé en ce moment que par le pétillement d'un jet d'eau dont les gouttes de cristal sonnaient dans un bassin. Le cœur un peu serré, Gaston s'assit auprès d'elle. — A quoi pensez vous? lui dit-il.

— Je voudrais bien le savoir, répondit Odette.

M. de Bois d'Arci remarqua alors que Mme de Nailhac tenait à la main un bouquet de violettes dont elle mordillait en rêvant les fleurs embaumées. Du bout des lèvres, les yeux errant sur l'horizon, elle les tirait de leur écrin de feuilles vertes et les rejetait dans le vide. L'obscurité de l'endroit, que les lumières éparses dans la maison n'atteignaient pas, ne permettait point à Gaston de reconnaître ce bouquet. Il fit un pas du côté de la fenêtre, pénétra dans le salon et aperçut, oublié sur le coin de la cheminée, entre un livre et une tapisserie, celui qu'il avait apporté à Odette le matin même. Un sentiment de douleur inexprimable l'envahit, et d'une main qui tremblait un peu il s'empara des violettes abandonnées. — Quel est donc ce bouquet que vous tenez à la main? dit-il quand il fut de nouveau sous la vérandah.

— Je ne sais pas, répondit Odette, j'ai pris le premier qui s'est trouvé sur mon chemin; on m'en a laissé plusieurs dans la journée.... Ce sont des violettes de Parme, je crois.

— Ah! fit Gaston, que jeta violemment dans l'espace les fleurs qu'il venait de reprendre, non, vous ne m'aimez pas!

Mme de Nailhac tressaillit, et, saisie par un de ces mouvements de franchise subite auxquels les femmes cèdent quelquefois :— Eh bien ! oui, s'écria-t-elle, je ne vous aime pas et je n'aime personne ! Voilà bien des jours déjà que je lutte contre cette vérité poignante... Je ne voulais pas me l'avouer à moi-même ; mais vous l'avez appelée, la voilà ! Un jour, dans une heure de folie, je poussai donné ce nom de Roger qui était pour vous et pour moi le symbole de la jeunesse, de l'amour, de la foi. Ah ! si Roger est l'être qu'on aime de toutes les forces de son âme, en qui se résument toutes les espérances et tous les bonheurs, sans lequel la vie est déserte, il n'y a pas de Roger dans la mienne, il n'y en aura jamais.

Elle passa devant Gaston, pâle, décomposée, le regard éclatant, plus dur que l'acier. Il la prit dans ses bras et l'appuya sur son cœur frémissant. — Est-ce bien vrai ? s'écria-t-il les yeux noyés de larmes.

Elle resta immobile et glacée sur sa poitrine, sans effort pour se dégager, sans voix pour lui répondre, les lèvres fermées, le regard fixe et froid, inerte et pareille au marbre d'une statue. — Adieu donc ! reprit-il, et d'un élan rapide il disparut dans la nuit.

Les deux épaules adossées au mur, les bras pendants, elle écouta le bruit de sa marche dans les ténèbres. Bientôt elle n'entendit plus rien. Alors, passant sur son front sa main moite : — Adieu donc ! murmura-t-elle.

La course effarée de Gaston le conduisit au chemin de fer ; il s'y jeta et fut à Paris en un instant.

Ce lac, ces ombrages si chers, il ne voulait plus les voir. En arrivant sur le boulevard, il rencontra M. de Bré. Jean ouvrait la bouche ; mais à l'aspect de ce visage où l'agonie d'une âme était visible il s'arrêta.

— Ah ! s'écria M. de Bois d'Arci, j'arrive de Montmorency, et....

— Pas un mot, plus un seul ! dit Jean, qui l'interrompit ; je n'ai pas besoin de vos confidences pour comprendre ce qui s'est passé.... Vous montez ce calvaire que tous les hommes ont connu. Maintenant, si vous étiez sage, vous n'y retourneriez plus ; mais vous aimez, vous y serez demain.

— J'ai dit demain, c'est peut-être bien tard, murmura M. de Bré qui sourit tristement.

VI.

Le lendemain, dans la matinée, deux hommes se rencontraient du côté de Montmorency, à quelques pas de la maison qu'habitait Mme de Nailhac. L'un revenait de chez Odette, l'autre s'y rendait. — Elle est partie cette nuit, dit Gaston à M. de Bré. Je voulais la voir, je voulais... Ah ! misérable cœur ! sais-je seulement ce que je voulais ? Son oubli me punit de ma lâcheté !

— A présent qu'allez-vous faire ?

Gaston arrêta sur M. de Bré deux yeux ardents et fiévreux. — Ce que je vais faire, dites-vous ? Eh ! que m'importe ! Je l'ai perdue.

Il serra violemment la main de Jean et le quitta, marchant à grandes enjambées dans la direction du chalet qu'il avait loué tout auprès de Saint-Gratien. M. de Bré prit lentement le chemin de la station. — Il a le visage d'un mort, pensait-il, et, comme si ce dernier mot eût réveillé dans le silence de ses méditations une série d'idées nouvelles, il ralentit le pas, hésita, puis, changeant de route : — C'est impossible, mais qui sait ? murmura-t-il.

Bientôt après il sonnait à la grille du cottage. — M. de Bois d'Arci ? dit-il au domestique.

— Monsieur est chez lui, mais il m'a donné l'ordre de ne recevoir personne.

— Personne, oui ; mais moi, c'est différend.

Jean écarta le domestique et passa. Arrivé en deux bonds à la chambre que Gaston occupait, il jeta bas la porte d'un coup de pied et entra. Gaston, debout, chargeait un pistolet ; il le rejeta à la vue de M. de Bré. Jean s'empara de l'arme et la fit sauter par la fenêtre. — Toutes les folies seront donc éternelles ! s'écria-t-il.

— Ah ! pourquoi me sauver ?... Le cœur est mort ! s'écria Gaston.

Jean lui saisit la main. — Qu'est-ce que le cœur, et qu'en a-t-on besoin ? dit-il. La vie, c'est le cerveau ; vivez et n'aimez plus.

Ah! vous vouliez mourir parce qu'une femme est partie?... Vous? un homme! Mais qu'est-ce donc que celle-ci que j'ai fait sauter sur mes genoux, quand elle était petite fille? Une femme qui n'est ni meilleure ni pire que les autres, une créature pétrie dans l'argile et semblable à toutes. Ah! s'il fallait mourir aussi souvent qu'on est trahi par ces êtres fragiles, la vie n'aurait jamais de printemps!

Il fit quelques pas dans la chambre, tandis que Gaston restait debout devant lui, le front assombri, les lèvres serrées. — Quoi! reprit-il, vous avez parcouru dix contrées de l'Europe et de l'Asie, vous avez vu de près les hommes et les choses, et la partie vous semble perdue parce qu'il plaît à une petite Parisienne de s'en aller un matin? Vous aviez donc cette illusion de croire que l'éternité se trouvait dans le cœur des filles du caprice et de la curiosité? Que ces plaisanteries s'échangent un soir d'été, je le veux bien: l'âme aime à se repaître de mensonges; mais qu'on assoie sa vie sur de telles fumées, voilà ce qui me passe.

Il s'arrêta subitement en face de Gaston. — Et d'ailleurs de quoi vous plaignez vous? Elle vous a aimé, elle ne vous aime plus. La belle affaire!

— Et quelle pire infortune pouvez-vous concevoir?

— Laquelle! s'écria Jean, dont le visage se décomposa. Je ne puis arrêter ma pensée sur l'heure terrible où l'affreuse vérité me fut révélée dans toute son horreur sans éprouver encore je ne sais quel déchirement.... Il y a longtemps de cela, et il me semble que c'est hier!.... Comme vous, j'aimais une femme non moins séduisante que Mme de Nailhac; comme vous, je marchais dans la joie et l'ivresse, et je croyais que mon bonheur ne passerait pas; mais un homme vint qui avait deux cent mille francs de rente, et je ne vis plus celle pour qui j'aurais donné jusqu'à la dernière goutte de mon sang.

— Mais c'est horrible, ce que vous me racontez là!

— C'est horrible, parce que c'est vrai. Le cœur et la femme le suivirent. Le cœur, je ne sais pas; la femme, j'en suis sûr. Comprenez-vous maintenant qu'il peut y avoir une douleur pire que l'abandon? Quel cœur n'est pas mobile? quelle tendresse n'est pas périssable? Mais ne pouvoir même plus estimer ce qu'on a perdu et sentir au fond de son âme ramper et se débattre mille souvenirs empoisonnés pareils aux tronçons d'un serpent écrasé dans son nid, voilà ce qui brûle et corrode, voilà la plaie que rien ne guérit....

Jamais Gaston n'avait vu se dresser devant lui un visage marqué du sceau d'une plus incurable souffrance. M. de Bré semblait épuisé; mais tout à coup, employant le langage de la plus étroite amitié: — Tu m'as entendu, reprit-il; ce coup qui devait m'écraser m'a-t-il abattu?....J'ai lutté, j'ai vaincu, je vis...Seras-tu moins fort? Ne laisse pas croire à celle qui t'a fui qu'elle disparue, la terre est vide. Relève-toi, jure-moi que ces projets, accueillis dans un moment de délire, tu les repousses, et pour toujours. Jure-moi que l'énergie que je t'ai connue, tu l'emploieras à une œuvre meilleure. Mets ta main dans la mienne, et je te croirai...

— La voilà, dit Gaston.

Bientôt M. de Bois d'Arci partait pour l'extrême Orient, chargé d'une mission qui devait pour longtemps le tenir éloigné de l'Europe. Au moment de quitter la France, Gaston écrivit ces derniers mots à M. de Bré : « Un jour nous a liés d'un lien indissoluble. J'ai vu jusqu'au fond de ton cœur; le mien n'est plus avec moi. Je n'espère pas me ressaisir à la vie. Il a suffi d'une heure pour lui faire perdre son prestige. Je ne reverrai plus celle que j'ai tant aimée. Si je pouvais, même au prix d'un effort, recommencer ces jours où je n'avais pas d'autre ambition que de la retrouver, je ne le tenterais pas. La confiance est morte. Pourquoi faut-il que l'âme, la partie la plus pure et la plus haute de nous-mêmes, soit trompée et se donne à qui ne la mérite pas? S'il est vrai que l'amour soit le culte de l'idéal, un reflet des choses d'en haut, comment se fait-il qu'il ait souvent pour cause une créature d'un ordre inférieur? Il y a là des abîmes dans lesquels mon esprit se perd. Que de larmes arrachées par ces rencontres fatales!....

« Adieu donc! Dans une heure, ces côtes qui appartiennent aux pays où elle vit ne seront plus qu'un nuage suspendu à la surface des eaux. Un peu plus tard, elles s'effaceront dans les vapeurs confuses de l'horizon; mais ce qui ne s'effacera pas, c'est son souvenir. Il y a des heures dont la pensée me fera tressaillir aussi longtemps qu'une goutte de sang animera ce cœur qui fut à elle. Elle est morte dans mon espérance, mais je la sens vivre et palpiter en moi. Cependant quoi qu'il arrive, sois tranquille, mon ami, je me souviendrai de la parole que je t'ai donnée: tes mâles accents ont réveillé mon courage; si le cœur est brisé, l'homme est debout.... »

Mme de Nailhac cependant était partie pour l'une de ses terres. L'unique sentiment qu'elle éprouvât alors était une sorte de repos : ni remords ni regret. Cet égoïsme qui sommeille si rarement dans le cœur de toute créature humaine s'était réveillé et reprenait possession de son empire. Il débordait. Elle était libre! Elle n'avait plus à soumettre ses caprices, ses sensations, ses espérances, ses mille pensées fugitives, confuses, insaisissables, qui se jouent dans l'esprit comme des insectes ailés dans la lumière aux investigations d'une âme jalouse. De quoi d'ailleurs Gaston se plaindrait-il ? Il avait eu des heures et des jours, tandis que tant d'autres n'avaient pas eu des minutes. Il l'oublierait.

A ce dernier mot, Mme de Nailhac s'arrêtait. Voulait-elle bien être oubliée ? Un orgueil impérissable, l'orgueil féminin, se révoltait et lui criait que, le voulût-elle, elle ne le serait jamais. Ces rêves d'amitié que caressent certaines femmes, et auxquels il n'en est point qui veuillent rester fidèle, lui traversaient l'esprit. — Un temps viendra où nous nous reverrons, je lui tendrai la main, pensait-elle; il a de l'esprit, nous causerons.

La belle saison était dans son plus vif éclat. Mme de Nailhac partit pour les bains de mer. C'est la mode de courir à ces villages dispersés aux bords de l'Océan; les mêmes agitations qu'on promène dans Paris, on les retrouve à l'ombre des falaises. Les habitudes de sa vie passée la reconquérirent. Elle eut un jour de réception où l'on dansait en petit comité. Elle fut la première à parler de M. de Bois d'Arci. Elle ne s'en souvenait que pour qu'on ne lui reprochât point de l'avoir oublié. Dans cette solitude animée et traversée par tous les bruits du monde, elle pensait quelquefois à sa tante, Mme d'Aureillan. Un sourire passait alors sur son visage. J'imagine qu'elle serait contente de moi, se disait-elle, les racines de l'amour n'ont pu s'enfoncer dans un cœur où son esprit a promené la faucille. Si j'ai fait un rêve, il n'a duré qu'un jour. Comment se fait-il cependant que ma pauvre tante fût heureuse dans son ironie ? Je ne le suis pas dans mon indifférenc.

A cette même époque, parmi les personnes dont elle avait fait récemment la connaissance, on distinguait un étranger dont la mâle physionomie portait tous les caractères de la franchise et de l'audace. Une chevelure blonde rejetée en arrière et de longues moustaches fauves indiquaient son origine. Il avait les yeux de cette nuance particulière aux races violentes et martiales; le bleu d'azur s'y mêlait au gris de fer; sous l'empire de passions spontanées, ils devenaient doux et profonds comme les flots, ou plus durs et plus étincelants qu'une lame d'épée. Une cicatrice blanche coupait son front sur le milieu. Le comte Sandor Brady était Hongrois. Tout jeune encore, il avait pris part à la grande insurrection de 1849. Dans ces phalanges de vaillants soldats qui combattirent à Débreczin, à Temeswar, à Ofen, il s'était fait une renommée par sa bravoure. Il avait toutes les séductions de cette nation héroïque; il en avait aussi toutes les impétuosités. Né pour la gerre, il promenait dans la paix une élégante oisiveté, à laquelle venaient en aide les débris d'une grande fortune. Le comte Sandor avait remarqué Mme de Nailhac. Odette estimait qu'il n'y avait pas de meilleur valseur à Trouville.

La première conséquence de la vie des eaux est de créer entre personnes qui se voient tous les jours une intimité qui disparaît peut-être avec les bourrasques du mois d'octobre, mais que rien ne fait naître et ne peut remplacer à Paris. Il y a des heures régulières durant lesquelles on se réunit au même lieu, on fait ensemble les mêmes promenades, on visite les mêmes paysages, on partage les mêmes plaisirs. On se rencontre dix fois en vingt-quatre heures; on s'est vu le matin au fond d'un bois, on se retrouve le soir au bal. Le récit commencé en face de la mer, on l'achève sous le feu de cent bougies. Par un sentiment inexplicable et confus, mais sincère dans son résultat, comme on sait qu'on ne se connaîtra presque plus la saison finie, on se cache moins et on se pénètre mieux.

Une excursion avait conduit un soir Mme de Nailhac et Sandor dans une forêt au milieu de laquelle s'élève un chalet dont les galeries dominent la mer voisine. D'un océan de feuillages, le regard s'élance vers un autre océan plus vaste où le flot scintille. Des massifs de fleurs s'épaississent autour de la maison; les plaintes du flot qui bat le rivage se mêlent aux murmures des feuilles effleurées par le vent. L'espace est immense; les côtes ont des courbes harmonieuses; des voiles blanches animent les solitudes bleues de l'horizon. Au moment où la compagnie à laquelle Mme de Nailhac et le comte Brady s'étaient joints arrivaient sous les ombrages de cette retraite, le soir finissait. Des bruits confus et doux flottaient dans l'air tiède; la mer, assombrie sur les rivages, avait au loin des couleurs d'opale; des nuages aux teintes roses nageaient dans le ciel limpide. La nature, alanguie par les ardeurs du jour, s'apprêtait au sommeil. Déjà la forêt, où passaient les frissons du vent, devenait noire. Mme de Nailhac et Sandor, accoudés à l'un des angles du balcon, regardaient devant eux. A quoi pensait Odette? On peut croire que le Hongrois pensait à Mme de Nailhac. Parfois il tournait les yeux vers elle, et il ne trouvait pas que le paysage entrevu dans l'ombre eût des lignes plus douces et plus charmantes que celles tracées par le cou et les épaules de sa voisine. Un inconnu passa sous le balcon; une femme était auprès de lui. — Que cette retraite serait belle à deux! dit une voix qui s'éteignait comme un souffle.

Sandor tressaillit. — Oui, murmura-t-il, bien belle en effet, si l'un des deux s'appelait Sandor, et si l'autre vous ressemblait!

Mme de Nailhac, à demi surprise, mais non troublée, tourna lentement la tête de son côté, et d'un air de moquerie : — Ce langage n'a rien de nouveau pour moi, dit-elle. Entre nous, et je dois vous en avertir, il est même usé.

— Qu'importe qu'il soit usé s'il est sincère? s'écria le comte.

— Ce n'est pas tout; encore faut-il qu'il ait le don de me convaincre, et d'autres l'ont tenté qui n'y ont pas réussi.

Ils descendirent et s'enfoncèrent dans la forêt. Un sentier que de pâles lueurs éclairaient s'ouvrit devant eux. — Mon langage a paru vous surprendre, poursuivit Mme de Nailhac, vous me prenez dans une heure de franchise, profitez-en. Demain peut-être je ne l'aurai plus; aujourd'hui je vous parle sincèrement, je ne vous aime pas. Une retraite à deux, même avec vous, me semblerait un purgatoire, je n'ose pas dire un enfer, de peur de vous offenser. Demain il se peut que je me taise et que je trouve un plaisir méchant à rester maîtresse d'un cœur qui n'est pas pétri dans le moule commun. Vous êtes de la race des grands seigneurs et des soldats....

— Je suis ce que je suis, dit fièrement Sandor.

— Eh bien! restez ce que vous êtes, reprit Mme de Nailhac en souriant; moi, j'ai été coquette, je ne le suis plus. Il paraît qu'un jour mes coquetteries ont fait plus de mal que je ne l'aurais voulu. Il y a des âmes superbes qui se donnent tout entières et ne se reprennent plus. Je ne désire pas être aimée autrement, et cependant toute passion sérieuse m'épouvante. Explique qui pourra cette contradiction!.... Il me suffit de vous en avertir; le reste est votre affaire plus que la mienne. Si votre amour... car c'est bien de cela qu'il est question, n'est-ce pas?

— Oui, répondit le comte d'une voix grave.

— Si donc votre amour est de ceux qui brillent le soir comme une étoile et s'éteignent le matin, jouez-en la comédie auprès de moi, je ne risque rien, elle peut être aussi plaisante que toute autre distraction d'un jour; mais s'il a de ces symptômes qui peuvent faire croire à sa durée et à sa vérité, partez. Une pauvre petite Parisienne telle que moi n'est pas faite pour ces grands sentiments.... Est-ce ma faute si un malin génie s'est plu à répandre dans mes veines un filet d'eau froide dont le temps et l'éducation ont fait un ruisseau de neige ?

On était arrivé dans un endroit où les arbres moins pressés laissaient tomber un rayon de lumière. Sandor s'arrêta pour mieux voir le visage de sa compagne. Mme de Nailhac l'exposa coquettement aux clartés de la lune. — Regardez, dit-elle, je ne ris ni ne tremble.

— C'est donc bien vrai ?

— C'est vrai ce soir, fiez-vous à ce soir. Demain ne m'appartient pas.

— Eh bien! dit Sandor d'un air de gaîté superbe, j'ai toujours eu pour coutume de me fier au lendemain. S'il ressemble à la veille, tant mieux! s'il ne lui ressemble pas, tant mieux encore!

Mme de Nailhac, à son tour, fit un mouvement. — Cela vous étonne ? reprit le Hongrois avec une nuance d'ironie. Ce n'est pas ma faute si je ne suis pas semblable à tout le monde. Je ne m'en aperçois que depuis que j'ai quitté mon pays. Mon langage, mes sentiments, mon caractère, ne sont pas à la mode de l'Occident. A présent que je vois de près vos habitudes bien ordonnées et que j'analyse vos passions tirées au cordeau et soumises à la règle, j'ai souvent envie de rire de mes enthousiasmes et de mon exaltation ; mais je ne puis vaincre ma nature. Chez moi, au bord de la Save, dans les grandes plaines sauvages de la terre d'Arpad, je ne fais pas disparate. Ici l'harmonie est rompue. Je dissimule le plus que je puis pour ne pas être accusé d'extravagance. Si je vous parais un peu fou, n'oubliez pas que je suis fils d'Attila.

— Fou! murmura Mme de Nailhac, comme si elle eût répondu à une voix intérieure, c'est bien le malheur d'une foule de gens que je connais de ne pouvoir pas le devenir!

— Alors laissez-moi l'être tout à mon aise avec vous.

— Soit, mais à une condition, c'est que vous me permettrez de rire au moment des accès.

— Et vous êtes une femme ? s'écria Sandor avec une nuance d'irritation.

Sa compagne fit un petit signe de tête affirmatif.

— Maintenant vous êtes prévenu, reprit-elle. Suivez votre sentier, je suivrai le mien.

Sandor ne répondit pas: ils venaient de rentrer dans la zone d'ombre. Leurs pas nonchalants faisaient crier le gravier. Du bout de sa main gantée, Mme de Nailhac brisait les feuilles des arbrisseaux voisins. Le comte dans ses longues courses à travers l'Europe, avait rencontré bien des femmes; aucune ne lui avait tenu ce langage. Était-ce le manége d'une coquetterie habile ! était-ce l'expression sincère d'un cœur qui n'avait jamais aimé? Une douleur intense, aiguë, lui rappelait alors qu'il aimait la belle indifférente suspendue à son bras plus encore qu'il ne le croyait. Elle fut la première à rompre le silence. — Voilà que vous vous taisez, dit la jeune femme; les hommes ne se plaisent pas au langage de la vérité. Si l'obscurité ne s'y opposait, vous pourriez lire sur l'une des branches, de cet éventail, et tracée par la pointe légère d'une épingle, une devise bien vieille, bien surannée, mais plus sage que toutes les philosophies ensemble; j'en ai fait mon catéchisme. La voici dans son laconisme et telle qu'une vielle amie à moi, qu'on appelait Mme d'Aureillan me la faisait répéter: *tout passe, tout casse, tout lasse.* Cela dit, à quoi bon ?

Un mouvement subit de passion emporta Sandor. Il s'empara des mains de Mme de Nailhac, et l'entraînant dans une clairière où la lumière blanche tombait à flot: —Ah! ne blasphémez pas! cria-t-il. Vous avez des yeux si profonds et si doux, un jour remplis de flammes, un jour attendris par la mélancolie, vous, avec ce fier profil et ces lèvres éloquentes, vous n'aimeriez pas, vous n'aimeriez jamais! C'est impossible; vos mains sont dans les miennes, et je sens les frissons de votre épiderme. Je vois votre beau visage plus pâle que la neige, votre bouche qui tremble; quelque chose y circule qui n'est pas la jeunesse et la vie seulement, qui est tout cela et qui est plus que cela! Est-ce que la nature peut tromper à ce point, vous donner tous les charmes et toutes les attractions, et vous refuser l'étincelle qui vient d'en haut? Non, non! vous êtes belle, vous êtes jeune, une émotion inconnue gonfle votre poitrine. Un jour viendra où vous sentirez un souffle embrasé passer en vous comme une flamme. Ce jour-là vous aimerez!.... Et moi, j'attendrai ce jour-là.... que m'importent les souffrances? que me font les angoisses des heures où l'on doute? J'ai vu la mort voler autour de moi, et je suis sorti vivant des champs de bataille. Une nouvelle épreuve m'est offerte, je l'accepte avec ivresse. Que mon cœur saigne, j'attendrai, que mille tristesses me déchirent, j'attendrai; que le désespoir soit mon lot pendant des mois et des ans, je vous aime, j'attendrai.

— A demain alors! dit Mme de Nailhac.

VII.

A quelque temps de là, un matin, Odette rencontra Sandor qui prenait le chemin des falaises. Il était à cheval. — Vous allez rire, dit-il en retenant sa monture; mais on ne peut se corriger en un jour. Veuillez ne pas oublier que j'ai été hussard : c'est une circonstance atténuante qui me permet de ne pas trop réfléchir à ce que je fais.

— Qu'est-ce donc? répondit Mme de Nailhac, qui découvrait une nuance d'embarras dans le sourire du cavalier.

— J'ai fait un pari, reprit le comte, ou, pour mieux dire, j'ai perdu une discrétion. La marquise de Sivrey m'a condamné à faire trois fois le tour d'un vaste champ dans lequel paît un troupeau de bœufs. On m'a toujours raconté m'a-t-elle dit, que les taureaux d'Espagne ne peuvent supporter la vue de la *muleta* couleur de pourpre que les matadors agitent sous leurs yeux; je serais curieux de savoir si les taureaux de la Normandie ont les mêmes antipathies. Je ris encore à la joie d'enfant avec laquelle j'ai accepté. Ce sera comme une charge de cavalerie. C'est pourquoi je vais faire un tour sur la falaise, vêtu de l'attila rouge que je portais dans mon pays.

Mme de Nailhac voulut retenir son interlocuteur. — Mais c'est une folie! dit-elle.

— Bah! s'écria Sandor, qui poussa son cheval. Mme de Nailhac le suivit. Au sommet de la falaise, elle trouva la marquise de Sivrey, qui attendait en calèche. Elles se saluèrent. Devant elles s'étendait un champ immense, où paissait à l'aventure un grand troupeau de bœufs. Sur l'un des côtés de ce vaste plateau, la falaise tombait à pic. A la vue du troupeau Mme de Sivrey chercha le cavalier des yeux: elle avait peur et voulait le retenir; mais déjà le comte était dans la plaine. Son attila, soulevé par la brise, flottait en l'air; vivement éclairé par le soleil, il avait l'éclat d'une flamme. Un taureau leva la tête et le vit. D'abord étonné, il regarda venir à lui ce cavalier vêtu de pourpre. Bientôt un mugissement éveilla l'attention du troupeau. Sandor montait un de ces chevaux de race hongroise qui ont la légèreté du vent et la grâce de l'hirondelle; frémissant d'impatience et les oreilles pointées en avant, il fut en un instant au milieu du troupeau. Un taureau gratta la terre du pied et fondit sur lui; mais, plus rapide qu'une flèche et guidé par l'habile main de Sandor, le cheval évita le choc et poursuivit sa course. Le troupeau s'ébranla derrière lui. L'attila rouge tournoyait dans la plaine comme une étincelle chassée par le vent.—Voyez, dit Mme de Nailhac, qui, prise d'effroi, saisit la main de Mme de Sivrey.

— Ah! mon Dieu! qu'ai-je fait? s'écria la marquise.

Cependant Sandor avait traversé le cercle de ses ennemis formidables. Deux taureaux plus agiles s'acharnaient à le poursuivre. Cette fièvre qui naît de la lutte, cet amour du péril que le péril engendre l'animaient. Il eût voulu plus de montres encore autour de lui. Dans son élan, il touchait parfois à cette limite où la falaise s'abîmait dans le vide. Le cheval s'arrêtait court, ployé sur ses reins, les naseaux tout ouverts, la crinière au vent, fou de terreur. Un instant on voyait sa silhouette noire se dresser dans l'azur, et de nouveau un galop furieux le précipitait dans la plaine, où des mugissements l'attendaient. Dix colosses bondissaient sur ses traces. Debout sur les étriers, Sandor agitait son attila; souple, audacieux et prompt dans sa fuite, il touchait de sa cravache la croupe des taureaux et n'en était pas touché. Les cornes frappaient dans le vide. Une sorte d'ivresse le gagnait. Cependant sa course le ramena auprès de la haie, — Restez! s'écria Mme de Nailhac. Restez, quand ce ne serait que pour l'amour de moi !

Sandor obéit, et bientôt on le vit disparaître dans la plaine. Mme de Nailhac reprit le chemin de Trouville; elle était brisée comme si elle avait fait une longue course. Les battements de son cœur l'étonnaient : battait-il avec la même force à l'époque où Gaston l'attendait ? Et maintenant où donc M. de Bois d'Arci était-il ? Elle essaya de pénétrer en elle-même; tout y était vague, obscur, flottant. Des larmes mouillèrent ses joues. Elle les laissa couler. — J'étais plus heureuse, il me semble, quand j'étais tranquille, pensa-t-elle.

Peu de jours après, on apprit à Mme de Nailhac que quelqu'un l'attendait au salon. Elle eut un mouvement d'impatience et courut cependant; elle se trouva dans les bras de Mme de La Roque. — Comme je l'avais oubliée ! se dit-elle.

— C'est donc ainsi que vous pensez à vos amis ? s'écria Jeanne après le premier moment d'effusion.

Odette se mit à rire et ne chercha point à s'excuser. La vie de Paris a des tyrannies qu'on subit sans se les expliquer. Elle avait obéi à la loi commune. — Chansons que tout cela ! poursuivit Mme de La Roque. Je ne vous pardonne que si vous êtes heureuse.

Mme de Nailhac haussa légèrement les épaules. — Heureuse ! Il me suffit de m'amuser, et j'y réussis.

— Ah! pauvre petite, que je vous plains! Moi je ne m'amuse plus, et la joie m'étouffe.

Jeanne était de ces femmes qui tirent leur beauté de l'expression du visage. Animée, elle devenait charmante; à présent elle était comme transfigurée. — Ah! ma chère, faut-il que je sois folle, reprit Odette, et M. de Varanges, comment va-t-il? où est-il ?

— Vous me voyez et vous le demandez ! il est ici... Dans huit jours, nous serons mariés... Quelle affaire qu'un mariage quand on n'a plus de grands-parents pour s'en occuper! Il y a toujours quelque petit papier dont les notaires ont besoin. A présent les bans sont publiés.

— Ainsi rien ne manque à votre bonheur?

— Rien, si ce n'est de porter son nom; mais je sais qu'il m'appartient, qu'il est à moi.... Je prends patience. J'ai presque mis de la coquetterie à retarder le moment où je n'aurai plus rien à souhaiter. Il y a dans cette pensée qu'on touche à l'instant radieux où tous les rêves seront accomplis, où l'on n'aura plus qu'à tomber à genoux sous l'œil de Dieu et à le remercier, une sorte d'enchantement dont malgré soi on prolonge la durée. On est comme un voyageur qui n'est plus séparé de sommets vers lesquels il marche que par un pan de gazon. Avant d'y poser le pied et de prendre possession de son empire, il s'attarde en chemin, il regarde en arrière; il veut, par une attention plus complaisante, graver dans un coin de sa mémoire l'image du site qui va disparaître, il en salue l'ombrage aimable. Il y a comme une sorte de mélancolie dans cet abandon qu'il va faire des lieux où il s'est reposé et qui ont été les étapes de son ascension. C'est mon histoire, et si un petit nombre de jours me retiennent éloignée du moment où je serai Mme de Varanges, je n'en précipite pas le cours, et je me plais à en savourer les délices.

Mme de Nailhac était devenue sérieuse. Elle regardait par la fenêtre la mer qu'une risée de vent faisait blanchir. Ce grand bonheur dont Jeanne venait de lui faire voir la vivante image, cette plénitude de vie qui rayonnait en elle, cette attente heureuse d'un avenir que ne menaçait aucune ombre, troublaient la jeune femme. Mme d'Aureillan avait-elle eu raison? avait-elle eu tort? L'incertitude la gagnait. — Si l'impitoyable railleuse qui m'a élevée revenait au monde, pensait-elle, elle serait toujours contente de moi; mais moi, le serais-je autant d'elle? — Elle passa dans un jardin que fermait une haie; par-dessus les sureaux et les chèvrefeuilles, on voyait la mer, dont les flots, poussés par la marée, couvraient la plage à chaque élan. Un flot invisible montait dans son cœur et l'envahissait aussi. Elle découvrit une marguerite dans l'herbe et la ramassa. Tout en jouant avec la fleur, ses doigts négligents en arrachaient les pétales un à un. Elle murmurait des mots qu'elle avait appris dans son enfance... Elle la rejeta vivement. — A quoi songeais-je? se dit-elle; de tels enfantillages peuvent-ils avoir prise sur moi?

Sandor parut devant elle. J'ai vu cette fleur, j'ai vu votre geste, dit-il. Ne l'interrogez pas: quoi qu'elle vous dise, elle sera loin de la vérité, comme cet oiseau qui bat de l'aile autour de la haie et loin du nuage. J'ai vécu comme un fou depuis ce matin. J'avais toujours devant les yeux votre image éplorée, j'entendais toujours votre voix tremblante. Quel regard dans ce moment! Ah! si Mme de Sivrey n'avait pas été là, je serais tombé à vos pieds!... Odette, le jour n'est pas loin où vous aimerez!

— Ah! fit Mme de Nailhac, qui sourit, vous prenez une violette pour un bouquet!

— Je suis d'un pays où ceux qui sèment le grain de blé ne récoltent pas toujours ..., répondit le comte. Si vous ne m'aimez pas, Dieu me viendra en aide. Bientôt peut-être ne serai-je plus auprès de vous. ..... qu'un grand nombre de mes frères, j'appartiens à des hommes inconnus à qui nous avons fait le sacrifice de nos biens et de notre volonté. S'ils nous disent: Partez! nous partons. S'ils nous crient: Mourez! nous mourons. Ce matin, à mon retour de la falaise, j'ai trouvé une lettre qui me fait croire que l'heure est proche où je devrai ceindre mes reins et courir à de nouvelles batailles. Ah! lâche cœur! j'ai pensée à vous et j'ai senti un frisson passer dans mes veines. Pour la première fois j'ai regretté de vous avoir rencontrée.

— Ainsi vous partiriez donc, si l'on vous commandait de partir?

— Rien ne saurait m'en empêcher.

Sandor soupira. Mme de Nailhac le regardait toujours. — Rien, si ce n'est vous, reprit-il d'une voix mourante.

Le soleil venait de disparaître dans les flots, teints d'une couleur de sang. Mme de Nailhac quitta le jardin et rentra dans une grande pièce ouverte, dont toutes les fenêtres donnaient sur la mer. Elle avait froid, elle avait chaud. Elle aurait voulu que Sandor ne fût plus auprès d'elle, et pour rien au monde elle n'aurait permis qu'il s'éloignât. Son piano se trouva sous sa main. Bientôt un chant âpre, éclatant et d'un rhythme sauvage retentit. Sandor, qui avait suivi Mme de Nailhac, tressaillit.

— Quoi! dit-il, vous connaissez la *Marche de Rakoczy*?

— Vous le voyez. Une de mes amies me l'a envoyée de Paris... On dirait les appels du clairon, le piaffement des chevaux, le choc des sabres mis en musique.

Subitement Mme de Nailhac changea de thème. Un air suave et tendre s'éleva du clavier caressé par ses doigts. Sandor la regardait, une larme mouilla ses paupières. Je vous ai donné ma vie, dit-il, je sens que vous pouvez en disposer à votre gré. Si un jour vous en acceptez le sacrifice, et vous sera vouée jusqu'à mon dernier souffle, jouez cette mélodie qu'une nuit d'été a inspirée à Weber. Ce jour-là, je comprendrai que vous m'aimez.

— Ah! fit Mme de Nailhac, qui continua d'une main paresseuse à suivre les modulations commencées, et si quelque jour aussi l'idée me vient de ne plus vous voir, à quel opéra, à quelle symphonie faudra-t-il que mon souvenir s'adresse?

Le comte pâlit. — Ne plus vous voir? dit-il.

— Oui, vous appartenez à la première révolution qui passe; pourquoi mon cœur n'aurait-il pas le droit de lever le drapeau de l'indépendance? C'est un badinage, une supposition, si vous voulez; mais enfin il faut tout prévoir, surtout avec moi qui ne suis jamais qu'à demi sérieuse.

— Eh bien! ce jour-là faites entendre cette marche terrible qui tout à l'heure a frappé mes oreilles... Je comprendrai que vous voulez que je parte, et je partirai...

Mme de Nailhac prit en riant sur le piano les deux morceaux de musique, et les regardant d'un air coquet: — L'air d'Agathe, c'est donc le paradis terrestre, dit-elle; la *Marche de Rakoczy*, c'est le paradis perdu!... Enfermons-les bien vite dans leur casier, l'avenir fera parler les oracles.

Sandor saisit la main au passage et la porta à ses lèvres. De son épiderme blanc, la sensation de ce baiser glissa jusqu'au cœur d'Odette. Elle s'efforça de sourire, et du ton d'une femme du monde :

— Ah! dit-elle, nous n'en sommes pas à la musique allemande.

Le comte allait répondre ; elle lui fit signe de s'éloigner. Quand elle fut seule, elle tomba sur un siége : — Serait-ce lui enfin ? murmura-t-elle.

Le lendemain, avant midi, elle reçut la visite de Jean. A sa vue, elle poussa un petit cri de joie. — Autre paysage, autre cri! dit-il gaîment.

— Voilà dix fois que je pense à vous, on ne vous voit plus. D'où venez-vous ?

— J'arrive de Bade en droite ligne ; j'y assistais à l'agonie d'un cœur qu'une femme presque aussi jolie que vous assassinait à coups d'épingle.

— Eh bien ?

— Il est mort vendredi dernier.

— Bon ! il ressuscitera dimanche prochain.

Jean salua. — Vous en parlez fort à votre aise, reprit-il ; on voit bien qu'en tendre nièce de Mme d'Aureillan vous avez pris l'excellente habitude de ressusciter avant de mourir.

Comme ils se promenaient dans le jardin, Sandor vint à passer. A la vue de M de Bré, il hésita ; puis, ôtant son chapeau, il continua son chemin. — Vous lui avez fait peur, dit Mme de Nailhac.

— Faut-il que je le rappelle ?

— C'est inutile, il reviendra ; vous le connaissez ?

— Le comte Sandor Brady ? Un peu.

— Qu'en pensez-vous ?

— Déjà un interrogatoire ? Eh bien ! je vous répondrai en style de procès-verbal que le comte Sandor a trente-deux ans, qu'il a été riche comme on ne l'est plus dans le vieil Orient, et qu'il l'est encore malgré la confiscation de tous ses domaines, qu'il a été condamné à mort par les tribunaux autrichiens, qu'il est noble comme le feu roi Mathias Corvin, démocrate à la façon du général Marceau, et au besoin aristocrate comme l'était le grand-connétable Anne de Montmorency... Il a beaucoup voyagé.

— Je ne vous demande pas tout cela.

— Alors vous êtes plus indiscrète encore.

— Je le suis jusqu'au bout des ongles. On me donnerait la boîte de Pandore que je l'ouvrirais.

— Sachez donc que le comte est l'un des derniers représentants d'une race qui s'en va, un de ces hommes pour qui la bataille et l'amour sont tout. Il donnerait sa vie pour un sabre et le paradis pour un baiser. Le vieil honneur chevaleresque bout dans ses veines. Un jour qu'on parlait devant lui des croisés qui allaient mourir dans les sables de la Judée et qu'on raillait leur mémoire, il fut superbe. — Vous les plaignez, s'écria-t-il, des gens qui combattaient pour leur Dieu et pour leur dame !... Ils mouraient dans l'enivrement de leur foi, et vous les plaignez ? On s'est beaucoup moqué de cette écharpe que les cavaliers portaient sur leur cœur et que les mains d'une chatelaine avaient brodée. Elle leur servait de linceul à cette heure dernière où ils se confessaient à la croix de leur épée, et ils rendaient leur âme fière en murmurant un nom sacré ! Que Dieu me donne une mort pareille ! Croire, aimer, n'est-ce pas la vie ? — Tout l'homme est dans ce cri. Sa Palestine, à lui, c'est la Hongrie. Sa châtelaine, je ne la connais pas.

Mme de Nailhac sourit. — Je la connais, moi, dit-elle étourdiment. Figurez-vous que le comte Sandor...

— Ah ! pas de confidence ! s'écria Jean. Encore un mot et je me sauve ! Un homme du monde peut tout deviner, mais ne doit rien entendre...Je ne veux pas que vous ouvriez la porte aux regrets et qu'un jour vous vous avisiez de me haïr.

Mme de Nailhac se tut et se mit à casser des brindilles en regardant du côté par lequel Sandor s'était éloigné. — Avez-vous des nouvelles de M. de Bois d'Arci ? dit-elle un instant après.

— Vous vous en souvenez ? Vour êtes un ange !

— Ah ! reprit elle en se mordant les lèvres, parce qu'on a été émue un jour, faut-il donc courir à sa perte et y courir jusqu'au bout.

— Calmez-vous, et surtout ne vous perdez pas. M. de Bois d'Arci est au fond de l'Asie, dans un pays dont la civilisation est plus féroce que la plus extrême barbarie.

On a de ses nouvelles au ministère des affaires étrangères, et on espère beaucoup de sa rare intelligence.

— Pensez-vous qu'il revienne bientôt ?

— Rassurez-vous. M. de Bois d'Arci est devenu tout à fait diplomate. S'il revient, il n'aura plus le temps de voir ses anciennes connaissances.

— Je ne suis pas assez jeune pour l'ignorer. Quand on est ambassadeur, on a le privilége de tout oublier.

— Avouez du moins que ce privilége n'est pas un monopole.

Mme de Nailhac ne put réprimer un mouvement de dépit. Jean, qui l'observait, pensa que la femme la plus indifférente avait, comme la plus passionnée, le désir de faire des blessures éternelles. En ce moment, Sandor se fit voir sur la place. Il reprenait à petits pas le chemin du chalet de Mme de Nailhac. Jean chercha son chapeau. — Je reste encore quelques jours à Trouville, dit-il. Si vous avez besoin d'un compagnon de route pour retourner à Paris, je me mets à votre disposition.

A peu de temps de là, Odette partit subitement, obéissant à son issu à une de ces impulsions dont le secret mobile échappe même aux femmes qui les subissent. S'il m'aime, se disait-elle, il saura bien me rejoindre. S'il ne m'aime pas,... adieu !

Elle n'était pas bien sûre de savoir ce qu'elle désirait. Pendant son voyage de quelques heures, elle s'interrogea elle-même, analysant en philosophe ses propres sensations et n'en découvrant aucune qui fût claire. Elle avait perdu sa tranquillité ; qu'avait-elle gagné en échange ? Le sentier où Jeanne marchait d'un pas si ferme lui était-il donc interdit à tout jamais ? Cependant elle ne pouvait distraire sa pensée du souvenir de Sandor. Il lui arrivait même en dormant de voir sa tête enflammée et pâle.

Un mois se passa. L'automne faisait pleuvoir les feuilles mortes dans les longues avenues des bois. Retirée à la campagne, Mme de Nailhac laissait dormir son cœur, ainsi qu'on laisse une eau quelque temps agitée reprendre sa transparente immobilité afin de mieux voir au fond. Elle partageait quelques heures entre l'aiguille et le piano. Quand ses mains rencontraient les deux pages marquées par le Hongrois, elle en jouait les phrases musicales avec un sourire. « Laquelle retentira un jour ? » se disait-elle. Sandor n'était pas encore venu, mais un sentiment invincible lui répétait qu'elle le reverrait. A défaut de sa présence, elle avait ses lettres. Le comte voyageait en Italie. Un certain mystère enveloppait ce voyage. Un matin, Mme de Nailhac le trouva près d'elle. Du premier regard elle devina que son empire n'était pas diminué. — J'ai bien souffert loin de vous, dit-il, j'ai cru que l'heure du dernier combat allait sonner. J'ai souhaité alors que vous fussiez morte.

— Morte ! répéta-t-elle.

— Ah ! s'écria Sandor avec une sorte d'exaltation mystique, au moment d'offrir mon sang en holocauste, vous ne savez pas quel trouble peut jeter en moi cette pensée qu'un jour peut-être vous serez à un autre. Vous à un autre !... Morte, il me semble que vous seriez moins perdue !

Mme de Nailhac frissonna ; c'était l'accent de la passion dans ce qu'elle a de plus âpre et de plus profond.

— Laissez-moi vivre encore un peu, dit-elle d'une voix émue, racontez-moi ce qui vous a retenu de l'autre côté des Alpes.

— Ne vous l'ai-je pas dit ? J'étais appelé par ceux qui ont le droit de me dire : « Venez ! » Quelques jours de répit m'ont été donnés, et je suis accouru. Je vivrai dans votre ombre jusqu'à ce que l'heure sonne ; pour la première fois j'ai appris à l'attendre avec crainte.

La tapisserie chôma ; la musique eut toute la part que l'aiguille perdait. Jamais Mme de Nailhac ne parlait mieux que lorsqu'elle se taisait. Ses mains avaient une éloquence qui ravissait le cœur de Sandor. Jamais non plus elle n'était plus belle qu'aux moments où elle s'abandonnait à son inspiration. Son front pâle, ses joues décolorées avaient la transparence de l'albâtre ; une flamme l'avait touchée. Il lui arrivait quelquefois, quand elle était seule, de jouer l'air d'Agathe.

Un soir, Sandor parut plus tendre qu'à l'ordinaire. La pâleur de son visage frappa

Mme de Nailhac. Elle se leva et lui tendit la main. —Sortons, dit-elle.

Ils se dirigèrent vers l'extrémité d'un parc où de grandes futaies dressaient en l'air leur dôme de feuillage. L'ombre se faisait. Marchant à petits pas sur un lit de feuilles sèches, il arrivèrent auprès d'une fontaine au-dessus de laquelle s'élevait la statue blanche d'une déesse. La lune versait sa lumière sur l'onde frémissante et sur le marbre éclatant. Ils s'y arrêtèrent, et Mme de Nailhac s'accouda au socle de la statue.

— C'est ici peut-être que je vous verrai pour la dernière fois ! dit Sandor tout à coup.

— Ainsi vous partez !

— A toute heure je dois être prêt. L'avis m'en est venu ce matin. J'ai passé ma journée en préparatifs. J'ai voulu qu'aucune préoccupation ne troublât le moment des adieux.

— Et où allez-vous ?

— J'irai où va la guerre. Beaucoup de ceux qui partent ne reviendront pas ; mais que m'importe d'être au nombre de ceux qu'un peu de terre recouvrira bientôt ? Je n'avais qu'une espérance, elle est morte !

Mme de Nailhac restait debout, enveloppée d'une robe blanche qui la rendait semblable à une ombre. La pâleur des tombeaux était descendue sur son front. Sandor se mit à ses pieds. — Ah ! si vous aviez voulu ! dit-il.

Il releva la tête doucement, et d'une voix qui avait des sons d'une mélancolie pénétrante : — Je vous appartenais, reprit-il ; pourquoi n'avez-vous pas accepté le don de ma vie ?

A la vue de ce front pâli par tant d'angoisses et prédestiné à la mort, Odette se pencha, et, l'entourant de ses bras, elle inclina vers lui ses lèvres brûlantes.

— Ah ! tu m'aimes ! s'écria Sandor.

Bientôt après il ne vit plus à travers les arbres que l'éclair d'une robe blanche qui s'enfuyait. Il eût pu croire qu'il avait rêvé, si les battements de son cœur ne l'avaient averti que la jeune femme était là tout à l'heure.

Mille songes agitèrent Mme de Nailhac pendant la nuit ; elle revit Sandor à ses pieds, elle le vit dans la mêlée. Elle ouvrit les yeux, une fatigue accablante les refermait. Un souvenir traversa son esprit. « Ne m'a-t-il pas dit : A demain ? » pensa-t-elle. Le jour vint sans mettre un terme à son agitation. Elle se couvrit d'un peignoir et passa sur un balcon. Une brume légère voilait les futaies voisines où s'abritait la fontaine.

Le vent du matin poussait autour d'elle des feuilles jaunies qui faisaient entendre un doux bruit en tombant sur la terre humide. En ce moment, un rayon de soleil perça le brouillard ? la campagne fut illuminée. Mme de Nailhac était pleine d'incertitude et d'anxiété, mais sans impatience. — J'ai cherché l'amour... il y a des instants où j'ai cru l'avoir trouvé, et je suis plus agitée, plus inquiète qu'au temps où je n'éprouvais rien ! Est-ce donc cela qu'on appelle le bonheur ? se dit-elle. Mme d'Aureillan avait-elle eu si grand tort de n'en pas vouloir ? — Qui sait ? reprit-elle encore.

Elle se souvint de matinées semblables qui s'étaient écoulées à Montmorency. Seulement alors les feuilles étaient vertes ; à présent elles étaient rouges. Un livre se trouva sous sa main. Elle l'ouvrit : c'était un volume des *Méditations* de Lamartine. Les marges en étaient couvertes de notes écrites au crayon. Elle se rappela que Gaston lui avait lu bien des pages de ce volume. Ces vers célèbres tombèrent sous ses yeux :

> Que ne puis-je, porté sur le char de l'aurore
> Vague objet de mes vœux, m'élancer jusqu'à toi !
> Sur la terre d'exil pourquoi resté-je encore ?
> Il n'est rien de commun entre la terre et moi !
>
> Quand la feuille des bois tombe dans la prairie,
> Le vent du soir s'élève et l'arrache aux vallons ;
> Et moi, je suis semblable à la feuille flétrie :
> Emportez-moi comme elle, orageux aquilons !

Le volume s'échappa des mains de Mme de Nailhac. Un sentiment de tristesse amère la saisit. — Hier c'était Gaston ; aujourd'hui sera-ce Sandor ? Et demain et après-demain ?... se dit-elle.

Elle crut entendre dans l'éloignement le galop d'un cheval. Elle se pencha sur la balustrade du balcon. Un cavalier apparaissait au bout d'une longue avenue de hêtres dépouillés. C'était lui ! Sandor montait ce même cheval qu'il avait le jour où Mme de Nailhac l'avait vu sur la falaise. Il semblait avoir des ailes ; chaque élan le rapprochait du balcon où elle attendait, pâle, inquiète, fiévreuse. Elle distinguait les traits du comte ; il l'avait reconnue ; ils étaient rayonnants.

Bientôt il fut sous ses yeux. A l'instant où il jetait la bride à un domestique, Mme de Nailhac se redressa toute blanche, et, courant à son piano, d'une main nerveuse elle attaqua la marche de Rakoczy. Les notes pétillaient comme des balles sous ses doigts. Elle entendit un cri et continua. — Non ! non ! aimer sans amour, c'est impossible ! murmura-t-elle.

Pendant deux minutes, Sandor, immobile comme une statue, écouta l'air hongrois qui éclatait, violent, sauvage, impétueux ; puis, secouant la tête, il marcha vers la barrière refermée, et, saluant la fenêtre derrière laquelle Mme de Nailhac venait de disparaître, il lui jeta le cri du gladiateur mourant au césar romain. Aussitôt il enleva son cheval blanc d'écume, et d'un bond il franchit la barrière. Mme de Nailhac se glissa vers la fenêtre. Cachée derrière un pli du rideau, elle ne vit plus que le fantôme d'un cavalier qui fuyait sur la route. Elle ferma les yeux et tomba anéantie sur un fauteuil.

Le vide s'était fait dans son cœur, l'activité de la vie la ressaisit, mais une activité sans chaleur et sans but. Un mois après, elle reçut une lettre qui portait le timbre de Gênes. Elle devina qu'elle était de Sandor avant de l'avoir ouverte. — Adieu, lui disait-il, je pars pour ne plus revenir. Vous êtes comme un songe dans mon passé, et il me semble que des temps sans limites se sont écoulés depuis que je ne vous ai vue. Votre nom même est comme l'écho mourant d'un bruit qui a cessé de retentir... Vous ne saurez jamais combien je vous ai aimée... Je ne l'ai bien su moi-même qu'à l'heure où tout espoir m'a été ravi. Un jour, une heure, une minute, j'ai été heureux du bonheur que vous ne connaitrez jamais... Le lendemain vous m'avez réveillé ; à présent je vais chercher un sommeil qui ne trompe pas...

Elle n'alla pas plus loin. Une larme vint à sa paupière, elle chercha une plume qu'elle saisit d'une main tremblante ; mais en levant les yeux elle aperçut dans son cadre l'image sardonique de Mme d'Aureillan qui souriait. — A quoi bon ? dit-elle en jetant la plume : M. de Bois d'Arci n'est pas mort, pourquoi Sandor mourrait-il ?

Un temps vint où elle apprit que Sandor était parti pour cette aventureuse expédition de Sicile qui renversa un trône, et qui, à huit siècles d'intervalle, renouvelait les héroïques expéditions de Robert et de Roger Guiscard. Plus tard encore, Mme de Nailhac fut informée, par quelques lignes froides et laconiques insérées dans un journal, qu'un Hongrois, le comte B..., avait été ramassé, expirant et percé de coups, sur le champ de bataille de Vulture. Il était couvert d'un attila rouge. Nul n'avait poussé plus avant dans les lignes de l'armée royale. Le journal tomba des mains de Mme de Nailhac. Le cœur gonflé, elle descendit dans ce même parc où, pendant les heures silencieuses d'une nuit d'automne, elle l'avait vu à ses pieds. A présent la lumière circulait partout ; l'air était tiède, le feuillage frissonnant. Mme de Nailhac s'enfonça sous le couvert des arbres. Deux ombres invisibles la suivaient dans sa promenade, toutes deux tristes et pâles, l'une à demi confuse et comme perdue dans la nuit, l'autre tachée de sang. L'une s'appelait Gaston, l'autre Sandor. — Dieu juste, me condamnerez-vous parce que je n'ai pas aimé ! dit-elle.

L'eau chantait dans le bassin de la fontaine, au pied de la statue. Alors elle aperçut le long d'une haie deux inconnus, un jeune homme, une jeune femme, dont les bras étaient enlacés, et qui suivaient lentement un sentier. Leurs sourires se répondaient, leurs regards se cherchaient ; quelque chose de doux et de rayonnant était répandu sur leur physionomie ; leurs pas légers glissaient sur l'herbe : on aurait pu croire qu'ils étaient portés par des ailes. Mme de Nailhac les suivit quelques instants, perdue en mille pensées, puis elle les vit s'éloigner et disparaître ensemble, comme deux cygnes qui fendent l'azur du même vol. C'était l'image souriante et jeune du bonheur qui s'effaçait derrière un rideau de feuillage. — Ils s'aiment ! se dit-elle ; comment font-ils ?

*****

Abonnement: $6 par an

Prix du numéro 15 cents

SEMAINE LITTÉRAIRE

JOURNAL PARAISSANT LE SAMEDI

C. LASSALLE
Propriétaire Éditeur.

Arts, Sciences, Littérature

BUREAU
No 92 Walker tre

Vol. 157   New-York, 3 Mars 1866   No. 52

De la puissance surnaturelle.

Il vient d'arriver à Paris une jeune fille originaire de la Souabe, dont l'état mental présente des phénomènes qui laissent bien loin les jongleries des frères Davenport et autres prétendus spirites.

Agée de seize ans et demi, Louise R... demeure chez ses parents, propriétaires cultivateurs au lieu dit le Boudru (Seine-et-Marne), où ils se sont établis après avoir quitté l'Allemagne.

A la suite d'un violent chagrin, causé par la mort de sa sœur qu'elle aimait passionnément, Louise est tombée dans un sommeil léthargique qui s'est prolongé pendant 56 heures. Après ce laps de temps elle s'est éveillée, non à la vie réelle et normale, mais à une existence étrange qui se résume dans les phénomènes suivants :

Louise a subitement perdu sa vivacité et sa gaîté, sans souffrir cependant, mais en prenant possession d'une sorte de béatitude qui s'allie au calme le plus profond. Pendant toute la durée du jour, elle reste immobile sur une chaise, ne répondant que par monosyllabes aux questions qui lui sont adressées. Le soir venu, elle tombe dans un état cataleptique, caractérisé par la rigité des membres et la fixité du regard.

En ce moment, les facultés, et les sens de la jeune fille acquièrent une sensibilité et une portée qui dépassent les limites assignées à la puissance humaine. Elle possède non-seulement le don de seconde vue, mais encore celui de seconde ouïe, c'est-à-dire qu'elle entend les paroles proférées près d'elle, et qu'elle entend celles qui sont émises dans un endroit plus ou moins éloigné vers lequel se concentre son attention.

Entre les mains de la cataleptique, chaque objet prend pour elle une image double. Comme tout le monde, elle a le sentiment de la forme et de l'apparence extérieure de cet objet, elle voit en outre distinctement la représentation de son intérieur, c'est-à-dire l'ensemble des propriétés qu'il possède et des usages auxquels il est destiné dans l'ordre de la création.

Dans une quantité de plantes ou d'échantillons métalliques et minéralogiques, soumis à son inconsciente appréciation, elle a signalé des vertus latentes et inexplorées qui reportent la pensée vers les découvertes des alchimistes du moyen-âge.

Louise éprouve un effet analogue à l'aspect des personnes avec lesquelles elle entre en communication par le contact des mains. Elle les voit à la fois telles qu'elles sont et telles qu'elles ont été dans un âge moins avancé. Les ravages du temps et de la maladie disparaissent à ses yeux, et si l'on a perdu quelque membre, il subsiste encore pour elle.

La jeune paysanne prétend qu'à l'abri de toutes les modifications de l'action vitale extérieure, la forme corporelle demeure intégralement reproduite par le fluide nerveux.

Transportée dans les endroits où se trouvent des tombeaux, Louise voit et dépeint de la manière que nous venons de rapporter les personnes dont la dépouille a été confiée à la terre. Elle éprouve alors des spasmes et des crises nerveuses, de même que lorsqu'elle approche des lieux où existent, à n'importe quelle profondeur dans le sol, de l'eau ou des métaux.

Quand la jeune Louise passe de la vie ordinaire à ce mode de vie qu'on peut appeler supérieur, il lui semble qu'un voile épais tombe de ses yeux. La création éclairée pour elle d'une manière nouvelle fait l'objet de son intarissable admiration, et, quoique illettrée, elle trouve, pour exprimer son enthousiasme, des comparaisons et des images véritablement poétiques.

Aucune préoccupation religieuse ne se mêle à ses impressions. Les parents, loin de trouver dans ces phénomènes insolites aucun sujet de spéculation, les cachent avec le plus grand soin. S'ils se décident à amener sans bruit la jeune fille à Paris, c'est parce que cette surexcitation constante du système nerveux exerce sur ses organes une influence destructive et qu'elle dépérit à vue d'œil. Les médecins qui la soignent ont émis l'avis de la conduire dans la capitale, autant pour réclamer les secours des maîtres en l'art de guérir, que pour soumettre à la science des faits sortant du cercle ordinaire de ses investigations, et dont l'explication n'est pas encore trouvée.

———o———

La Chienne du Régiment.

Un des régiments du corps d'armée de Paris possédait une chienne qui vient de mourir après quatorze ans d'une existence qui mérite d'être connue. Cette chienne, appelée Minette, sans doute par opposition à sa structure peu délicate, fut trouvée par un bataillon français dans une razzia kabyle. Elle avait un an au plus. Elle suivit le bataillon, qui, après une marche pénible, par un brûlant sirocco, cherchait partout de l'eau pour s'abreuver. Minette, guidée par son instinct, mena les soldats droit à un puits caché dans le fond d'un ravin. Ce service signalé la fit adopter par nos troupiers, qui ne voulurent plus se séparer d'elle, et lui donnèrent part au feu, à la chandelle et à la soupe. Elle n'avait pas besoin de s'occuper de ses repas; le bataillon, et bientôt après le régiment, se fût privé de nourriture plutôt que de ne pas donner la ration de Minette. Elle suivit son drapeau en Crimée, reçut pendant le siège une blessure causée par une détestable habitude, qu'on ne pouv... .. ... perdre, celle de courir après ... ... éclat d'un de ces projectiles lui .... l'é... chine. Pansée avec une tendre sollicitude, elle ne tarda pas à guérir. Malgré les périls de la tranchée, elle y vécut une partie du temps pendant lequel le régiment fut en Crimée, et souvent elle éventa les partis russes.

Au moment de la guerre d'Italie, le régiment de Minette ayant été désigné pour faire campagne, elle passa les Alpes à sa place de bataille, à gauche de la cantinière. Minette n'était pas belle, mais elle était grande, forte, avait le poil dur et souvent hérissé, les oreilles pointues et d'une dimension extraordinaire, enfin les deux plus formidables rangées de dents. Elle n'était heureuse qu'au milieu des pantalons garance.

Blessée en Orient, elle assista aux batailles de Magenta et de Solférino ne re... culant jamais quand le régiment avança... et aboyant contre l'ennemi tant qu'on était aux prises avec lui. La pauvre Minette s'est éteinte âgée de quatorze ans, entourée de tous les soins possibles. Sa mort, nous n'avons pas besoin de le dire, a été fort regrettée. Paris a été sa dernière étape. Un an de plus, et elle avait ses trois chevrons.

Les animaux utiles.

Pourquoi détruire les araignées ailleurs que dans les appartements, puisqu'elles tuent les mouches qui nous importunent?

Pourquoi mettre le pied sur le joli grillet ou scarabé doré, qui court dans nos jardins, puisqu'il fait la guerre aux chenilles, aux limaces, aux hannetons, et qu'il les mange?

Pourquoi tuer la couleuvre non venimeuse, qui vit de mulots et de souris? Elle n'a jamais mordu personne.

Pourquoi tuer le petit orvet inoffensif, qui croque les sauterelles?

Pourquoi détruire le coucou, dont la nourriture est la chenille velue et venimeuse à laquelle nous ne pouvons toucher sans inconvénients?

Pourquoi ..... er le grimpereau et dénicher ..... ennemis du cloporte et des guêpes?

Pourquoi faire la guerre aux moineaux, qui ne mangent un peu de grain qu'à défaut d'insectes, et qui exterminent, par choix, les insectes nuisibles aux grains?

Pourquoi brûler de la poudre contre les étourneaux, gibier médiocre, qui passent leur vie à manger des larves et à *épucer* jusqu'à nos bestiaux, sur le dos desquels ils montent impunément dans les prés, à la satisfaction des bestiaux eux-mêmes?

Pourquoi prendre les mésanges au piège, lorsqu'on sait qu'elles font par an deux ou trois nichées, pendant lesquelles chaque couple prend 120,000 vers et insectes en moyenne pour élever ses petits?

Qui a montré aux oiseaux insectivores à ne jamais toucher aux grillets ni aux bour..... insectes utiles, tandis qu'ils font la ..... acharnée aux insectes malfaisants, si ce n'est Dieu, le suprême ordonnateur de toutes choses?

Pourquoi tuer la coccinelle (bête à bon Dieu), qui se nourrit de pucerons?

Pourquoi tuer le crapaud, qui mange les limaces, les becmares et les fourmis et fait passer les chancres?

Pourquoi sauver la vie à des milliers de cousins, en détruisant l'engoulevent ou crapaud-volant, qu'on nomme si sottement tette-chèvre!

Pourquoi persécuter la chauve-souris, qui fait aux papillons de nuit et aux hannetons la guerre des hirondelles aux moucherons?

Pourquoi tuer la musaraigne, qui vit de vers de terre, comme la souris vit de blé?

Pourquoi penser que la chouette mange les pigeons et les jeunes poulets, puisque cela n'est pas vrai? Pourquoi la détruire, puisqu'elle fait la besogne de 6 à 8 chats en mangeant 6,000 souris par an?

Le Roi de Suède.

Quelques Anglais, voyageant en Suède avec leurs femmes, ont voulu visiter le palais d'été du roi, situé à une lieue et demie de Stockholm. Toute la société défila devant le factionnaire qui ne s'opposa point à leur passage, et, en entrant dans les jardins, ils virent un homme qui paraissait attendre quelqu'un ou quelque chose, car il était assis sur l'un des bancs du parc, dans une immobilité complète. Nos Anglais, qui ne savaient trop comment s'y prendre pour visiter le palais du roi, détachèrent un plénipotentiaire vers l'individu en question pour lui communiquer leur demande. L'homme, heureusement, parlait l'anglais avec facilité. Le touriste lui demanda d'abord si le roi était au château et puis s'il n'y avait pas d'empêchement pour visiter le palais, pendant que le roi et la famille royale y séjournaient.

L'homme répondit que des défenses existaient certainement, mais comme il faisait partie de la maison du roi, il s'offrit à les guider dans le palais, puisque apparemment ils ne s'étaient pas fait accompagner par un cicerone. Pendant le trajet, les Anglais demandèrent s'il ne leur serait pas possible de voir le roi. Leur guide répondit qu'il n'était pas d'usage de conduire les étrangers dans les appartements particuliers du roi lorsqu'il s'y trouvait, mais comme il était d'une humeur assez remuante et même inquiète, qu'ils le rencontreraient probablement avant d'avoir terminé leur inspection.

La société continua donc à arpenter le jardin, et l'un des étrangers raconta plusieurs anecdotes curieuses qu'il avait apprises sur le compte de Sa Majesté en demandant au conducteur si elles étaient authentiques. Celui-ci répondit qu'on disait à la fois tant de mal et tant de bien du roi, qu'il était difficile de distinguer le vrai du faux, et comme il était attaché au palais, ce n'était pas à lui qu'il fallait s'adresser pour demander des informations.

Tous les Anglais, dit l'*International*, furent de son opinion et lui demandèrent pardon de leur indiscrétion; leurs excuses furent acceptées avec cordialité. C'est ainsi qu'on traversa les jardins et qu'on entra dans le palais, où on examina tout, les grands salons, les chambres à coucher, les bibliothèques, les cabinets, le guide montrant tout aux Anglais avec l'intelligente bienveillance qui caractérise les Suédois.

Alors il les reconduisit à la pelouse et les mena à la poterne par une avenue encore plus belle que celle par laquelle ils étaient entrés. En prenant congé de lui, les étrangers exprimèrent l'admiration que leur avait inspirée le palais, en regrettant seulement de ne pas avoir aperçu le roi. Soulevant alors son chapeau: « Je suis le roi, » dit Charles XV à ses hôtes étonnés, et, les saluant avec grâce, il reprit le chemin du palais.

Pensées Bouffonnes.

* A un pantalon déteint, je préfère des fourchettes.

* L'étiquette des salons de la haute société est un chiffon de papier fixé sur le dos de tout le monde, que chacun montre en saluant, et sur lequel on pourrait lire : Hypocrisie, mensonge.

* Je viens d'inventer un remède qui met dehors le mal de dents.

* L'écrin de ma femme et ceux de mon cheval brillent quand ils sont bien brossés.

* La fortune est une paire de bottes dans laquelle il y a souvent beaucoup de foin.

* N'avoir point d'argent, c'est avoir une obstruction de fortune.

* Dans ma basse-cour j'ai un vieux coq qui se promène souvent avec une cane.

* Je préférerais mener des moutons que de mener une vie misérable.

* Je préfère les variations du carnaval de Venise à celles du temps lorsqu'il fait beau.

* J'ignore si dans notre organisation économique ce sont les vaisseaux qui conduisent la sueur aux pores.

* Souvent les traits qu'on fait à sa femme ne sont pas des traits d'esprit.

* Si l'on pouvait mettre la mer à sec, il est probable qu'on y trouverait beaucoup de vases antiques et de vaisseaux en terre.

* Paris est un pâté. Les fortifications sont la croûte qui l'entoure.

* Un compte est une histoire narrée avec des chiffres.

* Aimant beaucoup la retraite j'en veux beaucoup à ceux qui la battent.

ÉNIGME.

Nous sommes deux frères jumeaux,
Destinés à servir deux sœurs aussi jumelles ;
Les frères sont plus ou moins beaux,
Et les sœurs sont plus ou moins belles.
Quand certain chevalier d'honneur
Jette l'un de nous sur la place,
S'il s'y trouve un homme de cœur
Tout aussitôt il le ramasse,
Et contre l'ennemi qui l'ose défier
Signale sa valeur en combat singulier.

Le mot de l'énigme du dernier numéro est *Mousse*.

Abonnement: $6 par an

Prix du numéro 15 cents

SEMAINE LITTÉRAIRE

JOURNAL PARAISSANT LE SAMEDI

C. LASSALLE
Propriétaire Éditeur.

Arts, Sciences, Littérature

BUREAU
No 92 Walker tre

Vol. 157   New-York, 10 Mars 1866   No. 53

Pêche à la Truite.

Je venais d'arriver dans une petite ville du département de l'Eure, dite Beaumont-le-Roger. L'hôtel où j'étais entré et qui a pour enseigne les mots de *Hôtel du Commerce*, était et est encore, je l'espère, géré par un homme trop bienveillant pour que son nom puisse m'échapper. Il se nommait M. Cornu. Parmi les distractions qu'il aimait à offrir à ses clients, se trouvait l'exercice de la pêche, et, pour qu'ils pussent s'y livrer à l'aise, il avait loué, près de chez lui, une certaine partie de la rivière qui traverse Beaumont-le-Roger, la Risle, excellent cours d'eau à truites.

Inutile de dire que j'étais venu pour pêcher. M. Cornu m'indique son petit cantonnement. Je m'empressai d'aller l'examiner. Je ne le trouvai pas dans les conditions voulues pour le genre de pêche que je pratique : la pêche à la mouche artificielle, pêche qui exige des rivages libres, des eaux agitées. J'y vis une belle nappe d'eau unie comme une glace, peu profonde sur ses bords et dans laquelle, pour lancer commodément la ligne, il fallait absolument entrer. Je ne lui dis pas un adieu définitif. Seulement, pour essayer, j'attendis que quelque changement atmosphérique vînt la faire sortir de son immobilité.

Le soir vint et amena, avec du vent, une pluie torrentielle. Alors, au grand étonnement de M. Cornu, je partis pour aller instrumenter sa rivière.

Quand on s'est résigné à se soumettre de cap en pied à une douche d'eau céleste, peu importe que les pieds en prennent une d'eau terrestre ; j'entrai donc résolûment dans la rivière et là, dans l'eau jusqu'à demi-jambes, éloigné suffisamment des obstacles que présentaient les rives, je parvins en moins d'une heure à enlever six grosses truites.

La froid et la nuit me dirent que c'était assez. J'étais transpercé mais triomphant. Etrange et souvent fatale chose que les triomphes d'ici-bas !

Evidemment, par suite de l'autorisation émanée de M. Cornu, je devais me croire à l'abri de toute difficulté ; il n'en fut pas ainsi. J'avais compté sans un maître dont on ne m'avait rien dit et qui pourtant était, de fait, le monarque de la pêche dans cette contrée.

Ce monarque m'apparut sur un pont qu'il me fallait traverser pour rentrer à Beaumont-le-Roger. Son manteau de souverain se composait d'une blouse délabrée. Ses deux sceptres, car il en avait un dans chaque main, de deux pavés.

« Chien d'Anglais ! s'écria-t-il en me barrant le passage, il faut que je t'assomme !

— Mais je ne suis pas Anglais du tout ! m'écriai-je à mon tour.

— Tu mens ! reprit-il ; qui au monde, sinon un Anglais, s'aviserait de pêcher par un temps pareil et réussirait comme tu l'as fait ? »

Cet homme, je l'avoue, me fit peur, et je crus devoir faire sentir à ses flancs la pointe d'un fer de lance, dont le premier compartiment de ma canne de pêche n'a jamais cessé d'être armé. Il comprit qu'au moindre geste de ses bras, cette pointe s'enfoncerait, et ses bras restèrent immobiles.

Heureusement l'orage s'était calmé et des travailleurs des champs rentraient à Beaumont. Le monarque fut désarmé et une escorte me ramena dans la ville. Là, j'appris que, précisément parce qu'il ne possédait rien, cet homme se tenait pour maître de tout. Riche et fort de sa misère, il pêchait sans permission partout et toujours. Cependant, ajoutait-on, il ne se serait pas comporté comme il l'a fait si, très sérieusement, il ne vous avait pris pour un Anglais.

Comment, sur une terre normande, ne pas pardonner à un accès d'anglophobie ? Je pardonnai, et bien m'en prit, car bientôt une naïveté charmante vint, dans le même pays, m'apporter une compensation.

En dehors même de la pêche, qui, courant les champs, n'a subi les effets engourdissants d'un ardent soleil ? Qui, sous l'affaissement produit par ces feux, ne s'est trouvé sans faim, bien qu'affamé, sans soif, bien qu'altéré ? Il m'arriva, le lendemain de ma rencontre avec mon redoutable anglophobe, d'éprouver ces deux choses : besoin de tout, dégoût de tout. Le plus sublime des biftecks, la mieux cachetée des bouteilles de Bourgogne, ou de Bordeaux, ne m'auraient pas séduit. Ce que je rêvais, ce que je voulais, c'était du vinaigre ; mais comme à lui seul le vinaigre ne nourrit pas et qu'à la soif, en moi, s'ajoutait la faim, j'appelais, j'invoquais une salade, la salade la plus facile à promptement croquer. Je voulais une laitue.

Dans une auberge, sise à peu de distance de Beaumont-le-Roger, j'en demandai une. La réponse fut qu'il n'en existait ni dans l'auberge, ni dans le pays.

« Comment ! dis-je, n'y a-t-il pas de jardinier ici ?

— Oh ! oui, monsieur, et plusieurs. »

Je me fis conduire chez le moins éloigné et lui demandai une laitue.

« J'en ai, répondit-il, mais elles sont trop jeunes pour être cueillies. Il leur faut encore près d'un mois. Voyez-les, du reste. »

Je les vis : elles étaient de la taille de celles qui, en plein hiver, fournissent les maraîchers des environs de Paris et qui, selon moi, sont les plus délicates de toutes celles qui existent. J'en devins de plus en plus amoureux.

« Combien les vendez-vous quand elles sont grosses ? dis-je au jardinier.

— C'est selon, reprit-il ; je les vends de dix à vingt-cinq centimes.

— Eh bien ! j'en prends de suite quatre au plus haut prix assigné par vous pour l'époque de leur maturité.

— Impossible ! s'écria-t-il ; ne serait-ce pas une abomination que d'arracher ces pauvres enfants qui poussent si bien ! »

Vainement je montrais au digne jardinier une étincelante pièce blanche. Il ne se décidait pas.

« Ecoutez, lui dis-je, c'est par ordre d'un médecin que je suis venu vous demander cette complaisance.

— Malade, vous ; et de quel mal ? »

Cette question, je l'avoue, m'abasourdit ; mais un de ces rires singuliers, qui ne se produisent que dans l'esprit, me vint en aide et me sauva.

« Je suis atteint, ajoutai-je du ton le plus sérieux, je suis atteint d'une... catalepsie. Savez-vous ce que c'est ?

— Non, me dit-il.

— Ni moi non plus, repris-je ; mais je sais que cette maladie produit d'affreuses chaleurs dans l'estomac et que la laitue, qui est un calmant, m'est absolument ordonné

Le résultat fut que j'emportai mes laitues après avoir eu peine à faire accepter ma petite pièce blanche. Devant cet affreux mot de catalepsie, le bon jardinier voulait donner et non pas vendre.

Je quitte Beaumont-le-Roger et me transporte sur un autre point de la Normandie, à Epouville, joli hameau près de Montivilliers (Seine-Inférieure). Là, passe toujours un ruisseau, autrefois rempli, aujourd'hui dépeuplé de truites. Là aussi, il y a vingt ans, se trouvait un excellent meunier qui me laissait pêcher en liberté parmi les prairies qui dépendaient de son habitation et que le ruisseau traversait. De temps en temps, je lui offrais quelques-unes des truites qu'il me voyait prendre. Tout allait bien entre nous, quand un jour, il m'exprima le vœu d'avoir un équipage de pêche pareil au mien, afin de pouvoir pêcher lui-même.

Je me fis un plaisir de lui envoyer en cadeau cet équipage. Malheur!

Ce digne homme ne sut pas se servir de ces outils. Son bras rude n'avait pe se faire au maniement d'une canne légère et flexible. Avec la pointe de cette canne, il flagellait la rivière, et sa ligne, ses mouches tombaient sur l'eau, embrouillées et nouées.

Huit jours après, au moment où, en l'abordant, je m'attendais à être remercié : « Vous m'avez trompé, me dit-il. Vous avez quelque secret que vous m'avez caché. Avec vos outils, je ne prends rien. » Comme réponse, je saisis ces mêmes outils, et, devant lui, je me mis à m'en servir. Un moment après, je déposai une truite à ses pieds.

Je ne saurais rendre l'expression de dépit, de colère qui se peignit sur la face de cet homme. Je le quittai et ne revins plus. Les plus dangereuses des folies sont peut-être celles qui dérivent de l'ignorance et de la vanité.

Souvenir du Japon.

« Nous sommes revenus de notre visite à Jeddo. Le ministre de France avait mis à notre disposition un charmant petit bateau à vapeur. Partis à huit heures au nombre de quatorze, nous avons déjeuné à bord, et nous sommes arrivés à deux heures de l'après midi à Jeddo. Nos chevaux, expédiés de la veille, nous attendaient sur le quai. On ressent une singulière impresssion en débarquant dans cette immense ville, deux fois plus grande que Paris, et en se trouvant dans des rues aussi larges que nos belles voies, mais en même temps on éprouve malgré soi une désagréable impression nerveuse de se voir entouré dès le débarquement par cinquante gardes armés jusqu'aux dents destinés à préserver votre vie réellement en danger, dans un pays où les habitants n'ont qu'un désir immense, celui de vous flanquer (sic) à la mer.

» Après quelque repos pris à la légation et une légère collation, nous sommes remontés à cheval pour aller visiter un fameux temple au haut duquel on a tout le panorama de la ville. Nous avions tous un revolver à la ceinture, un autre dans les fontes; les femmes au milieu de nous, gardées de tous les côtés. En arrivant au temple, on a refusé de nous en ouvrir les portes, et comme nous parlementions, en moins d'une demi-heure, nous étions entourés de plus de quinze cents Japonais ayant les deux sabres de tradition à la ceinture. Chez eux, il y avait une grande curiosité, excitée surtout par la vue des amazones; car, vous savez, ou vous ne savez pas, que très peu d'étrangers peuvent entrer dans Jeddo; il faut une permission spéciale du gouvernement japonais, demandée par les ministres étrangers; or, le premier rechigne toujours, et les seconds aiment peu s'exposer aux ennuis qui suivent, s'il arrive quelque malheur.

» Quoi qu'il en soit, voyant la foule toujours s'augmenter, nos gardes nous ont suppliés de ne plus insister et de rentrer. Il a bien fallu en passer par là, et cette fois nous allons au pas pour n'écraser personne, mais le revolver armé à la main, regardant bien autour de nous si un Japonais ne portait pas la main à son sabre. Somme toute, notre promenade a été charmante, ayant parcouru un des quartiers les plus riches de la ville.

» Le lendemain il pleuvait; nous n'avons pu sortir que sur les trois heures, parcourant tous les quartiers les plus populeux. Comment vous décrire tous ces gaillards-là? Avez-vous vu l'ambassade japonaise à Paris ? oui; eh bien ? figurez-vous 30,000 hommes qui tous ressemblent à ces ambassadeurs, grouillant dans les rues, et vous aurez une idée du spectacle que nous avions devant les yeux.

» Quelquefois, et c'était un incident comique, nous passions devant une maison de bains au petit pas, et toutes les femmes se précipitaient, complètement nues, pour nous voir passer; c'est un des côtés les plus extraordinaires chez ce peuple de n'avoir aucune idée de pudeur.

» Le surlendemain, nous étions à cheval à huit heures du matin, ayant vingt milles à faire pour aller visiter de fameux jardins en dehors de la ville, le Tivoli de l'endroit; nous y arrivions à midi environ.

» C'était fort amusant de nous voir circuler au milieu de cette immense population, qui nous trouvait bien plus curieux que les bêtes savantes ou les jongleurs qui fourmillent dans ces magnifiques jardins de verdure, avec de belles pièces d'eau et contenant des centaines de boutiques pareilles à celles de la foire de Saint-Cloud.

» Quant à moi, je suis encore malade du fou rire qui m'a pris; je m'étais approché d'une baraque, et, pour une pièce de monnaie de la valeur de deux sous environ, j'avais acquis le droit d'appliquer mon œil à de petites ouvertures en verre et de regarder dans une immense lanterne magique représentant des figures de grandeur naturelle; savez-vous le tableau qui s'est déroulé devant mes yeux? Je vous le donne en mille.

» C'était le congrès de Paris après la guerre de Crimée.

» Vous connaissez tous ce tableau! Et dire que cela se voit à Asaca (nom des jardins que nous visitions)! »

Bons Mots.

*** Mlle Ozy disait à sa camarade Brassine: X.... est de retour à Paris, je viens de la rencontrer; elle rapporte des eaux le souvenir de mille succès.... et un *embonpoint....* très prononcé. — A quoi Brassine répondit gravement: La femme qui voyage ressemble à ces torrents qui changent souvent de lit et que les hasards grossissent dans leurs cours.

*** L'ivrogne lève le coude, le banqueroutier lève le pied, la danseuse lève la jambe, le témoin lève la main, le président lève la séance, un général lève le siège, l'imbécile lève le nez, le chien lève le gibier, le machiniste lève la toile, le matelot lève l'ancre, un sophisme lève les scrupules, l'argent les lève bien mieux, la foi lève les doutes, la nourrice lève son poupon, l'ingénieur lève un plan, l'amoureux en lève davantage. — Que le diable m'enlève, si tout sur terre ne s'enlève pas.

*** Le globe terrestre est un atelier de construction universelle où les notaires travaillent à la minute, les horlogers à l'heure, les manœuvres à la journée, les dégraisseurs à la tâche, les usuriers à la petite semaine, les employés bureaucrates au mois, les propriétaire au trimestre, les fabricants d'almanachs à l'année, les journalistes au *siècle*, et les Maures comme les vivants travaillent à l'éternité. *Amen!*

*** Mademoiselle Flore, des Variétés, disant récemment à une de ses amies:
— Je viens d'acheter du bien beau linge damassé.
— Tu avais donc de l'argent d'amassé?
— Dame! assez, reprit l'actrice.

Pensées Bouffonnes.

* Je désirerais bien avoir le costume du premier homme, parce que les vers ne s'y mettraient pas.

* Il vaut mieux fumer un jambon qu'une pipe : au moins il en reste quelque chose.

* Les gens habituellement emportés sortent de leur caractère sitôt qu'ils sont tranquilles.

* Oter et remettre plusieurs fois sa chemise, c'est la repasser sur la meule de son corps.

* Quand j'ai faim, je préfère une vinaigrette de bœuf à la voiture qui porte ce nom.

* Le devoir est un tonneau percé qu'il faut savoir remplir.

* Le parchemin et le soldat poltron se retirent au feu.

ÉNIGME.

On ne la conçoit pas, il ne peut concevoir;
Il était avant l'homme, et Dieu ne le peut voir.

Le mot de l'énigme du dernier numéro est *Gants*.

Abonnement: $6 par an Prix du numéro 15 cents

SEMAINE LITTÉRAIRE

JOURNAL PARAISSANT LE SAMEDI

C. LASSALLE
Propriétaire Éditeur.

Arts, Sciences, Littérature

BUREAU
No 92 Walker be

Vol. 157   New-York, 17 Mars 1866   No. 54

Légende de Saint-Cloud.

Si nous descendons les rives pittoresques de la Seine qu'on dirait déroulées par le doigt magique d'une fée, nous trouvons à chaque pas, étagés sur les coteaux verdoyants, des ruines, des châteaux, des villes, des bourgades, qui ont occupé les touristes; les uns se sont arrêtés aux débris sans en demander l'origine, les autres n'ont vu que l'art et négligé l'histoire.

Aujourd'hui, nous raconterons la légende de Saint-Cloud, fils d'un roi de France. Combien y a-t-il de Parisiens qui la connaissent ? Probablement bien peu. Ils savent bien mieux la chanson des *Mirlitons* ou la dernière rengaine de Thérésa que l'histoire du solitaire royal qui donna son nom à Saint-Cloud.

Clodomir était mort en 524; il laissa trois fils qui furent recueillis et élevés par leur grand'mère Clotilde. Elle les confia à leurs oncles Childebert et Clotaire. Leur ambition calcula que s'ils n'avaient été que deux pour partager le trône paternel, leur part eût été plus grande, et alors la mort des trois enfants de leur frère fut résolue.

Un messager alla de leur part porter à Clotilde une paire de ciseaux et un glaive nu. Sinistres symboles qui voulaient dire : cheveux coupés (moines) ou enfants égorgés.

Tout le monde connaît la fière réponse de Clotilde :

« J'aime mieux les voir morts que tondus. »

Mais bientôt le sentiment maternel l'emporta sur la fierté royale. Il était trop tard; déjà les deux oncles sanguinaires qui s'acquirent par leurs meurtres horribles une célébrité digne des Atrides, avaient égorgé Thibault et Gauthier. Dieu, qui destinait Clodoald à de grandes choses, le sauva. Des serviteurs dévoués à Clotilde le cachèrent. Traqué partout, il se fit moine en se coupant lui-même les cheveux, et renonça en faveur de ses oncles à ses droits au trône de Clodomir. C'est de cette manière miraculeuse qu'il échappa à la mort.

Sur les rives marécageuses qui séparaient les Thermes de l'empereur Julien des bords de la Seine, au midi de la Cité, s'élevait la butte solitaire de saint Séverin. Clovis l'avait fait venir à Paris en 504 pour obtenir par son intercession la guérison d'une fièvre dont il était tourmenté depuis deux ans. La sainteté du pieux cénobite était tellement grande que Clodoald vint le trouver, se mit sous sa règle et vécut avec lui dans la solitude et la mortification, s'instruisant des vérités chrétiennes.

L'église dédiée à saint Séverin s'élève à l'endroit où se trouvait leur ermitage, et dans la chapelle du chevet, on voit encore la source où Clodoald et son compagnon allaient se désaltérer.

A la mort du pieux ermite qui lui avait indiqué la route du ciel, le désir de convertir les infidèles conduisit Clodoald en Provence. Mais bientôt sa sainteté et ses miracles firent découvrir sa retraite aux Parisiens, qui coururent aussitôt réclamer leur saint, leur enfant de Paris, et le ramenèrent en triomphe dans leur ville, où Eusèbe, alors évêque, l'éleva au sacerdoce.

Mais son goût pour la solitude lui fit bientôt chercher, sur les bords de la Seine, un endroit où il pût prier en paix.

Sur le coteau actuel où Saint-Cloud étale ses gentilles maisons, existait une colonie de prisonniers, établie par les Romains pour défricher les terres incultes de la forêt du Rouvre (aujourd'hui le bois de Boulogne). Cette colonie comme toutes celles qu'ils fondèrent sur notre sol, s'appelait Nogent (*novi gentes*), et de sa position topographique, Nogent-sur-Seine. C'est aux environs de cette ville, sous les vieux chênes de la forêt, que Clodoald se bâtit de ses propres mains une cellule.

Tous les jours, il venait évangéliser les habitants; il éleva une église en l'honneur de saint Martin, et y fonda une communauté dite *le Moutier de Saint-Clodoald*, puis peu à peu, il donna son nom à la bourgade, et le Nogent romain devint le Saint-Cloud chrétien.

Il vivait dans la prière et la méditation, instruisant les pauvres, répandant d'abondantes aumônes, rendant la vue aux aveugles, la parole aux muets, l'ouïe aux sourds; il guérissait même les malades et infirmes qu'on lui apportait de toutes parts.

Son éminente sainteté avait une renommée prodigieuse.

Voici une curieuse légende qui raconte un de ses nombreux miracles.

Un pauvre s'étant approché de saint Cloud pour lui demander l'aumône, le serviteur de Dieu n'avait rien à lui donner. Mieux inspiré que saint Martin, qui coupa son manteau en deux, il se dépouilla de son capuchon et du manteau auquel il était attaché, et en revêtit le pauvre.

Le malheureux alla ensuite solliciter l'hospitalité dans la maison d'un homme charitable, elle lui fut accordée; mais, pendant la nuit, la chambre où reposait le pauvre mendiant, s'illumina tout à coup d'un éclat extraordinaire.

Le maître du logis s'étant levé sur l'heure de minuit, aperçut cette lumière merveilleuse et, n'en pouvant croire ses yeux, réveilla sa femme pour la rendre, comme lui, témoin du prodige. Ils ne purent s'expliquer ce phénomène étrange qu'en supposant que le pèlerin, logé chez eux, avait sur lui quelque sainte relique, et conçurent aussitôt la pensée coupable de la lui voler.

Ils entrèrent en tapinois et ouvrirent la porte, mais quand ils approchèrent, le manteau de saint Cloud brilla d'un si vif éclat, qu'ils en furent presque aveuglés et se sauvèrent pleins de crainte et de honte d'avoir eu la pensée d'un tel larcin.

Il mourut vers la fin du VIe siècle et légua au chapitre de l'église de Paris le monastère et l'église qu'il avait fait construire. Dans une crypte, à la gauche du chœur, un marbre bleuâtre recouvrait un tombeau en pierre de deux mètres trente-trois centimètres de longueur. C'est là, ainsi que l'apprennent six vers latins gravés sur le marbre, que reposaient les restes de *sanctus Clodoaldus*.

De nombreux miracles établirent une longue suite de pèlerinages à ce tombeau.

Lorsque, au XIe siècle, la petite bourgade de Saint-Cloud fut menacée par les Normands, le corps de son patron fut pieusement transporté à Paris. Ensuite ses reliques furent ramenées dans l'église des Ursulines de Saint-Cloud.

A la Révolution tout fut brisé, saccagé, brûlé; on conserva, assure-t-on, un os de l'avant-bras, une vertèbre, et la statue en bois doré, respectée par les vers et les mites. Ce sont ces objets qu'on offre encore à la vénération des pèlerins.

Une légende nous raconte que cette statue merveilleuse, arrachée de sa niche par une espèce d'iconoclaste renommé par son impiété, avait été reléguée dans son grenier avec l'intention de la brûler.

La fille, plus acharnée encore que son père contre cette pieuse image, s'écria en l'apercevant :

« Le jour de Saint-Vincent, fête des vignerons, tu nous serviras de bûche pour faire cuire notre rôti. »

Au jour dit, cette jeune fille rendit le dernier soupir, et, au lieu de rôtir saint Cloud, alla elle-même rôtir chez le diable.

Cette statue miraculeusement retrouvée, est promenée processionnellement, tous les ans, dans les rues de Saint-Cloud. Ce pèlerinage, après une interruption de 75 ans, a repris son enthousiasme accoutumé. Plus de dix mille personnes l'ont inauguré, et Pie IX accorde de nombreuses indulgences aux pèlerins.

Telle est l'humble origine de cette charmante petite ville. Un splendide château a remplacé la modeste cellule de saint Cloud. Elle réunit tout ce qui peut en faire un délicieux séjour ; situation ravissante, célébrité légendaire, historique, chrétienne, guerrière, royale, princière, impériale. Aux portes de Paris, les factions s'y livrèrent plusieurs combats, Bourguignons, Armagnacs, Anglais, Huguenots, etc. Henri III s'en empara en 1577.

On arrivait à Saint-Cloud par un pont de bois jeté sur la Seine. Souvent endommagé par les crues du fleuve et réparé à l'aide du produit du péage que l'on y percevait; c'est seulement sous Henri II, en 1556, que commencèrent les travaux d'un pont en pierre, destiné à le remplacer et au milieu duquel se dressait la célèbre tour dite de Henri II.

Si nous en croyons la légende, ce pont appartient à la collection de ceux bâtis par le diable.

Les travaux du pont allaient lentement, les difficultés surgissaient à chaque pas, et l'architecte était très embarrassé. Il se désolait, quand le diable vint à son secours et lui promit qu'il serait promptement terminé s'il y consentait, en récompense, à lui octroyer le premier être vivant qui traverserait le pont.

Satan s'économisait ainsi la peine de le faire succomber à la tentation.

Le marché conclu, l'architecte eut des scrupules et se demanda s'il ne se livrait pas lui-même au diable en vendant une âme qui ne lui appartenait pas. Mais pendant qu'il faisait ces réflexions un peu tardives, le pont s'acheva comme par enchantement.

Si le marché eût été connu, personne n'aurait voulu inaugurer le pont qui, alors, serait devenu inutile. Mais l'entrepreneur fut discret; il était d'ailleurs trop intéressé dans la collaboration.

Dans son embarras, il eut recours à saint Cloud, passa la Seine sur un batelet et vint prier sur son tombeau.

Saint Cloud, habitué toute sa vie à se moquer du diable, l'inspira bien en lui indiquant le moyen de s'y prendre pour le tromper. Pardonnons-lui, chers lecteurs, cette sainte supercherie était bien permise à un saint, et pensez que l'enjeu était une âme de chrétien.

Le jour de l'inauguration, il lâcha des souris à l'entrée du pont et mit à leur poursuite un gros chat que Satan prit au passage en faisant sans doute la grimace d'avoir trouvé plus fin que lui.

Ne louons pourtant pas trop vite Satan; si, dans cette circonstance, il se montra le meilleur diable du monde, il est probable qu'il avait prévu l'avenir et je suis sûr qu'en faisant l'addition des âmes qui ont passé depuis sur le pont de Saint-Cloud et sont allées au diable, il est bien amplement dédommagé de cette ingénieuse supercherie de son rusé contractant. Ceux qui ont passé après le chat ont payé la dette de l'architecte.

Au bas on peut voir ces fameux filets de Saint-Cloud dont on a nié et l'on nie encore l'existence, et qui arrêtent au passage tous les objets et les cadavres que la Seine charrie vers la mer. Les filets de Saint-Cloud sont au moins contemporains de la Ligue et jouent un grand rôle dans les romans.

Une anecdote célèbre raconte de quelle manière la maison de Gondi passa entre les mains de Louis XIV et devint ensuite le splendide château de Saint-Cloud.

C'est le rusé Mazarin qui en fit l'acquisition. Instruit qu'un financier avait fait construire en ce lieu une maison de plaisance des plus somptueuses, il lui fit une visite. Après avoir admiré le riche édifice qu'on assurait avoir coûté plus d'un million à son propriétaire, il lui dit :

— Cette maison doit vous coûter au moins 200,000 francs ?

Celui-ci, craignant d'avouer une telle dépense, s'en défendit, en assurant qu'elle lui avait coûté beaucoup moins.

— Le cardinal répliqua, vous a-t-elle coûté 200,000 écus ?

Et le financier d'insister encore sur l'impossibilité où il était d'avoir pu y consacrer une telle somme.

— Eh bien! dit le rusé ministre, 100,000 écus ?

Il crut devoir convenir que la dépense pouvait s'élever à ce taux.

Mazarin quitta Saint-Cloud, et le lendemain le financier reçut la visite d'un tabellion, qui lui remit 100,000 écus, avec une lettre du cardinal, où ce dernier lui avouait que le roi désirait beaucoup cette maison pour Monsieur.

Le financier s'exécuta, dans la crainte d'éveiller l'attention du cardinal sur ses dilapidations.

Le soir, son éminence rouge se vantait chez la reine-mère de sa petite supercherie, et celle-ci lui dit :

— Ah! monsieur le cardinal, ce n'est pas bien.

— Que dites-vous madame ? J'aurais pu faire rendre gorge brutalement à ce contrôleur des finances, je m'y suis pris poliment, voilà tout !

C'est alors que ce luxuriant coteau fut livré aux grands artistes de l'époque, Lenôtre dessina le parc; Lépautre, Giraud, Jules Hardonin Mansard, créèrent le magnifique château que nous admirons encore aujourd'hui et qui est l'un des plus beaux joyaux de la liste civile. Henriette d'Angleterre y mourut empoisonnée en 1670; Philippe de France, son époux, frère de Louis XIV, y mourut en 1701; Philippe d'Orléans, régent de France, y naquit.

En 1785, Marie-Antoinette l'acheta de la famille d'Orléans. Ce fut dans cette petite ville que se passa la scène si célèbre de l'Orangerie, qui fit Bonaparte le chef de l'État le 18 brumaire an VII de la République (1799) et que Cambacérès, en 1804, le 18 mai, lui apporta le sénatus-consulte par lequel il était proclamé empereur des Français. Coïncidence remarquable, c'est aussi dans ce château que, le 12 décembre 1852, M. Billault, alors président du Corps législatif, apporta à Napoléon III le résultat du plébiscite qui rétablissait l'Empire et le faisait Empereur.

Que dirait saint Cloud si, revenant tout à coup, il voyait ce splendide palais, ces cascades, ces statues, ces Vénus et tous ces fous qui dansent, chantent et rient au milieu des bruits les plus assourdissants, au lieu de son austère cellule et du calme des chênes séculaires de la forêt de Rouvre du VIe siècle ? Et vous, gais Parisiens, que diriez-vous si vous rencontriez ce bon moine à barbe blanche et vêtu de la robe de bure, méditant sous les grands marronniers de Saint-Cloud et vous parlant le langage sévère des premiers siècles chrétiens ?

Mais rassurez-vous, aucun magicien n'évoquera saint Clodoald et il n'y aura peut-être que votre très humble chroniqueur qui l'aura ressuscité quelques instants pour vous faire lire une page de l'histoire légendaire des rives de la Seine.

Pensées Bouffonnes.

* J'aime mieux jouer du violon qu'à l'écarté.

* En temps d'émeute, je préfère le sac de pralines au sac de Paris.

* Entre une grillade à la poêle et une grillade de l'inquisition, je me permets d'hésiter.

* J'ai connu un suzerain d'Auvergne qui perdit dans la même année ses dix filles et son château. J'ai entendu dire depuis qu'il regrettait plus l'édifice que les dix filles.

* Je conçois parfaitement qu'on puisse devenir hydrophobe sans enrager.

ÉNIGME.

Pétillant et plein de chaleur,
Rarement avec moi l'on dort ou l'on s'ennuie ;
Je guéris la mauvaise humeur,
J'affaiblis la mélancolie.
En Europe, en Asie, on vante ma vertu ;
Autant que moi jamais étranger n'a su plaire ;
On m'accueille en tous lieux, et je suis devenu
Un superflu fort nécessaire.

Le mot de l'énigme du dernier numéro est *Rien*.

www.ingramcontent.com/pod-product-compliance
Lightning Source LLC
Chambersburg PA
CBHW060208100426
42744CB00007B/1208